Joh. Affligemensis
De Musica cum Tonario

American Institute of Musicology

Armen Carapetyan, Director

Corpus Scriptorum de Musica

Jos. Smits van Waesberghe

General Editor

1

Johannis Affligemensis

De Musica cum Tonario

Corpus Scriptorum de Musica

1

Johannis Affligemensis

De Musica cum Tonario

Edidit

J. Smits van Waesberghe

Rome

American Institute of Musicology

1950

PREFACE

The number of Ms copies of medieval musical treatises still extant is very large; a few of these works, to judge from the numerous ways in which they were studied, copied and utilized by later writers, seem to have been of commanding interest. The following list cites these works in the order of the frequency of existing copies.

1. The works of Guido of Arezzo;
2. *Dialogus* attributed to Oddo of Cluny;
3. *Enchiriadis cum scoliis;*
4. *Prologus in tonario* of Berno of Reichenau;
5. The musical theory of John of Affligem (Cotto).

The editor is engaged in preparing editions of these works provided with a critical apparatus; some others that call for a fresh edition or have not been published at all, will be similarly treated.

The main reason for giving precedence to John's treatise lies in the fact that in the one edition ever published (*GS* II, 230 ff) only 23 of the 27 chapters are printed, so that John's *tonarius* is still hidden away in its Ms state. Moreover, for Gerbert's edition only three manuscripts were used: „Ex Ms San. Blas. saec. XII collato cum Vindoboniensi et Lipsiensi". The first has been lost in a fire, as have most of the Sankt Blasien Mss; the other two (Leipzig, Univ. Library 79 and Vienna Nat. Bibl. 51) have been preserved. But besides these two there are in the libraries of Europe some ten other Mss containing John's treatise. All of these, together with those of Leipzig and Vienna, have been utilized for the present edition.

I wish to express my thanks to the various librarians for their never failing kindness and assistance, and to J. Bank, C. Maas and P. Visser for giving me the benefit of their highly valued collaboration.

The Editor

INTRODUCTION

§ 1. THE MANUSCRIPTS

John's treatise on the theory of music has been transmitted in part or in full in the following manuscripts, on which the present edition is based.

Ba Basle, Univ. Libr. F. IX. 36, partim 12th cent., partim (fol. 76-157) 14th cent.; cod. membr. in 8°, 157 fol. (cf. J. Richter, *Katalog der Musiksammlung auf der Universitätsbibliothek in Basel,* Leipzig 1892, p. 18; l.c. „aus dem 13. Jahrhundert"); in tabula lignea codicis legitur: „Liber Musices opus peregrinum XXXXIII A".

fol. 1	Vacat
fol. 2 v-64 v	Musica Johannis. Inc. „Qualiter quis ad musice disciplinam ...." Expl. „.... prout propositum est disseramus". Sequitur signatura „Martianus Reyflacher studens Wieni"
fol. 65 r-70 r	„Quisquis studiosus regulam tonorum cupit dinoscere ...." (Prefatio cum tonario etiam in Erfurt, Ampl. 93 fol. 28 v) Explicit in tractando de modo deutero his verbis „.... SEUOUAEN Accipiens symeon". Sequitur „(A)utenticus protus id est magister primus qui dicitur primus tonus constat ex prima specie Dyapente que sit a D gravi usque in a acutum ex prima specie Dyatessaron superius que ab a acuta"
fol. 70 v-73 v	Versus: „Utilibus monitis ...." (cum diversis fragmentis)
fol. 74 r	Incipiunt capitula primi libri: „I De constitutionibus ...."
fol. 76 r	„*Prologus* Quidam Papiensis praepositus ...." (tractatus de iure canonico)
fol. 102 r-154 v	Collectio miraculorum. „*De S. Martino ep. Thuronensi* Igitur Martinus Sabariae ...." (Inter alia: De S. Paulo primo heremita; De S. Herasino; De S. Affra; de S. Cuniberto; Miraculum de Corpore Christi) Expl. „.... propter petitionem praenarratam". Sequitur index collectionis fol. 154 v.
fol. 155 r-157 v	Additiones in collectione praefigurata

Be Berlin, Oeffentl. wissensch. Bibl. (Staats-Bibl.), Diez B. Sant.[1] 151,

[1] Bibliothek des Geh. Legationsrat Heinrich Friedrich von Diez. The fly-leaf of the Ms has the following note in 19th-century handwriting: „Ex bibliotheca Santenum emi. H. J. de Diez a. 1800" (cf. L. Traube, *Vorlesungen und Abhandlungen*, II. Tl. (Munich 1911) p. 51: „Die wertvollsten Handschriften hatte Diez erworben aus der Bibliothek des niederländischen Philologen Laurens van Santen († 1798)").

13th cent.; cod. membr. in 8° parvo (14 x 9.5 cm), 32 fol. [2]).

fol. 1 r-32 r	Musica Johannis. Inc. „(D)no ac patri suo venerabili anglorum antistiti fulgentio ...." Expl. „.... prout propositum est disseramus"
fol. 32 v	Vacat

Bex Berlin, Oeffentl. wissensch. Bibl. (Staats-Bibl.), Mus. ms. theor. 215; fol. 1-34 contains a Musica Johannis. As it is no more than an accurate 19th-century copy of Ms Leipzig 79, the editor saw no reason for giving it a place among the Mss that came in for discussion.

E_1 Erfurt, Amplon. 93, XIV c. 2/2. cod. membr. in 8°, 84 fol.

fol. 1 r	Manus guidonica
fol. 1 v-5 r	Tractatus de mutatione
fol. 5 v-8 v	Vacant.
fol. 9 r-27 v	Musica Johannis
fol. 27 v-35 v	Tonarius Johannis
fol. 35 v	Versus: „(Q)ui sunt vel quales" [3]).
fol. 36 v	„Hiis discernuntur formis quecumque canuntur". (Sequentia cum musica) „(P)rimi toni melodiam psallas.... (Primus U)nus deus est trinitas. Gloria.... (Primus P)ater in filio. 2us. filius. 3us. in patre. 4. Spiritus. 5. Spiritus. 6. ab Utroque. 7. (fol. 37 v) Procedens. 8. (C)ognita gradatim omni in intensione vocum.... (T)er terni cum quatuor sunt modi...."
fol. 38 r	„Seculorum amen. (Q)uamvis mille modis...." (etiam in Karlsruhe 505 [3]) cf. *CS* II, 380 ex Speculo Jacobi Leod.) „(Q)ui perfecte queris scire arsim et thesim musice per qua omnis neuma.... Has ergo modorum differencia per maiores artis diligen(fol. 39 v)cia in summa reponens memoria.... (T)er terni tria...." (cf. *GS* II, 150) Item de tonis. „(P)rothus finit in lycanos...." Expl. „dyapente suavi consonat Musica. (C)antilena Herimanni (E) voces unisonas equat...."
fol. 40 v	Nomina intervallorum
fol. 43 r	Nomina neumarum
fol. 43 v-45 r	De astronomia
fol. 45 r-47 v	„Notae de cantu cum organo concordante et de organis, fistulis, cymbalis, nolis, octochordis conficiendis conscriptae". (Inc.) „Si cantus equalis fuerit, potes organum incipere...." De organo. De fistulis etc.

2) The editor has no photos of fol. 15 v-17 r in his collection, nor has he been able to collate these folia in any way. Hence the readings of these folia are not recorded in the critical apparatus. In fact no one knows where the Ms is. It used to be in the State Library of Berlin (now called „Oeffentliche Wissenschaftliche Bibliothek"), but shared the fate of many others that were removed from Berlin to Silesia during the war; the library staff do not know at the moment where they have all gone to.

3) Under K (Karlsruhe 505 fol. 45 v-46 v) there is a list of Mss containing the same text.

fol. 48 r-62 r	Guidonis Micrologus
fol. 62 r-64 v	Guido de ignoto cantu (cf. *GS* II, 34)
fol. 64 v-68 r	Epistola Guidonis de ignoto cantu (cf. *GS* II, 43)
fol. 68 r-74 r	Dialogus Oddonis de musica
fol. 74 r-78 r	„Incipit liber Bernonis [?]. Quid est musica? Musica non est aliud quam vocum modulatio ...."
fol. 78 r	„Quid de singulis id est de tenoribus, finalibus ...."
fol. 83 v-84 v	Notae variae

E_2 Erfurt, Amplon. 94, XIV cent., cod. papyr. in 8°, 97 fol., scriptus diversis manibus in duabus columnis.

fol. 1	Vacat
fol. 2 r-22 r	Musica Johannis Affligemensis. Post „disseramus" (cf. *GS* II, 265) nomina neumarum inc.: „Hac discernuntur norma quecumque ....", expl. „.... non pluribus utor" (fol. 22 v) Sequitur Tonarius Johannis
fol. 27 r	Versus „Ter terni ...." (cf. *GS* II, 152)
fol. 27 v	Versus „Ter tria ...." (cf. *GS* II, 150). „Prima forma toni venit ...." (cf. cod. Leipzig 79 fol. 124 r v)
fol. 30 r-35 v	Dialogus Oddonis
fol. 35 v-36 r	„Notae de nolarum sive campanarum"
fol. 36 v	Vacat
fol. 37 r-38 v	Aesopi apologi quidam metrici
fol. 39 r-51 v	Micrologus Guidonis. Sequuntur nomina neumarum
fol. 52 r-55 v	Anonymi tractatus de musica. Inc. „Inter alias diffinitiones que musice arti competenter ...."
fol. 56 r-59 r	Vacant
fol. 59 v-68 r	Musica de discantu cum practica fratris Petri dicti Palma ociosa de Bernhardi villa.
fol. 68 v-70 r	Ars motettorum auctoris Francogallici. Inc. „Compendium totius artis motetorum" (cf. Joh. Wolf, „Ein anonymer Musiktraktat aus der ersten Zeit des ars Nova", *Riemann-Festschrift* (1909) pp. 32 ss.)
fol. 70 v-71 v	Versus de arte discantus compositi. Inc. „Ars discantandi datur hic ...." Expl. „.... Explicit hic musa pro laude dei sonet ipsa" (cf. J. Smits v. Waesberghe, *Muziekgesch. d. Middeleeuwen,* I tab. 36)
fol. 75 r-82 v	„Musica de tonis artificialis". Inc. „Septem sunt claves artis musicae A BCEFG. He repetuntur" (fol. 79 v vacat; fol. 80 r inc. „Dyatessaron alia constat ex tono et semitonio et tono ut ab A in D" cf. musica Aribonis *GS* II, 208). Sequuntur: „De speciebus dyatessaron. Specierum dyatessaron alia naturalis, alia formalis ...." (cf. *GS* II, 203). „De speciebus dyapente. Dyapente alia constat ex tono et semitonio et dytono ut a D in A ...." (cf. *GS* II, 207). Sequitur tonarius

cum notis musicis, inc. „Primum querite .... Dixit dominus domino meo" (fol. 80 r-82 v)

fol. 83 r „Ter terni sunt modi .... noticiam".

fol. 83 v Versus (sine musica) ad inceptiones psalmorum. Inc. „Primum cum sexto fa sol la semper habeto" (cf. *CS* I, 262, 283, II, 322, 451, 497, III, 100, 115). Sequuntur nomina neumarum, deinde sine titulo initium tractatus Theogeri Metensis (cf. *GS* II, 183), inc. „Pythagoras philosophus primus apud grecos musicae artis inventorem monocordi legitur. Qui transivit quandam fabricam ...." „Notandum autem quod musicum instrumentum antiquitatis naturaliter .... in tetrachordis finalium ...." (cf. *GS* II, 186)

fol. 84 r „Septem sunt litterae ab antiquis quibus musica constat ob totidem discrepantias ...."

fol. 84 v Cantus cum melodia ex Cantico canticorum: „Sicut malus inter ligna silvarum, sic dilectus meus ...."

fol. 87 r Pars tractatus de musica. Inc. „Cum secundum ...." (ex tractatu Lamberti seu pseudo-Aristotelis cf. *CS* I, 269). Explicit codex cum verbis „per quas omnes modi, id est omnis cantus" (*CS loc. cit.*).

F Florence, Laurentiana Bibl., Ahsburnham 1051, cod. membr. in 4°, scriptus in duabus columnis, 170 fol.

fol. 1 r Index codicis manu posteriore

fol. 1 v Vacat

fol. 2 r-41 v „Incipit liber primus Aurelii Augustini .... necessitate fecisse videremur. Explicit liber sextus Augustini epscopi de musica"

fol. 42 r-49 v „Incipiunt precepta artis musice per Censorinum collecta ex libris sex Aurelii Augustini ...." Inc. „Musica est scientia bene modulandi, igitur modulacio a modo est nominata" Expl. „.... si sillabam subripias super heroicum"

fol. 50 r-57 v „In nomine summe et individue trinitatis incipit Micrologus id est brevis sermo in musica Guidonis monachi. Carmina eiusdem. Gymnasio musas placuit revocare solutas .... Incipit epistola eiusdem Guidonis ad Theobaldum Aretine civitatis episcopum. Divini timoris tociusque .... Incipit prologus .... (fol. 57 v) Explicit micrologus Guidonis de musica"

fol. 57 v-59 v „Incipiunt rythmice eiusdem in rythmum de musica .... Musicorum et cantorum magna est distancia ...." Expl. „Auctor indiget et scriptor. gloria sit domino amen". Sequitur: „Que littere sint Graves vel gravissime". Inc. „Bis septenis monochordum designamus ...." Seq. „De modis qui vulgo

	toni dicuntur". Inc. „Est aliquid ...." Seq. „De divisione modorum". Inc. „Quatuor autem ...."
fol. 60 r	„De preceptis dyaphonie et ♭ rotundo" Inc. „Quisquis velis camenarum ...." Seq. „De laude musice" Inc. „Natura in arte omni ...." Seq. „De concordia sonorum" Inc. „Entimemia (?) sonos claudit signatque remotos ...." Expl. „.... qui vult ut hec ars corruat". Seq. „De novem musis" Inc. „Clio gesta carens ...." Expl. „.... Polliminia rethoricam". Expliciunt rithmi Guidonis de musica"
fol. 60 v-73 v	„Incipit tractatus prosaycus maior de musica Guidonis monachi ...." Inc. „Musicae artis disciplina summo studio appetenda est ...." (*GS* I, 265 ss.) Expl. „.... voces concorditer prolatas audivisse. Explicit"
fol. 74 r-75 r	„Incipit epistola Guidonis monachi ad Mich(aelem) monachum pomposianum. Beatissimo atque dulcissimo ...." Expl. „.... Explicit tractatus Guidonis cum quadam epistola"
fol. 75 v-88 v	„Incipit liber artis Musice Iohannis pape Ad Fulgencium Anglorum antistitem. domino et patri suo venerabili .... Explicit liber iohannis pape de arte musice"
fol. 89 rv-95 v	„Incipit liber artis musice. Dilectissimo fratri et in Christo amabili M salutis continue munus. Vere dlectionis vinculum ita solvet amicorum ...." (Tractatus editus nondum est. Hic sequuntur verba initiorum capitulorum:) „In omni itaque arte ...." „Non ergo sine ...." (90 r) „Ante inventionem vero huius artis ...." (cf. *CS* IV, 206) „Sicut igitur littere sillabarum ...." (90 v) „In monocordi itaque spacio ...." „Harum vero vocum discretio et distancia ...." (91 r) „Est autem certus modus ...." „Ex hiis itaque vocibus ...." „Post has VI consonancias ...." (cf. *CS* IV, 213) (91 v) „Hic demonstrare oportet ...." „Demonstrat et nobis" (92 r) „Et quia dictum est" „Omnes ergo modi ita ...." (92 v) „Quattuor ergo modorum ...." „Hiis IIII modis principaliter ...." (93 r) „Sciendumque est quod sicut ...." „Jam vero regulis modorum dispositis" (93 v) „Hiis omnibus autem ...." (94 r) „Qua vero donatione (?) ignotos cantus ...." „Et quia superius de inventione ...." (cf. *CS* IV, 216) (94 v) „Quia vero de simplici fini organophonia ...." (95 v expl.:) „.... legere cum volueris deus adiuvante qui vivit et regnat per omnia secula amen"
fol. 96 r-135 v	Boethii De Instit. Musica. Post explicit (fol. 135 v) sequuntur „Designata proslambanomeno sive sub ipsa sinistra magada sive ...." (pergit tractatus usque ad fol. 141 r)
fol. 141 v	Vacat
fol. 142 r-145 r	„Incipit sentencia Macrobii quam scripsit de musica in secundo libra quam composuit ...." Expl. „.... concinnentis non captent auditum. Explicit"

fol. 145 v-146 v	„Incipit sentencia Fulgentii quam scripsit de musica in libro de ficticiis poetarum ...."
fol. 147 r-150 v	„Incipit summe Ysidori quam scripsit de musica in libro ethimologiarum. Musica est pericia modulationis sono cantuque consistens ...." Expl. „.... transcendimus nunc celestia penetremus. Expliciunt sentencie Ysidori de musica"
fol. 151 r-156 v	„Incipit Enchiriadis Oddonis abbatis de arte musica. Sicut vocis articulate elementarie ...." Expl. „.... huius ratiuncule ponamus hic finem"
fol. 156 v-169 r	„Incipiunt scolica enchiriadis de arte musica. D. Musica quid est? M. Bene modulandi sciencia ...." Expl. „....diezeugmenas disiunctas hyperbolois excellentes. Et hoc eciam sufficiant"
fol. 169 v	Vacat
fol. 170 r	„Incipit summa in musica sonora subiecti Ludovici sancti. Omnes homines sicut dicit philosophus naturaliter scire desiderant ...." Expl. „.... et hec dicta sufficiant de subiecto musice sonore. Explicit subiectum (in) musica sonora quod Ludovicus sanctus per predictas sentencias assignat raciones"
fol. 170 v	Vacat

K Karlsruhe, Badische Landesbibliothek 505, Abbey St Michelsberg near Bamberg [4]), 12/13th cent.; cod. membr. in 4°, 48 fol.

fol. 1 r	*„Q. 5. Codex monasterii sancti machaelis prope bambergem"*
fol. 1 v	*„Epistola Ihohannis ad fulgentium archiputhopum de arte musica"*
fol. 2 r-35 r	Johannis de Musica „Domino et patri suo venerabili antistiti ...." Expl. „.... prout propositum est disseramus"
fol. 35 r-40 v	Tonarius Johannis In margine „Tonarius Iohannis capitulum tercium decimum" (lege: tercium vigesimum). Inc. „(P)rimi igitur toni principalis ...." Expl. „.... plurimi male emittunt vitantes"
fol. 41-48	Incerta sunt aliqua folia parva cum neumis in quattuor lineis, praecedentibus clavibus c et F.
fol. 41 r	Initium vix legibile est; agit de intervallis. Inc. „.... quod omnium intensione vocum vel remissione .... multiplici varietate ...." Expl. „.... omnis armonie ascensionis atque descensionis .... assuescat"
fol. 41 v-42 r	„Qui celeriter et proficue ad canendum musice ...." Expl. „.... moventur"

4) The catalogue of the Library of St. Michelsberg abbey written in 1483 (ed. H. Breslau, *Bamberger Studien, Neues Archiv d. Gesch. f. ältere deutsche Geschichtskunde* XXI, pp. 173, 182, 188) has the following: „P. 6. Musicam Ioannis incompletam. 7. Musicam Ioannis episcopi et aliorum". Though Ms 505 originates from St. Michelsberg, it is very doubtful, since it bears the signature G 4, whether this is the same as the Ms referred to by the above catalogue under P 6 or P 7.

fol. 42 r-45 r „Qui sunt vel quales ...." (etiam in Erfurt, Amplon. 93, fol. 35 v; Rome, Vat. Pal. 1346 fol. 8 r; Leipzig 79, fol. 120 v). Expl. „.... Hac discernuntur norma quecumque canuntur" Sequuntur sine neumis nomina neumarum „Epthaphonus strophicus clivis quilisma podatus .... et pressus maior et minor non pluribus utor Quartus .... et pressus maior et minor non pluribus utor Quartus cum sexto .... evolat in d"

fol. 45 v-46 r Cum neumis in quattuor lineis „Quamvis mille modis tropi varientur in odis ...." (etiam in Vienna 787, fol. 59 v; Clm. 24809, fol. 169 r; Erfurt, Amplon. 93, fol. 38 r; Rome Vat. Pal. 1346 fol. 16 v; in mss cum Speculo Jacobi Leodiensis cf. *CS* II, 380). Expl. „.... pariter exigit sociari" Sequuntur duae lineae: „Ut littera magna minute Gravis et magnus acute Sic dyp(l)a sonent vocesque pares itaque in dyapason"

fol. 46 v-48 v Nomina neumarum cum signis neumarum „Eptaphonus .... non pluribus utor. Sequuntur versus Hermanni cum neumis in quattuor lineis „Ter terni .... eius comprehendere noticiam" Sequuntur nomina intervallorum: „Tonus tonus semitonium semiditonus dyatessaron" (ultimum verbum incompletum, sed repetitur cum neumis in calce folii) „dyapente dyapason" (ultimum verbum sine neumis) fol. 47 v „Dyapason Unisonus Quartus cum sexto subeunt .a. sede ...." (cf. fol. 45 r) Expl. „.... Unde secundus in F Sic septimus evolat in d"

Le Leipzig, Univ. Libr. 79, Cist. abbey. Pforta and St. Mary's Cist. abbey, Alt-Zelle [5]), carly 12th cent.; cod. membr. in 4°, 127 fol.

fol. 1-95 Evangelium S. Matthei (cum glossis)

fol. 96 rv Versus Hermanni cum neumis in quattuor lineis (in capite linearum nomina tonorum D-F-a-c). Inc. „Ter terni ...." Expl. „.... queat comprehendere notitiam." Sequitur „Ter tria iunctorum ...." Expl. „.... sine precentore vel arsin"

fol. 97 r-113 v In margine manu posteriore *„musice artis Iohannis"*. Inc. *„Prologus* Domno et patri suo venerabili anglorum .... Expl. „.... prout positum est disseramus".

fol. 114 r-120 r Tonarius Johannis. Inc. *„Incipit tonarium.* Primi igitur toni principale ...." Expl. „.... Ave maria Fructus (sine neumis:

5) At the bottom of fol. 1 v-3 r is written „Liber Celle Sancte Marie, quem contulit ei Servacius sacerdos"; item fol. 118 v-119 r „Liber Veteris Celle Sancte Marie".
In the 12th century the Cistercian abbey of Pforta presented this Ms to St. Mary's abbey of Altzelle.
On fol. 170 r of the 12th/13th century library catalogue of Pforta, now Leipzig Un. Bibl. 54, mention is made of the Mss presented to the abbey of Altzelle: „musica iohannis" is among them. In the Altzelle catalogue of 1504 the Ms is referred to as „Musica Johannis pape" (cf. L. Schmidt, „Beiträge zur Geschichte der Wissenschaftlichen Studien in Sächsische Klöster", *Neues Archiv für Sächsische Geschichte und Altertumskunde* XVIII (1897) 231, 2091).
Pforta abbey was a settlement of the monks of the Benedictine abbey of Schmöller (Altenburg). Schmöller abbey itself had been founded in 1128 and had adopted the Citeaux reform in 1132.

	„sic canito") fructus Primum querite" (sine neumis: „Item tonarius"). Ultima verba agunt de sequentia
fol. 120 r-123 v	Tonarius in versibus cum neumis in quattuor lineis. Inc. „Qui sunt vel quales. cuiusque modi speciales.... (etiam in mss Erfurt, Amplon. 93 fol. 35 v, Erfurt, Amplon. 94, fol. 26 v, Karlsruhe 505, fol. 43 r, Rome, Vat. Pal. 1346, fol. 8 r Expl. „....Talibus antiphonae discriminibus variant se".
fol. 123 v-124 r	Versus cum neumis. Inc. „Perpendas etiam cum vitat cantio quintam...." (etiam in Karlsruhe 505, fol. 46 v, Roma, Vat. Pal. 1346, fol. 16 r). Expl. „.... Hac discernuntur norma quaecumque canuntur" (Erfurt, Amplon. 93, fol. 37 v, tantum ultimum versum habet ita: „Hiis discernuntur formis quecumque canuntur"; Erfurt, Amplon. 94 tantum ultimum versum habet ante descriptionem neumarum fol. 22 r)
fol. 124 r	Versus cum quattuor lineis, sed neumae signatae non sunt. Inc. „Primus ut iste sonus. sonus (correctus in: „tonus") est tibi vociferandus. A" Expl. „.... Octavus („Octus" correctus in „Octavus") pronas humilis satis exigit odas" (Cf. Hugo v. Reutlingen, *Flores musicae....*, ed. Beck p. 145).
fol. 124 v-125 r	Versus Hermanni cum neumis in quattuor lineis. Inc. „E voces unisonas...." Expl. „.... discernunt pretaxatas" Sequuntur bis „Benedicamus domino" cum neumis in quattuor lineis
fol. 125 v-127 v	Sequentiae cum neumis in quattuor lineis (in capite linearum praecedit littera c). Inc. „Letabundus psallat mundus psallant leti qui deleti...." (cf. *AH* IX n. 343, p. 252). Fol. 126 v. „Zima vetus expurgetur...." (cf. *AH* L IV n. 149, p. 227). Expl. „.... tua salvet gratia" Sequuntur haec verba cum neumis: „Salve mater salvatoris vas electum vas honoris vas celestis gracie" (cf. *AH* L IV n. 245, p. 383)

Lo London B.M., Vespas. A II, 12th-14th cent.; cod. membr. in 4°, 157 fol. [6]).

fol. 1	Vacat
fol. 2	Calendarium Rogeri Bacon, extractum e tabulis Toletanis; Anno 1297. Figuris Saracenis.
fol. 11	Massa compoti; sive versus de compoto, cum observationibus et tabulis, et earundem doctrinis.
fol. 19	Aliud calendarium.
fol. 25 v	Doctrina tabularum; sive de formatione tabulae Dionysii et Bedae; versibus.
fol. 27	Liber de mensura circuli, et ejus sectione per chordam, de invenienda longitudine et latitudine regionum et stellarum,

6) The following details have been derived from *A catalogue of the Mss in the Cottonian Library, deposited in the Br. Mus.*, London 1802, p. 433.

	de ascensione solis, de compoto Arabum et Persarum etc.
fol. 35 v	Descriptio cujusdam instrumenti, cujus usus est in metiendis stellarum cursibus, per Rodolfum Brugensem, Hermanni secundi discipulum: cui adnectitur tractatulus „de dispositione astrolabii", quem fatetur scriptor se, dictante Abrahamo magistro suo egregio, conscripsisse.
fol. 41	Chronicon ab orbe condito ad annum 1303: ubi quamplurima de rebus Anglicis habentia.
fol. 75	Commentatorius in Martiani Capellae octavum librum, qui est de astrologia.
fol. 123	Summa, composita a magistro Johanne de Boboniae; secundum usum curiae Romanae, ad Johannem Archiepisc. Cantuarensis.
fol. 131 r-138 v	Musica Johannis. Inc. „Incipit Musica Johannis. In huius operis exordio IIIIor commoda lectoribus digna...." Expl. „.... quidam musici haud incongrue" (*GS* II, 245 in fine).
fol. 139	De mensuratione pyramidis.
fol. 140	Liber antiquus de speculis comburentibus et de sectione Mukesi (?) cum figuris geometricis ad calcem: olim Johannis Dee liber.
fol. 148	Liber Prisciani Philosophi de his in quibus dubitavit Cosroes rex Persarum.

M Munich Bayer. Staatsbibl. 2599, Abbey of Alderspach (Ord. Cist.) 13th cent.; cod. membr. in 4°, 111 fol.

fol. 1 r-75 v	„Mag. Petri Manducatoris sermones per anni circulum in Synodo habiti"
fol. 76 r	Litterae monochordi. „id est greca littera...." (etiam in Gent, Libr. of the univ. ms 70, fol. 61 r)
fol. 76 v	„Prima fistula ad arbitrium...." Expl. „Eadem mensura in septem sequentibus versetur"
fol. 77 r-92 v	*„Incipit Prologus In Musicam Iohannis.* Domno et patri suo venerabili antistiti Fulgentio Episcopo...."
fol. 91 v-92 rv	Capita XXII, XXIII, XXIV editionis Gerberti (cf. *GS* II, 260-265) describuntur in ms sub titulo unius capitis XXII. Expl. „.... ac differenciis disseramus prout est propositum". Sequitur Tonarius alterius auctoris incipiens: „De omnium tonorum seculorum Amen. A primo tono incipiamus, qui principalis est omnium tonorum qui et autentus protus dicitur. Cuius finalis in D. quae litera est prima finalium...."
fol. 93 rv	„De primo tono qui autentus protus dicitur. Seculorum amen. ant. Medicinam carnalem. Seculorum amen. (in marg. „Prima differentia") ant. Si quis fecerit.... Secundum Gwidonem. De secundo tono, qui et plagalis proti dicitur. (in marg. cum notis musicis „N o e o e a n e")....

fol. 94 r „De sexto tono qui plagis triti dicitur ...." Expl. (De octavo tono) „.... ant. Zelus. N o e a g i s. alio modo Seculorum amen"

fol. 94 v „Notandum est de tonis. quod quidam eorum in aliquo sibi invicem concordant. Nam tonus primus et quartus et sextus in hoc videlicet concordant quod eorum seculorum amen in una litera scilicet in .a. superiori incipit.... Septimus et octavus in .G. terminum habent. Capitulum XXIII. Si vis scire mensuram nolarum ...." (cf. J. Smits v. Waesberghe, *De cymbalis* p. ...). Expl. „.... duae simul confusae constituunt ♮ quadratum." Sequitur capitulum „XXIIII: Prima igitur ad secundum et secunda ad tertiam (nolam) resonant secundam et secunda ad terciam resonant tonum. Tercia vero ad quartam semitonium ...." (etiam in ms Erfurt, Ampl. 94, fol. 36 r, Vienna 787 fol. 59 v, Wolfenbüttel, Gud. lat. 4°, 334 fol. 111 v; cf. de Coussemaker, Hist. de l'Harm. p. 245 ss.). „Hoc diligenter annotato, ut si cantus in elevatione VIIIIam exigat nolam recipere, descendas ad primam ...." Expl. „.... Si vero semitonium et duobus tonis pulsanda est Va. Explicit Johannis de Musica" (sic)

fol. 95 r-96 r „Quid teneat ...." (cum neumis; cf. D. Mettenleiter, *Musikgeschichte der Stadt Regensburg,* 1866 p. 17, *Breviarium Frutolfi* ed. Vivell p. 75). Expl. „.... Tot vicibus variis cantus discernitur omnis". *„De qualitate octo tonorum.* Primus morosus.... Octavusque dein sonitum dat voce decenti. *De proportionibus numerorum de arithmetica sumptis, ad musicam conficienda.* In aritmetica legitur ...."

fol. 96 v Figurae instrumentorum musicalium

fol. 97 r Manus Guidonica cum significationibus „noe" etc. (manu posteriore)

fol. 97 v-102 r *„De primo tono.* Primus modus ...." (desumpta de musica Theogeri cf. *GS* II, 192)

fol. 102 v-111 v Figurae variarum disciplinarum pictae, quarum singulis primarii cultores ex adverso adpicti sunt ut grammaticae Priscianus, arithmeticae Boethius, musicae Pythagoras etc. (cf. Halm-Laubmann-Meyer, *Catalogus codicum latinorum bibl. regiae monacensis* I, pars II, Munich 1871 p. 12 Nr. 84).

R Rome, Bibl. Vat., Regin. 1196, 12th cent.; cod. membr. in 8°, 40 fol. (cf. E. M. Bannister, *Monumenti Vaticani di paleografia musicale latina,* Leipzig 1913, p. 62, 106, 164, 196; A. Brandi, *Guido Aretino di S. Benedetto, Della sua vita, del suo tempore e del suoi scritti,* Turin 1882, 343 cc.; A. De La Fage, *Essais de Diphtérographie musicale,* Paris 1864, p. 483).

fol. 1 r-11 r „Incipit Dialogus Guidonis de musica. Inc. Quid est Musica?

M. Veraciter canendi scientia ....” Expl. „.... qui est benedictus in secula seculorum. Amen” (*GS* I, 252-264)

fol. 11 r-40 v „Epistola Iohannis ad fulgentium episcopum. De musica. Inc. Domno et patri suo venerabili ....” Expl. „.... providendum quoque” (medio cap. XIII, *GS* II, 264)

Ra Ratisbon, Libr. Proske ms 98 Th. 4°, written in 1471; col. papyricus in 4° (cf. Fr. X. Haberl, *Monatshefte für Musik-Geschichte* IV (1872), 160 ss.).

On pp. 258-260 this Ms has the chapters XVI, XVII, XVIII, XIX and XXIII of John's Musica. The chapter on polyphony is the only one the editor has collated with other Mss (see plate 12).

Rh Rein (Rhein) XXI (Library of the Cist. abbey near Graz), 12th cent. fin.; cod. membr. in 8°, 190 fol.

fol. 1-18 v „*Incipit libelli domni B. abbatis de moribus adolescentii*”

fol. 19 r-47 r Musica Johannis. Inc. „*Johannes fulgentio anglorum episcopo*. Domino et patri suo venerabili ....” Expl. „.... qualis puteus sine fine” (*GS* II, 260).

fol. 47 r-60 r „Dialogus in musicam. Discipulus. Quid est musica ....” Expl. „.... minus iam serviens et subditur domino qui vivit in eternum amen.”

fol. 60 r „*Mensura cimbalorum*. De ponderatione cere primi cimbali abicias quartam partem ....” (cf. J. Smits v. Waesberghe, *De cymbalis* p. ...) Expl. „.... que supersunt cymbalum statuas”

fol. 60 v „Omnis simplex et legitimus cantus non descendit in quatuor principalibus ....” Expl. „.... raro in sextus”

fol. 60 v „*In nomine sanctae et individuae Trinitatis. Incipit Micrologus in Musicam*. Gymnasio ....” Expl. in fine versuum „.... carmina finxi”

fol. 61 r-116 r „*Incipit lib. clarissimi viri de monte dei*” (Regulae S. Anselmi; deest lib. 3).

fol. 117 r-155 v „*Incipit seculum ecclesiae prologus sequentis operis*”

fol. 155 v-167 r „*In nomine Dni n. Ihm X. Incipit Micrologus in musica*. Gymnasio ....” Expl. „.... iam exercitato magis quam sitienti in finem tribuimus. *Explicit musica Widonis*”. (cf. *GS* II, 23)

fol. 167 r-185 r „*Incipit prologus Cornelii romani in interpretatione ....*”

fol. 185 v-190 „*Incipit collatio pulcherrima inter Alexandrum Magnum macedonorum et Dididum bragmanorum regem ....*”

V_1 Vienna Nat. Bibl. 2502 (Cpv.), XII c., cod. membr. in 8°, 40 fol. (cf. *Tabulae codicum manu scriptorum praeter Graecos et orientales in*

Bibliotheca Palatina vindobonensi asservatorum, Vol. I Vienne 1896, p. 84 s.)

fol. 1 r-19 r Tractatus de Micrologo musicae Guidonis de Aretio. Inc. „Micros graece brevis, logos sermo. Inde micrologos...." (edidit P. C. Vivell O.S.B., *Commentarius anonymus in Micrologum Guidonis Aretini,* Vienne 1917; commentarius etiam adest in cod. Firenza, Bibl. Laurent., Acquisiti e doni N. 33). Expl. „secundus vero ita sit diversus ut a tertio loco. Octo cimbala sunt hac ratione dimetienda...." (cf. J. Smits v. Waesberghe, *De Cymbalis* p. ...). Expl. „.... Et ut plura invenias mensuram a c acuta iterum incipias"

fol. 19 v-24 r Micrologus Guidonis. „Incipit musica Domni Guidonis abbatis".

fol. 24 r-25 r Explicit fragmentum Micrologi verbis: „.... nec nimis continue facias, sed cum discretione" (finis cap. XV, cf. *GS* II, 17). Sequuntur: „*Formulae tonorum.* C D E F G a ♮ c d Ad quartam vocem primus statuit sibi sedem...." (etiam in Leyden Bibl. Publ. Lat. 194, fol. 45 r). Expl. „.... Et superadde tonum faciens procedere cursum". „*Mensura monochordi.* Ad finem binis diapason passibus...." Expl. fol. 25 r „.... Inde duo signum variant loca cuius ad ipsum. (cum alia manu sequentia:) Si vis scire mensuram nolae quas nos cimbala vocamus (cf. opus editoris *De Cymbalis* p. ...)...." Expl. „.... duae simul confusae constituunt ♮ quadratum".

fol. 25 r-26 r „Ad inveniendum ignotum cantum...." (Epistola Guidonis cf. *GS* II, 44) Expl. „.... facili tantum colloquio denudamus" (*GS* II, 46)

fol. 26 r „Ut proprietas sonorum discernatur...." (Ex Regulis rhythmicis Guidonis cf. *GS* II, 30 s.). Expl. „.... quamvis multe nil prosunt videntibus" (*GS* II, 31) „*Quomodo musica inventa sit.* Erant antiquitus instrumenta...." (Cap. XX Micrologi Guidonis, cf. *GS* II, 23).

fol. 26 v „Ter terni sunt modi...." (*GS* II, 150)

fol. 27 r „Argumentum tale dedit nobis...." (cf. J. Smits v. Waesberghe, *School en muziek,* Amsterdam 1949, p. 83). „Ut quaeant laxis...." „Tu solus fortis rex...."

fol. 27 v „E voces unisonas equat...." (*GS* II, 149) „Ter tria iunctorum...." (*GS* II, 149)

fol. 28 r „Primum stude voces intensas...." (etiam in Berlin mus. theor. 1590, fol. 37 r)

fol. 28 v-37 r „*Incipit Musica Joannis* [*Affligemensis*] *ad Fulgentium episcopum scripta.* Primum hoc illi...." (*GS* II, 232); fol. 35 partim abscissa est ex codice. Expl. „.... in ypolidio, myxolidio et ypomyxolidio essent" (cf. *GS* II, 262 in fine „.... in hypolidio, myxolidio, et hypomyxolidio, quam nunc sunt").

fol. 37 v-38 v	„*Incipit Musica Domni Bernonis Abbatis Augensis.* Omnis igitur regularis ...." (*GS* II, 63). Expl. „.... proportionum competentia foederat" (*GS* II, 66 in fine primae alineae).
fol. 38 v	„Volens quis organistrum disponere a C novem passus usque ad separationem corde ...." (etiam in Wolfenbüttel Gud. Lat. 334 fol. 110 v). Expl. fol. 39 r „.... pones f acutam"
fol. 39 r-39 v	„Mittit ad virginem .... in pace stabilem" cf. *AH* LIV, n. 191, p. 296.
fol. 39 v-40 r	Nomina neumarum. Post „pressus minor ac maior non pluribus utor" sequitur rursus „Mittit ad virginem" (alia manu et cum variationibus). Expl. fol. 40 r „.... in pace stabilem"
fol. 40 v	De theologica. Nomina octo modorum. Expl. „.... Seculorum amen"

V_2 Vienna Nat. Bibl. (Cpv.) 51, XII c., cod. membr. in folio, scripta in duabus, partim in quattuor columnis, 166 fol. (cf. H. J. Hermann, „Die deutschen Miniaturen romanischen Hss.", *Beschreibendes Verzeichnis d. illustr. Hss. in Oesterreich,* N.F. II, (G.R. VIII) II. Tl., *Die deutschen romanischen Hss. der Nat. Bibl. in Wien,* Leipzig 1926, 260 ss.; F. Saxl, „Verzeichnis astrologischer u. mythologischer illustrierter Hss. des lat. Mittelalters" in *Römischen Bibliotheken II, Die Hss. der Nat. Bibl. in Wien, Sitzungsber. d. Heidelberg. Akademie d. Wissensch., Phil.-Hist. Kl.,* Jg. 1925/26, 2. Abh., Heidelberg 1927, 69 ss.)

fol. 1 v	Monochordum Boecii. Monochordum Willehelmi
fol. 2 r	Monochordum Ottonis. Monochordum Guidonis
fol. 2 v	Manus Guidonica
fol. 3 r	Vacat
fol. 3 v	Figura Boethii
fol. 4 r-34 v	Boethius De Institut. Musica
fol. 35 r	Hugbaldi Elnonensis De Musica (frag.)
fol. 35 v	Figura Guidonis et episcopi Theobaldi cum monochordo
fol. 35 r-41 v	Micrologus Guidonis
fol. 41 v-42 v	Regulae rhytmicae Guidonis
fol. 43 r	Regulae Guidonis De Ignoto cantu
fol. 44 r	Epistola Guidonis De ignoto cantu
fol. 45 v	Figura Ottonis
fol. 46 r-48 v	Dialogus de musica
fol. 48 v	Figura Bernonis (?)
fol. 49 r-52 r	Bernonis musica (expl. „finis sit prologi" cf. *GS* II, 79 b)
fol. 52 v	Nomina greca tonorum „Autenticus protus cum plaga suo finem habet" „Explicit liber Primus regularum venerabilis Bern abbatis in artem musicam. Incipit secundus eiusdem de mensurando monochordo".
fol. 52 vb-55 ra	„Quicumque aliquid sibi artificium inchoat semper ...." (cf. *GS* I, 330 s.).

fol. 55 ra	Expl. „.... absque omni dissonantia discurrit. Explicit musica domni abbatis Bern."
fol. 55 rb	„Incipit mensura fistularum. Cognita omni.... ad similitudinem primi" (cf. *GS* II, 268)
fol. 55 rb	„Si fistulae aequalis grossitudinis fuerint et in sua longitudine...." (cf. *GS* I, 148, 277, 329).
fol. 55 va	„De mensura organistri. Si organistri regulariter...."
fol. 55 vb	„De ponderatione cymbali" (cf. J. Smits van Waesberghe, *De cymbalis*
fol. 56 r-61 v	Vacat, sed in fine (spatio unius et quartae partis lineae) verba erasa sunt. Sequitur: „Explicit musica domni.... (nomen erasum est). Incipit tonarius eiusdem. Nonan dicitur a greco nus vel sensus. Noe...." Sequitur (fol. 56 v) tonarius, qui in multis concordat cum tonario Bernonis (cf. *GS* II, 79). Expl. „Explicit Tonarius Domni.... (nomen erasum est, sed verbum Ottonis vix legibile) Laus tibi sit Xpe per quem liber explicit iste"
fol. 62 r-70 va	Manus posterior: „Musica Johannis". Prima manus: „Incipit epistola Johannis ad fulgentium episcopum de arte musica. Domino et patri suo venerabili anglorum antistiti...." Expl. „Explicit tractatus Johannis de arte musica"
fol. 70 vb-72 v	„Incipit tonarius eiusdem. Autenticus protus constat.... Gradualia Plagis Proti" (incompletum)
fol. 73 r	Vacat
fol. 73 v	„Incipiunt capitula in musicam domni Willehelmi...."
fol. 74 r-81 v	„Incipit Proemium in artem musicam...." (cf. *GS* II, 154-182)
fol. 82 r-89 v	Hermanni Contracti De Musica (fragm.)
fol. 90 r-91 ar	Versus Hermanni cum litteris tonorum: „e voces unisonas.... Ter tria iunctorum (textus sine notis).... Ter terni (etiam sine notis)...." „Incipit musica Domni Heinrici Augustensis magistri" (canonici Augsburgensis, obiit 1083 in claustro apud Füssen) Inc. (fol. 90 v) „Estne musica genus an species?...." Expl. „.... seminis more iacta multipliciter surgunt"
fol. 91 av	Vacat
fol. 92 r	„Incipit rhetorica martii tullii de inventione."

§ 2. THE MUTUAL CONNECTION OF THE MSS

A collation of the various Mss suggests the following conclusions:

a. None of the Mss transmitted is the original autograph.

b. None of the Mss is directly dependent on any of the others.

c. The readings of a few Mss suggest some connexion between them; this is the case with Le & Lo, Be & F, M & W_2 and B_1 etc. When a pedigree is drawn up exhibiting the vertical and the horizontal relations of the Mss it becomes at once apparent that the connections just mentioned are all of the horizontal kind. This does not preclude the possibility of further Ms discovery throwing fresh light on their interrelations.

d. The general conclusion to be derived from the above is that besides the extant Mss a large number of copies of John's treatise must have been made in medieval times. Moreover, if we take account of the age of the existing Mss, these copyings must have begun soon after the original had been written: knowledge of the treatise must have spread very fast and copyings must have been manifold.

§ 3. THE AUTHENTIC TEXT

John's treatise has two parts:

a. chapters 1 to 23, setting forth the theory of music;

b. chapters 24 to 27, containing a *tonarius*.

The authenticity of the first part has never been called in question, nor is there any reason to do so now. As regards the second the following points should be noted.

Only seven out of the thirteen Mss carry a *tonarius* after chapter 23, namely

1. Erfurt, Amplon. 93 (E_1)
2. Erfurt, Amplon. 94 (E_2)
3. Florence, Laur. Ahsb. 1051 (F)
4. Karlsruhe 505 (K)
5. Leipzig 79 (L)
6. Clm. 2599 (M)
7. Vienna 51 (V_2)

The first five have the text of one and the same *tonarius;* M has a *tonarius* different from all the others [7]; V_2 copies Berno's *tonarius.*

Both the contents and the style of the first five Mss leave no doubt that the *tonarius* has John for its author. Before settling this point, however, it should be noted that John in his treatise informs the student that the treatise is to conclude with a *tonarius.* Moreover most of the Mss (also those which have no *tonarius*) when they give a table of contents (see p. 48), cite the titles of the chapters 24 to 27 as headings of a *tonarius.*

In the course of his treatise John throws out various hints that enable us to establish the authenticity of the *tonarius* affixed in the five Mss in question. Thus the *tonarius* that is to follow will differ in several respects from Berno's and the differences are specified: „Hoc quoque recusabo, ut more Bernonis *tonarium* disponam; videlicet ut nonannoeane ad singulos modos praescribam, vel differentias quas supra taxavi superfluas interseram, vel omnes antiphonas ad unum *Saeculorum amen* pertinentes in unum colligam, praesertim cum prolixitas sit taediosa, et lectori hucusque provecto paucula exempla sufficiant" [8]. Then, he is not going to quote the *Canticula „Primum*

---

[7] F. X. Mathias, *Die Tonarien* (Graz 1903 p. 27) says that he is quoting John's *tonarius,* but unfortunately he only refers to Clm. 2599 (M).

[8] It is hard to see how Gerbert, the great pioneer in editing medieval musical treatises, whose work is beyond praise, could print the above sentence and yet leave John's *tonarius* unpublished „because it was very much the same as Berno's": „Supervacaneum iudicamus describere vel edere Tonarium, in quo differentiae eaedem, quae in Bernonis tonario, tantum multo minore copia notantur". Berno's *tonarius,* moreover, was published without musical notation and from an indifferent text.

quaerite" [9]), but he will mention the principal forms of each of the *modi* of *Saeculorum amen,* as well as the necessary *differentiae* [10]). Finally in his theoretical treatise he suggests improvements on the *modus* advocated by some for certain chants, which improvements should be reflected in his *tonarius* [11]). In the *tonarius* of the five Mss all these forecasts will be found to have been realized.

As to John's style, which is a very personal one, and is characterized by an outspokenness that sometimes verges on bluntness, here are some examples: „.... secundum Bernonem in hoc distat quod ...., sed haec distantia parum valere videtur, quoniam qui diligenter rem considerare voluerit, cum manifestum sit ...."; „Haec a quibusdam stultis ad quartum canitur tonum". These phrases and many others of the kind betray the author of the treatise. If the interested reader will turn to the treatise and the *tonarius,* and compare the style of both, he will have no doubt left as to the author of the *tonarius.* Our conclusion therefore is that both the matter and the style clearly proclaim John to be the author of the two parts [12]).

It may be asked why only five out of thirteen Mss should contain John's *tonarius.* The reason is not far to seek. *Tonarii* were essentially guides for the actual performances; they were the manuals to be used by one or more choirs or schools of a certain area, and a given *tonarius* might not be to the taste of a choirmaster. No wonder therefore that some *tonarius* or other was not always copied with the treatise to which it formed an appendix, sometimes its text being copied without the melody (as in Mss F and K), at other times the treatise being concluded with another *tonarius* (as in M and V_2). The same thing was done with Berno's treatise *Prologus in Tonarium* and his *tonarius,* which in some Mss are combined, in others separated, while it also occurs that Berno's treatise is followed by a *tonarius* which is not Berno's.

---

9) „De omni autem officiali cantu compendiose exempla dabo absque cantiunculis, quas supra modorum formulas nominavi: quia quas iam posui, non necesse est iterum ponere". *GS* II, 265 b.

„De finalibus exempla autem daturi dignum duximus ad demonstrandam plenius troporum cognitionem, cantiunculas quasdam hic subscribere, quas etiam aptitudines sive formulas modorum appellare possimus. Primum quaerite regnum Dei". *GS* II, 244 a.

10) „Quae omnia in tonario satis patebunt. Volumus autem lectorem scire, quod de illis diximus; alias autem, quoniam superfluas reputamus, relinquimus". *GS* II, 262 b-263 a.

„Hoc quoque recusabo, ut .... differentias quas supra taxavi superfluas interseram". *GS* II, 265 a.

11) *GS* II, 262 a. „Post haec in tonario etiam aliquos, qui memoriae occurrunt, emendabimus".

GS II, 250 a: „Similiter et .... antiphonas Ipse praeibit .... cum sint mixolydium, non bene quidam hypophrygio adscribunt".

GS II, 262 b: „Siquidem ex his Ant. Tecum principium .... cum proprie primi toni sint, quidam duas differentias supervacue faciunt".

GS II, 258 b: „qui autem flexibiles habent voces, semitoniis plurimum gaudent, eo usque ut ibi etiam aliquotiens semitonia depromant, ubi depromenda non sunt, quemadmodum patet in multis quarti toni antiphonis, ut in his: „Custodiebant, Ex Aegypto".

12) At the end of Ms E_1 there are a number of additions which are lacking in the other Mss. Though the style does not quite conflict with the style of the whole, they can hardly be considered to be authentic.

In three of the Mss there is beside John's *tonarius* a second one, which is versified and begins with the words:

„Qui sunt vel quales, cuiusque modi speciales
Cantus quoque modo distent, hic edocet ordo . . . ." [13]).

These verses are certainly not part of John's treatise, and it is very improbable that they have John for their author, if only for the reason that John cannot be expected to have written a second *tonarius,* which, moreover, deviates from the first [14]).

It may finally be remarked that with all these Mss in hand it was not difficult to establish the authentic text. Only in a few exceptional cases the reading of only one Ms had to be given priority as against all the others [15]).

13) The author prefixes the following note: „Differencia prima prothi incipit in D finali et salit in dyapente vel incipit in C gravi et hanc iohannes attribuit prime differencie quamvis congruat secunde per incepcionem et est (?) irregulare intervallum inter C et a". The same note occurs in the treatise of Gobelinus Persona (Berlin, Mus. ms theor. 696 fol.• X). It may be mentioned that this versified tonarius is also found in Rome, Vat. Pal. 1346.

14) On the interrelation of the various anonymous treatises in the codices mentioned here see *Musica Disciplina* (1949 p. 108-117) and the table printed there.

15) This was the case with „angelorum" for „anglorum" occurring in John's dedicatory epistle and already discussed; also „Sed nec hoc" for „Sed et hoc" („Sed et hoc praetermittere curavi, quod rectius mihi fecisse videntur, qui principalia *Saeculorum amen* omnium modorum simplicem neumam in fine habere sanxerunt, quam qui aliter ea disposuerunt. Hi enim aliquam cantori certitudinem conferunt, illi nullam". Cap. 23 in fine).

§ 4. BIOGRAPHICAL NOTICE

John's treatise is preceded by a dedicatory letter. Even from medieval time the opening words of this letter have given rise to surmises as to the nationality of the author.

Various readings of these initial words are found in the Mss, and a collation of these suggests to the editor the following reading as the original one: Domini et patri suo venerabili Ang(e)lorum antistiti Fulgentio .... Johannes servus servorum Dei .... [16]).

These words and the glosses and deductions made by copyists, who supplied a title of their own to the whole treatise, or by compilers of catalogues or by later theorists, have given rise to the following hypotheses concerning the nationality of the author.

John must have been

a. an Englishman, from the words „Anglorum antistiti Fulgentio";

b. an Englishman, from the surname „Cotto", which is added to „John" in some Mss or in a library catalogue (*GS* II, Praef. VII and 230);

c. an (Italian?) pope, from the words „Servus servorum Dei";

d. a native of Lorraine or Flanders, because John calls himself a pupil of Fulgentius, and there was a Fulgentius who was abbot of Affligem.

In order to shed more light on the origin of this John, who in musical history is generally spoken of as an Englishman with the surname „Cotto", it is perhaps worth while to examine the above hypotheses.

a. John is said to be an Englishman an account of the words „Anglorum antistiti Fulgentio".

In the quotation in the first paragraph of this notice, allowance was made for the possibility of a double reading *anglorum-angelorum*. Once the reading *anglorum* is admitted as authentic, it would not be rash to pass from „Fulgentius abbot of the English" to „John, an Englishman and a pupil of Fulgentius". But *is* it authentic? There are grave reasons for doubting it. In the first place, would it not be

16) The abbot Trithemius in his Chronicon monasterii Hirsaugiensis (Basle 1559, Sankt Gallen 690 I, 184 ff) mentions one „Johannes", scholaster of Treves, „in omni genere scientiarum doctissimus, sed in musica praecipua eruditione singularis, qui ad honorem omnipotentis Dei et Sanctorum eius multos cantus et prosas composuit, ac regulari melodia dulciter ornavit". When referring to this passage Gerbert remarks „sed quod de musica librum quoque scripserit, non additur" (*GS* II, Praefatio VII).

Chronological reasons bar this John of Treves from being the author of the treatise in question. Trithemius, without mentioning any sources, places the death of John of Treves in 1065 or in 1076 (Chronicon ed. 1690 p. 184 and p. 204).

strange, not to say unseemly, to apply the designation „abbot (bishop) of the Italians", „abbot of the French", „abbot of the English", to such a dignitary who resides in a country where there are several such prelates? Then, as to facts, searching the whole period (between say 1050 and 1150) in which John's treatise must have been written, and examining all the names of bishops and abbots in England and in the district Angeln in Northwest Germany, we find not a trace of a Fulgentius. Thus the authenticity of the words „Anglorum antistiti Fulgentio" is seriously to be doubted [17].

A considerable time ago O. Kornmüller [18] pointed out that there was an abbot Fulgentius at the head of Affligem abbey in Flanders during the years 1089-1121 [19]. It is much to be regretted that he did not pursue his point. This neglect may have been the reason why his discovery was not given serious consideration by musicologists. Moreover he thus failed to make some other important discoveries.

1. There is a striking likeness between the phraseology of two letters, which two of Fulgentius' pupils wrote to their former master: Franco [20], who was first a pupil of abbot Fulgentius and later his immediate successor, and John, who in the dedication of his musical treatise, calls himself a pupil of an „antistes Fulgentius".

The reader may judge for himself.

Franco to Fulgentius

„Fulgentio domino et patri venerando et ex summi patris nomine et officio jure honorando. Franco ille suus patre indignus filius, filialem cum debita obedientia charitatem".

(c. 806 „Fulget itaque nunc .... illa aeterna claritate noster Fulgentius") [21].

John to Fulgentius

„Domino et patri suo venerabili Ang(e)lorum antistiti Fulgentio, viro scilicet ex re nomen habenti, quippe qui ex prudentia pollet et sanctitate fulget, Ioannes servus servorum Dei quicquid patri filius, dominoque servus".

There is, moreover, a striking likeness between the words addressed by Fulgentius of Affligem in his letter to Franco of Affligem,

[17] Those who hold Fulgentius and his pupil John to have been natives or residents of England may be asked to solve the following puzzle. How is it that among all medieval library catalogues in Britain only one mentions John's treatise (Canterbury S. Aug. 15th cent.) and how is it that in all the libraries in Britain there exists only one copy of it, and this very incomplete (London B.M. Vesp. A II)?

[18] *Kirchenmusikalisches Jahrbuch* 1888, p. 2.

[19] The very few who use Kornmüller's hint and connect John with Affligem are F. X. Mathias, *Die Tonarien* (Graz 1903, p. 45), H. Gaisser (*Revue Bénédictine* 1900, 383 n. 3) and R. Eitner, *Biographisch-bibliographisches Quellen-Lexicon* (Leipzig 1900, vol. III, p. 81).

[20] This Franco is said to have come to Affligem abbey from Liége together with some pupils of his. Odo of Tournai, later bishop of Cambrai, dedicated one of his works to him.

[21] *MPL* CLXVI, 717.

and those addressed by „Fulgentius antistes Anglorum" to John, as reported by the latter in his dedicatory epistle.

Fulgentius to John	Fulgentius to Franco
„Proinde haec una excusatio prorsus cesset, admoneo, cum etiam, ut beatus Gregorius dicit, vires, quas imperitia denegat, caritas subministret".	„Per obedientiam jubeo, ut, ... scribere incipias, indubitanter sciens, quia vires, quas imperitia tibi denegat, sacrosancta charitas et obedientia nunquam irremunerata subministrabunt" 22).

The above similarity of phrasing legitimates the probable conclusion that *Fulgentius abbas Affligemensium* and *Fulgentius antistes Anglorum* are one and the same person. It is a strange conclusion as long as the reading *anglorum* is accepted as the authentic text. If, however, *angelorum* should be admitted as the original reading, there is a way open to solve all the puzzles.

Now there is at Rome (Bibl. Vat. Reg. 1196, 12th c., see pl. 1) one Ms with the variant *angelorum antistiti Fulgentio*. Leaving for a moment the question of the relation between John and Fulgentius aside, can any argument be brought forward to urge the reading *angelorum* as the original one? The editor thinks there can. From the many variants in the first part of the dedicatory epistle it is clear that the scribes of the extant copies knew nothing of the person of either John or Fulgentius. In copying they had only their exemplar to go by, with either *anglorum* or *angelorum*. The first would convey a clear meaning, the second would be a puzzle; hence if there was any scribal hesitation (as there must have been) the substitution of the former for the latter is a far more likely proceeding than the reverse: in a discussion concerning the authentic text, therefore, *angelorum* cannot be rejected.

Once the reading *angelorum* is admitted, there can be no difficulty in applying the words *angelorum antistiti Fulgentio* to the Affligem abbot of that name. The style of John's letter should be taken into account, and John is at loss to find laudatory phrases to glorify his former master. In that style not only „angel-monks" does not come amiss, since it also occurs in other texts, but it is especially suited to John's case, because the appellation „angels" is repeatedly applied to the Affligem monks on other occasions. Thus when Fulgentius and his monks are compelled to fly, some of them are welcomed at Dijon

22) *MPL* CLXVI, 717 (for Gregory see *MPL* LXXVI, 1170).

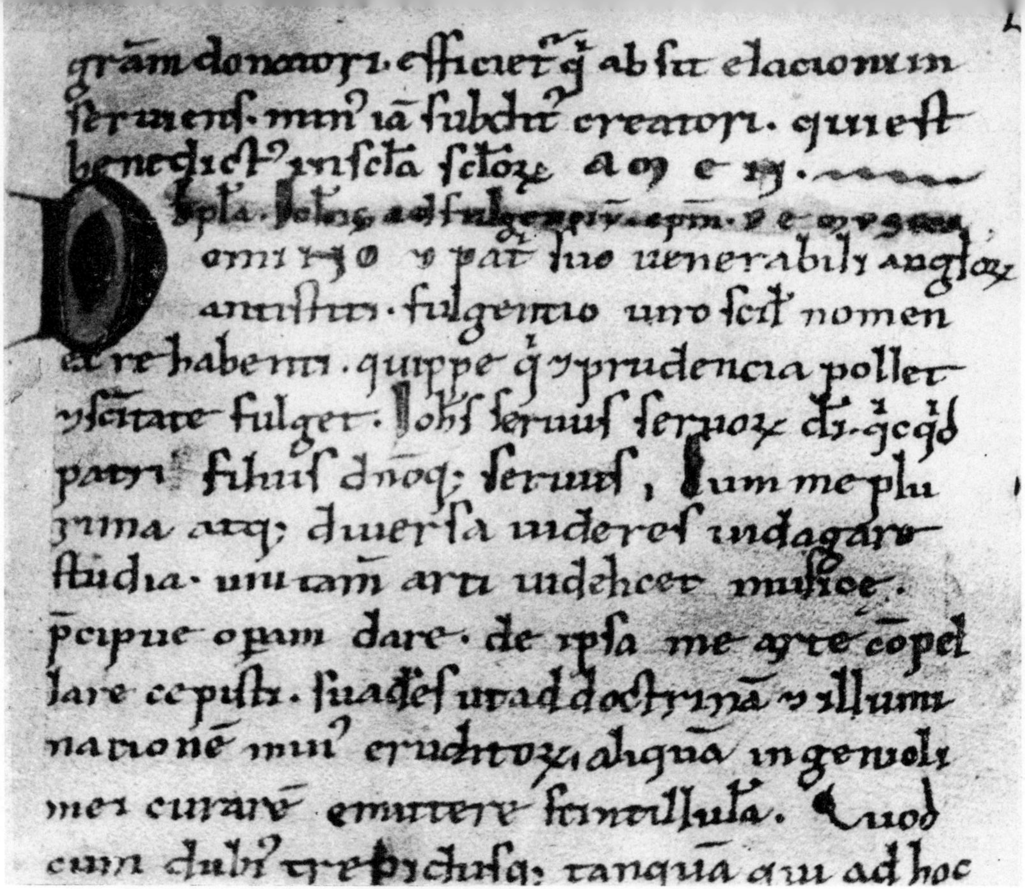

1. Rome, Bibl. Vat. Reg. 1196 (12th c.), fol. 22 r. The incipit of the treatise of John of Afflighem to the abbot Fulgentius of Affligem, mentioned in this Ms as „venerabili angelorum antistiti"

velut angeli[23]), and when St. Bernard of Clairvaux writes of his visit to Affligem abbey: „Ubique inveni homines, hic vero angelos; verum Affligenium, ubi genius affligitur"[24]). Hence when *angelorum* is admitted as the authentic reading all textual doubts vanish, and *antistes angelorum* can safely be applied to Fulgentius, who on other very probable grounds may be considered to have been John's tutor.

The most satisfactory conclusion, therefore, is that John dedicated his treatise to the abbot of Affligem, his former master, with the words „Domino et patri suo venerabili angelorum antistiti Fulgentio"[25]).

b. Once more, John an Englishman, from the surname „Cotto".

This surname has found general acceptance among modern musicologists on the authority of Martin Gerbert[26]) who writes: „in Parisiensi vero et Antwerpiensi Mss Cotton seu Cottonius appellatur" (*GS* II, Praef. VII).

A thorough investigation has failed to bring to light any Paris Ms containing John's treatise. A similar inquiry at Antwerp has brought no better result. It may be that Gerbert derived his knowledge from A. Sanderus' *Bibliotheca Belgica manuscripta* (Lille 1641 foll.).

Under the heading „Libri manuscripti latini Antverpiae in domo professa Societatis Jesu" (p. 334) this catalogue has the following entry: *Joannes Cotto ad Fulgentium Episcopum Anglorum, De Musica.* This, then, is the only extant evidence for the surname Cotto. The 18th-century catalogue of the Antwerp library omits the whole entry[27]); no medieval library catalogue records the surname[28]), and it is not recorded in any of the 13 Mss examined by the editor. Hence, until fresh evidence comes forward the surname „Cotto" cannot be considered to be historically established.

---

23) *MPL* CCIV, 916.
24) *MPL* CCIV, 933.
25) It is not surprising that medieval authors speak of „Joannes Anglicus". Thus *Anonymus Melcensis* („Joannes musicus, natione Anglicus, vir admodum subtilis ingenii fuit, qui et libellum praestantissimum de musica arte composuit" *MPL* CCXIII, 976) and the unknown writer or *Tractatus Correctorius* (*GS* II, 53).

In *Neues Archiv des Ges. f. deutsche Geschichtskunde* VII (1882 p. 628) W. Wattenbach narrates a 12th-century story told by one John of Affligem (cf. below p. 36 n. 50).

26) Gerbert is at variance with himself. In his *Monitum* II, 230 he speaks of a Ms at Leipzig and one at Paris both of which mention the name *Cotto* (*Cottonius*). The Leipzig Ms used by Gerbert (Univ. Libr. 79) has no such name; hence it may reasonably be supposed that when he said *Leipzig* he meant *Antwerp.*

27) In the Preface to his edition of the treatise Gerbert (*GS* II, 230) says: „In cod. Paris. notatur prologus *Epistola Ioannis Cottonis ad Fulgentium episcopum Anglorum*". This might be a superscription, but it seems more likely that it is the transcription of an item in the Paris catalogue, since Gerbert himself did not consult the Ms. This would reduce the possible evidence for the name „Cotto" to a mention in two library catalogues of the 17th and 18th centuries.

28) Medieval libraries have the following entries concerning John's musical treatise.

1. Pforta: *Musicam ioannis* (catalogue of 12th/13th century, cf. Leipzig Univ. Libr. 54, fol. 170 r).
2. Altzelle: *Musica Johannis pape* (cat. of 1504 under „A 26", cf. L. Schmidt, „Beiträge zur Geschichte der Wissenschaftlichen Studien in Sächsische Klöstern", *Neues Archiv f. Sächsische Geschichte u. Altertumskunde* XVIII (1897)).

The Ms referred to under 1 and 2 and containing John's treatise, is now at Leipzig

c. Can John have been an (Italian?) pope, from the qualification of himself as *servus servorum Dei*[29])?

It is hardly necessary to point out that these words are no more than a forced expression of deference quite in keeping with the extravagant eulogy of Fulgentius in the rest of the letter. They have nothing to do with what became the usual subscription of papal documents, especially in later times.

d. Can he have been a native of Lorraine or Flanders, since he calls himself a pupil of Fulgentius of Affligem?

In the foregoing it was made highly probable that John was a pupil of the abbot Fulgentius and that he was not an Englishman. The conclusion that he was, therefore, a Lorrainer (from the connection of Affligem abbey with the monasteries of Lorraine) or a Fleming, is plausible but cannot be proved (see below). In any case a question of greater importance is: When and where was the treatise composed? We shall now turn to this question.

Nothing is known of the date of John's birth. On the assumption that he got his training from Fulgentius, abbot of Affligem (1089-1121), and that he dedicated his treatise to his master, this date must be placed in the last decades of the 11th century and the treatise must have been composed between 1100 and 1121.

The contents of the letter to Fulgentius also show that at the time of writing he was no longer an inmate of the abbey at Affligem. If it should be objected that the letter is addressed „Domino et patri

---

Univ. Libr. 79 (Le).

3. Rolduc (South Limburg, Holland): *Musica Widonis et Ioannis in uno volumine* (cat. 13th cent., Cartularium Rodense fol. 4, State Archives at Maastricht, ed. F. Sassen, *Nederlandsch Archief voor Kerkgeschiedenis* XXIX (1936-1937, 1, 19ss.)).
4. Arnstein: *Musica iohannis*, cat. of 12th-13th cent. (cf. Th. Gottlieb, *Ueber mittelalterliche Bibliotheken*, Leipzig 1890, 293 f.: „Cataloge des Praemonstratenser-Klosters Arnstein in Nassauischen (saec. XII et XIII). Quelle: Brit. Mus. Harley 3045".
5. Arnstein: *Iohannes super musicam in I.*, cat. 12th-13th cent. (cf. Gottlieb *Op. Cit.* 296).
6. Bordesholm: *Musica Johannis*, cat. of 1488 (cf. J. L. L. Th. Merzdorf, *Bibliothekarische Unterhaltungen*, Oldenburg 1850, p. 11: „Stiftsbibliothek zu Bordesholm (in Bremensi diocesi). Catalog v. 1488, welcher der Kieler Universitätsbibliothek angehört").
7. Canterbury S. Aug.: *Musica Johannis et in eodem*, cat. of 15th cent. (cf. M. R. James, *The ancient libraries of Canterbury and Dover*, Cambridge 1903 (Ms. Dublin, Trin. Coll. fol. 75, Nr. 1115, 19).
8. Vienna, Libr. of the Dominicans: *Musica Johannis, incipit: Domino et patri suo domino Anglorum*, cat. of 1513 (cf. Th. Gottlieb, *Mittelalterliche Bibliothekskataloge Oesterreichs*, t. I Vienna 1915, 349, 7. 4. 26).
9. St. Michelsberg (Bamberg): *Musicam Ioannis incompletam*, cat. of 1483 (cf. H. Breslau, „Bamberger Studien", *Neues Archiv d. Ges. f. ältere deutsche Geschichtskunde* XXI, p. 173, 182, 188).
10. St. Michelsberg: *Musicam Ioannis episcopi et aliorum*, cat. of 1483 (cf. H. Breslau ibid.).

29) Adam of Fulda transcribes the phrase *Johannes papa* (cf. *GS* III, 337 and 348; but on p. 366 there is *Ioannes Fulgentio Anglorum antistiti*).

suo" and, therefore, to his superior, to the abbot of *his* monastery, a great many similar forms of address may be brought forward to show that this manner of speech is no more than a courtesy address. Parallels of this mannerism can also be adduced from other languages *e.g. „Mon Seigneur* and *Mon Sieur"*.

This short discussion of what is available to us as biographical data may fitly be concluded with a review of the indications and hints concerning the place where the treatise was composed. This investigation has not led as yet to any positive result, but that is no reason why the material gathered should be passed over in silence. This material is still very incomplete owing to our defective knowledge of the local *Tonarii* and local melodic characteristics, and it is likely to expand very considerably. The present conclusions, therefore, are only temporary and tentative; but they will lighten the labours of later inquirers.

For an investigation as the present the historian will in the first place turn to the *Tonarii;* in this case, however, he will do so in vain. For though *Tonarii* often furnish indications of local *variants* of melodies or liturgical texts, there is nothing definite in John's *Tonarius* on which conclusions can be based. It is worth mentioning, however, that James of Liége, in Book VI ch. 85 of his *Speculum Musicae,* cites from John's *Tonarius* the opening part „de primo tono" together with the musical examples [30]. Nowhere does he mention John by name, though he repeatedly quotes from the treatise or comments on its text. Like Aribo and the author of *Quaestiones in musica* John is ranged with the *„sequaces Guidonis",* or is merely referred to as „doctor, doctor antiquus" [31]. In the above-mentioned passage John is introduced to the reader in the following way: „Quidam antiquus doctor in primo tono ponit sex differentias has scilicet....". After the long quotation from John's *Tonarius* concerning the *differentiae primi toni* James adds: „Licet non utamur nunc talibus formulis et tot notis in differentiis primi toni, posui tamen eas ut appareat diversitas et aliqua conformitas inter antiquos et modernos. Sunt aliqui autem moderniores qui alias primi toni ipsorum „seculorum" ponunt formulas quibus etiam nunc utuntur seculares ecclesie Leodienses, et ponunt septem has scilicet...." Does James mean to say here that he mentions an old Liégeois usage with the object of contrasting it with the „modern" usage of the secular churches of Liége? If so, John's treatise may have been written in the territory of Liége. Certainty, however, cannot be attained. After noting the *differentiae primi toni,* which James has

---

30) *CS* II 326 ff.
31) Cf. *CS* II, 279 b, 320 b, 326 b, 332 a (three times), 244 a, 260 a (three times).

heard „in multis ecclesiis, ut in Gallicanis (he lived for a time at Paris) et forsan Romanis" and in certain churches of regulars, he returns to John's treatise „unde dicit doctor ...." (*CS* II, 332). He concludes the chapter saying: „Verum est quod multe alie differentie primi toni ab his que tacte sunt reperiri possunt; sed nequeo omnes ennarare, nec expedit. Sufficiant igitur que posite sunt quia videntur celebriores, et quibus nec amplius utuntur ecclesie in quibus conversatus sum, et de quibus locuntur actores quos vidi suis intonariis" (*CS* II, 332 s.). This remark of James' again fails to establish the fact that John's *Tonarius* was based on an old usage at the churches of Liége. We can only arrive at the alternative that the *Tonarius* was of Liégeois origin, or that it was considered by James to be of very great importance, though it had originated elsewhere. As things stand, no conclusion can be based on the musical examples whether of the *Tonarius* or of the treatise.

Another line of investigation is suggested by the names of writers mentioned by John: in his letter to Fulgentius he speaks of Boethius, Guido, Berno, Martialis (i.e. Martianus Capella), Otto (Oddo) and No(t)cherus (very probably Ho(t)gerus, the author of *Enchiriadis*). In the treatise itself the verses *Ter terni* and *E voces unisonas* are spoken of, and the letter-notation of Herman of Reichenau (*GS* II, 239 and 259) is explained. This last was a general subject of study, as were the subjects discussed in the other treatises. But the mention of No(t)cherus as the author of *Enchiriadis* calls to mind the few Mss that speak of Ho(t)cherus as an author, especially the oldest among them, the Ms of St. Amand. This would suggest some connection between John and Flanders.

In the discussion of the motus-theory John's standpoint approaches nearer to that of the anonymous *Commentarius in Micrologum* (for the relation of the latter to Liége cf. *Musica Disciplina* 1949 p. 95 ff.) than to the one taken up in Guido's *Micrologus*. Allowance, however, should be made for the possibility that the *Commentarius* was written at a later date than John's treatise [32].

32) Commentarius in Micrologum (cf. Vienna 2502 f. 15 v 16 r) (ed. Vivell, 78)	Johannes Affligem (*GS* II, 239 b, 240 a)
Ex dissimilibus vero conjunguntur arsis arsi vel thesis thesi, et arsis thesi et thesis arsi, quando una plures paucioresve habet voces quam altera aut magis coniunctas vel magis disiunctas.	Dissimiles quippe motus fiunt in praedicta iunctione, cum alius alio plures vel pauciores habet voces, sive magis coniunctas, sive magis disiunctas.
In coniunctas vero tam similiter quam dissimiliter motus motui tum erit praepositus, id est: in superioribus positus; tum suppositus, id est: in inferioribus positus; tum appositus est cum in una (qua?) voce unius finis erit alteriusque principium; tum interpositus, id est: cum unus motus infra alium positus et minus est gravis et minus acutus; tum	In coniunctione autem similiter vel dissimiliter facta motus motui tum praepositus invenitur, ut in superioribus positus; tum suppositus, id est in inferioribus positus; tum appositus, cum in qua voce finis est praecedentis, principium est consequentis; tum interpositus, cum unus motus infra alium positus et minus est gravis, et minus est acutus; tum mixtus, id est partim interpositus, partim suppo-

John most probably was acquainted with Aribo's treatise, though he does not mention the author by name. This treatise was largely used in Bavaria and Liége; John takes from it the modal circles and comments on some passages, *e.g.*

Aribo (*GS* II, 218 a)

Tropi dicuntur a reversione: quia ubi cantus quocumque ascendat seu descendat, ad ultimum in finalis revertitur domicilium. (cf. Guido, *GS* II, 11 b).

Comment. in Microl. (ed. Vivell, 21)

Quod enim nos modum dicimus hoc Graeci tropum id est conversionem dicunt, qui, quocumque modo varius et dubius est cantus, si proprie ad finalem reducitur, mirum in modum totus mox in naturam ipsius convertitur.

John (*GS* II, 241 a)

Tropi a convenienti conversione dicti; quomodocumque enim cantus in medio varietur, ad finalem semper per tropos, vel tonos convenienter convertitur. Quos autem nos modos vel tropos nominamus, Graeci phthongos vocant.

Aribo (*GS* II, 214 a)

.... nihil temere fiat ignoranterque penes nos, qui histrionibus dulce iubilantibus veram iubilandi naturam comparationemque penitus ignorantibus admodum dissimles esse debemus.

John (*GS* II, 232 b)

Musica una est ex septem artibus, quas liberales appellant, naturalis quidem quemadmodum et aliae; unde et ioculatores et histriones, qui prorsus sunt illiterati, dulcisonas aliquando videmus contexere cantilenas.

Aribo (*GS* II, 225 a)

Quamvis nihil ars primo, natura inveniat postremo, ut quidam asserit sapientium, expolitius tamen fiet per artem, quod incultum et hirtum naturae genitricis procedit ab utero.

John (*GS* II, 241 a)

Ideo autem musicae habens notitiam diximus, quia artis expers, et si recte fa-

---

commixtus, id est partim interpositus partimque suppositus vel praepositus vel appositus, ubi per aut disiunctivam particulam intelligenda est altera pars disiunctionis, id est: partim interpositus et partim praepositus, item partim interpositus et partim appositus. situs, aut praepositus, aut appositus.

Ars enim ab arctis, quibus constringi conformarique debet, dicitur regulis. Nobis admodum consanguineam et naturalem esse musicam praecipue possumus ex hoc perpendere, quod quique histriones totius musicae artis expertes quaslibet laicas irreprehensibiliter iubelant odas, in varia tonorum semitoniorumque positione nihil offendentes, ad finalem chordam legitime recurrentes.	cit quod facit, tamen quoniam inscius facit, parvipenditur, praesertim cum et mimi et chorearum praecentores plerumque dulciter canant, quod eis non ars, sed natura subministrat.
Aribo (*GS* II, 225 b) Sed histriones et caeteri tales musici sunt naturales, non artificiales. Artificialis autem musicus est, qui naturalem omnium specierum diatessaron, diapente, diapason constitutionem intelligit subtiliter.	

John's explanation of the *litterae appositae neumis* create an impression that Notker Balbulus' interpretation of the neume-letters was either directly known to him or indirectly through the *Anonymus-Wolf* or the *Quaestiones:*

Anon. Wolf:	An. Quaest:	Johannes:
Inveniuntur notulae . . . ., quae idipsum significent. Inveni . . . . exemplar, per omnes ordinatim alphabeti litteras cum significationibus suis.	Unde non solum suprascriptas (litteras) sed etiam omnes fere alfabeti litteras invenimus . . . . cum significationibus suis.	Notae suprascriptae non minorem praetendunt dubitationem, praesertim cum per eas multae dictiones diversarum significationum incipiant, ideo ignoretur quid significent.

As shown elsewhere [33]) these views of Notker's were well-known at Liége, but on this point as on others it is impossible to get beyond conjectures.

In chapter 21 John mentions the *magistri* Trudo, Albinus and Salomon, but the context suggests that they are names of fictitious persons. This does not apply to two music masters, to whose authority he appeals in the same chapter: „per unisonum cantetur, quod et

[33]) Cf. J. Smits v. Waesberghe, Some Musical Treatises and Their Interrelations, A School of Liége c. 1050-1200? in *Musica Disciplina* 1949 p. 110.

Guarino et Stephano in musica subtilibus placet". These two, then, must have been counted men of authority among the musicians of John's *entourage* in the second half of the 11th century. Stephen was such a common name at the time that it will hardly provide a reliable clue. If an attempt is made to trace Guarinus, the first to occur will be the abbot of St. Arnulphus monastery at Metz (d. 1050). This abbot Guarinus is mentioned in *Rhythmus Alphabeticus* by Adelman, scholaster of Liége, later bishop of Brescia (c. 1000-1061). In the Brussels Ms, derived from Gembloux (Brussels R. Libr. 5595 fol. 163), the name is spelled *warinus;* the Copenhagen Ms, originating from Affligem (Copenhagen Gl. Kgl. Samml. 1905 in 4°) [34], has the spelling *gerardus*. There is another *Guarinus,* a nephew and pupil of the musical scholar, the abbot Albertus of Gembloux, who died when Tietmar was abbot there (1071-1092). Since neither *Guarinus* nor *warinus* as far as we know have any connection with music, they are not relevant to our discussion.

The investigation may be pursued by scrutinizing the early Mss of the treatise and the library catalogues, but they supply no evidence worth the name. We only learn that the Ms Leipzig 79 (Le) comes from Pforta abbey in Saxony, and that at one time a treatise belonged to Rolduc (Limburg, Holland) and another to the Premonstratensian abbey of Arnstein (Germany). Since James of Liége must have known a Ms of the „antiquus doctor" and Rolduc was of the diocese of Liége, there is something here that might connect John with Liége.

In tracing the influence of John's work on later authors the writers of the 12th and 13th centuries should be trusted more than the later ones, unless in their quotations and comments the latter point out a connection between the treatise and some local usage, as is the case with James of Liége. For the further the writers are from John's time, the greater must be our caution in making deductions.

The writings of the 12th and 13th centuries do not furnish much light. Jerome of Moravia writing at Paris makes frequent use of John's treatise, which may, therefore, be taken to have been known at Paris between 1272 and 1304. The treatise is further utilized in Ms Rome B. V. Pal. lat. 1346 [35]), in Tractatus Correctorius (*GS* II, 50 ff, 13th cent.?) [36]) and by Joannes of Zamora (*GS* II, 376 a), though the latter

[34]) Cf. J. Havet, *Notices et documents publiés pour la Société de l'histoire à l'occasion du 50me anniversaire de sa fondation,* Paris 1884, 71. The text of the Brussels Ms is also printed in Mabillon's *Vetera Analecta* I (Paris 1675) p. 420 and in *MPL* CXLIII, 1295.

[35]) Cf. J. Smits van Waesberghe, „Some Musical Treatises" in *Musica Disciplina* 1949, p. 116 f.

[36]) The only surviving Ms of this treatise is Clm 18751 (of Tegernsee, 1435/36), from which Gerbert took his quotations. For the author's indebtedness to John the following passages should be compared: *GS* II, 51 „Multotiens .... et conservetur" with *GS* II 249 „Caeterum hoc .... pro auctoritate teneatur"; *GS* II 51 „Sunt etiam plerique .... conamine

does not seem to be directly acquainted with John's treatise. The Gradual of St. Thomas' church at Leipzig (Univ. Libr. 391) [37]), edited by P. Wagner, would seem to point to Lorraine territory, if we may judge from the neumes written in the Metz style of the 13th and 14th centuries, and from the French melody of the sequence *Veni sancte Spiritus* [38]). The first part of this Ms consists of a short musical tract, in which excerpts are found from *Anonymus-Wolf, Summa Musica* (*GS* III) and John's treatise. The treatise of Lambert or Pseudo-Aristoteles (*GS* I, 251 ff) probably also belongs to the school of Liége: the author borrows his material from John and from the Louvain scholar Joannes Hollandrinus. The work is repeatedly referred to in James' *Speculum*.

Yet there is one point that invites attention, namely, that the Mss or treatises of the 14th and 16th centuries that quote from or comment on John chiefly originated in the territories of the Low Countries. The data are the following.

1. *Anonymus IX* of *CS* II (cf. *Musica Disciplina* III 1949 p. 105 f) kept at the university library of Louvain (Cod. 75) until the fire of 1914; earlier it was the property of St. James' abbey, Liége.
2. *Tractatus Carthusiensis monachi* (*CS* II, 434 ff) is only known to exist in a transcript of canon Anthonius (Lossenbostenair?) of St. Maartensdijk on the island of Tholen (diocese of Liége) in Zeeland, a province of Holland. It was written in the years 1503-1504, and is now at Ghent, Univ. Libr. 70 [39]). Mention may be made here of *Tractatus anonymi,* B.M. Eg. 2888, which borrows extensively from John. M. Schneider [40]) is of opinion that this Ms (12th century) was the property of canon Jacobus Gwy.... bos of St. Maartensdijk.
3. *Ars Musica* by „Joannes Boen [Boon, Bone] de Nortich [Noordwijk]", parish priest of Rijnsburg in Holland (1358-1367) [41]).

---

defendunt" with *GS* II 237 „Sunt enim plerique clerici .... conamine defendunt"; *GS* II 51 „Plures etenim tropos .... proprias figuras vel modos" with *GS* II 240 f. „Sciendum quoque .... videbitur vocabulum istud".

37) *Zeitschrift f. Musikw.* XII (1929) p. 65-72 and 129-137. The codex is erroneously referred to as n. 371.

38) P. Wagner, *Eine unbekannte Singweise der Pfingstsequenz* in *Kirchenmus. Jahrb.* XXV (1930) p. 55 ff.

39) A 19th-century copy of this Ms made by the Chevalier Leo de Purbure passed from the estate left by De Coussemaker into the ownership of the Vereeniging v. Ned. Muziekgeschiedenis. The library of this society is now accessible on the premises of the University Library at Amsterdam.

40) See Marius Schneider, *Geschichte der Mehrstimmigkeit* II vol. I *Die Anfänge in Europa* (Berlin 1935).

41) Thus in London B.M. Add. 23220 fol. 14 r; fol. 21v has „Explicit ars Johannis boen de rijnsborgh in Holl." The treatise is also found at Venice, cod. XX, 6 „Joannis Boen quondam pastoris in Reinsburck".

4. Henricus de Zelandia, „*Tractatus de cantu perfecto et imperfecto*" (*CS* III p. 113 ff.).

Who would be fully informed concerning the use of John's work in later treatises must consult a few more theorists, but he will discover no new roads [42]).

Summing up the result of this investigation it may be said that it was in the Low Countries that John's treatise had its widest diffusion and exerted its greatest influence. It is an almost natural corollary, then, to say that its birthplace too was within the borders of the same territories; and in this case one of the monasteries in Liége would be the first most likely claimant of this honour. In the next section we shall have occasion to see which monastery is particularly entitled to advance such a claim.

---

42) The author of *Summa Musicae* (*GS* III, 190 ff) and the *Anonymus* XI of *CS* III borrow from John on a large scale. In chapter 15 of his treatise John specifies and discusses at length the mistakes made in the singing of many melodies; he thus denounces local usage. Now in ch. 21 (*GS* III, 233 f) the author of the *Summa* criticizes with his own words the same mistakes in his own *entourage*. In order to see how dependent he is on John, a comparison should be made between *Summa* ch. 3 and John's treatise ch. 17; between 1 & 3; 4 & 4, 5; 6, 8, 9 & 6, 7; 7 & 5, 1 (*GS* III, 203 = *GS* II, 232); 10 & 8; 21, 22 & 18, 19; 21 & 12, 14, 15; 22 & 16. For his enumeration in ch. 25 the writer probably had recourse to Aribo's treatise (*GS* II, 220).

Where was the *Summa Musicae* produced? P. Wagner (*Einführung* II, Neumenkunde, Leipzig 1912 p. 172) is of opinion that a certain statement in *Summa Musica* about neumes without lines warrants the conclusion that the writer was a German (cf. H. Besseler, *Archiv f. Musikw.* IX (1926/27) p. 207). The statement is this: „Sed cantus adhuc per haec signa minus perfecte cognoscitur, nec per se quisquam eum potest addiscere, sed oportet, ut aliunde audiatur et longo usu discatur; et propter hoc huius cantus nomen usus accepit" (*GS* III, 202). In the first place, John expressed the same idea, in different words (*GS* II, 237 a, 259 a); in the second place, it would hardly allow a conclusion as to any nationality.

What should command greater attention is the presence of the Liégeois anthem *Magna Vox* (*GS* III, 236) and the repeated references to melodies that spread from Liége („in prolixitate responsoriorum S. Stephani" (*GS* III, 234); „quemadmodum in R. Descendit de coelis; talis est cantus S. Lamberti per totum .... Sic videtur in cantu S. Laurentii, Sanctae Trinitatis" (*GS* III, 236); „Haec doctrina olim observata est in cantu de Trinitate" (*GS* III, 238). The recital of the groups that form the pageant in ch. 25 suggests Liége or Paris as the place where the treatise was composed.

In Ms London B.M. Add. 23220 fo. 24 v a certain John is mentioned as the author of a „Summa (Musicae)" in this way, „Dyalogum Odonis et Summan Iohannis ac micrologum Guidonis".

De Musica XI of *CS* III (which is a copy of Regensburg, Proske libr. Ms 98 Th. 4°. This copy was written in 1471; at one time it belonged to St. Maximim's abbey of Treves and now belongs to the Proske library at Regensburg) contains several French *chansons*. I found this treatise back in London B.M. Add. 34200 fol. 41 v where it is followed by *Anonymus XII* of *CS* III, which was copied by De Coussemaker from the same Ms at Regensburg; this Ms also contains a few chapters of John's treatise (Ra, see *supra* p. 14).

With some alterations and additions the treatise of *Anonymus XI* was copied by a Hungarian student Ladislaus de Zalka (Lászió Szalkai) in 1490 (ed. Bartha Dénes, *Das Musiklehrbuch einer ungarische Klosterschule in der Hs von Fürstprimas Szalkai*, Budapest 1934); ibid. p. 51 „Doch sprechen die unbezweifelbar vorhandenen Chansons tatsächlich für französische Herkunft"; cf. also O. Ursprung, *Zeitschrift f. Musikw.* XVII (1935) p. 111 ff. The matter of the treatise *Anonymus XI* is also for a large part to be found in Ms Bodl. Can. Miss. 177 (14th cent.) and it is perhaps along this line that the source of Szalkai's copy may be traced.

Then there is dean Gobelinus of Bielefeld (Westphalia), who is a devotee of John (cf. the edition of J. Müller in *Kirchenmus. Jahrb.* 1907 p. 253); part of the treatise is copied in Berlin, Staatsbibl. Mus. Ms theor. 696. Several of his commentaries on John were transcribed verbatim by the so-called *Monachus Carthusiensis*. Jordanus de Blankenburg (14th cent.), to whom James refers in his *Speculum*, (cf. *CS* II, 398), inserts several excerpts from John in his musical treatise (cf. De Coussemaker, *Notice .... sur un ms. de la bibl. de Saint-Dié*, Paris-Lille 1859; fol. 58 r „Multe quidem .... invenire potes" *GS* II, 236).

Finally, mention may be made of Adam of Fulda (*GS* III, 337, 348, 366), Hugo of Reutlingen (ed. W. C. Beck, Stuttgart 1868, p. 35 and p. 137) and the black-letter book of *c.* 1465, printed in part in S. Wantloeben's *Das Monochord*, Halle a. S. (1911) p. 115 ff. (p. 120: „Die Darstellung des sechsten utilitas ist eine freie Umarbeitung des siebenten Kapitels der „Musica" des Joannes Cotto. Der Verfasser hat seine Quelle nicht genannt").

§ 5. THE AUTHOR REFLECTED IN HIS TREATISE

Clearness and smoothness are characteristics that at once strike the reader of John's treatise. Not one of the medieval theorists, not even Guido of Arezzo, has produced a book on music at once so clear, so original in composition and style, so pleasant to read, as the treatise by John of Affligem 43). It has retained its charm even for the modern reader, because from every page speaks the spirited personality of the author. Guido of Arezzo appears in his writings to lack easy command of his subject-matter, and frequently fails to give lucid utterance to his personal views. From these shortcomings John's treatise is conspicuously free. Among all the musical writings of medieval times there are two treatises that reflect most distinctly the personality of their authors: Aribo's and John's. As against Aribo, the aristocrat and worldling, John comes forward as the monk of spiritual aspirations, and at the same time as the rugged burgher of an impetuous temperament who will call a spade a spade.

John avoids all show of learning, he is no friend of routine or tradition in the unfavourable sense 44).

What seems redundant in other textbooks is unceremoniously and inexorably discarded. When he finds anything good, he is generous in his praise, but he is equally lavish in his censure of corrupt practices. He is anything but a respecter of persons and does not shrink from words like *insulsi, indocti, idiotae, stulti.*

John was a gifted teacher, who in those days of Spartan school discipline must have been a hard, if not a dour, master. There is no need to dilate here on his pedagogic skill, but it may be noted that, like Aribo, he employs humour to keep his reader attentive, and likes to make fun of his adversary. Thus he winds up a discussion of the various derivations of the word „music" with the words: „Si quis autem de musicae appellatione melius sentit, ei nos nequaquam in-

---

43) This is also the opinion of De la Fage: „Jean Cotton .... a précisément le genre de mérite que n'a pas Aribon: toutes ses idées s'offrent dans un ordre parfait, et peu de livres du moyen-âge méritent à cet égard plus d'éloges que le sien" (*Cours complet de Plain Chant,* Paris 1856, Appendice p. 721).

44) He was a conservative in the sense that whatever was not in the authentic tradition of the melodies must be avoided and rooted out. In this respect he shared the standpoint of St. Bernard, when the latter reformed the repertoire of his monks. But by that time Gregorian chant had fallen into decay, though some musicologists still venture to refer to the 11th and 12th centuries as „the golden age of the Gregorian chant". And like St. Bernard John wanted the necessary insight and the means to discern what was and what was not within the limits of the authentic tradition. Hence his errors in transposed melodies. On this point G. Jacobsthal's *Die chromatische Alteration im liturgischen Gesang der abendländischen Kirche* (Berlin, 1897, p. 85, 99-115) should be consulted. Owing to Gerbert's corrupt reading, however, Jacobsthal's views need revision here and there, *e.g.* on the Communio *Beatus servus.*

Concerning the *crux semitonii* in the performances of his time, the following remark of John's is of importance: „Jam vero manifestum est, quod durae hominum voces et incompositae semitonia quam maxime devitant, qui autem flexibiles habent voces, semitoniis plurimum gaudent, eousque ut ibi etiam aliquotiens semitonia depromant, ubi depromenda non sunt" (cap. XXI).

videmus, quia, ut ait Paulus Apostolus, singulis dividit prout vult Spiritus Sanctus". A few samples of his incisive style may be added. The question might be asked, he says, how the division or the arrangement of the *differentiae* in a *Tonarius* has come about; such a question cannot be answered „nam quod quidam dicunt eas secundum antiphonarum dispositionem in antiphonario esse ordinatas, illud non ita esse vel idiota animadvertere potest". Elsewhere he remarks that some performers have no notion what music really is. „Est enim musica nihil aliud, quam vocum congrua motio. Haec contra idiotas praecipue diximus, quo eorum conpesceremus errorem, qui quemlibet sonum esse musicum autumnant."

At the risk of trespassing, it will not be amiss in this place to introduce to the reader another John, a contemporary, a teacher and composer of music. He was a monk of St. Laurence's abbey at Liége and was the tutor of Reinerus, who in the years 1150-1180 wrote an elaborate chronicle of the distinguished men of St. Laurence's abbey[45]. The sketch of his own teacher John admirably suits the personality of John of Affligem: „cujus extremui plerumque verulam puer ut clavam Herculis nemo nunquam extremuit. Heu quoties, dum nostra exigit aut discutit opuscula, et adiuncis correptas manibus obliquo tabellas oculo intuetur. Heu quoties illum Virgilii, monoculum me putavi Polyphemum incurrisse?" He then describes how one day at school „melodiam composui de Sanctis Sixto, Felicissimo et Agapito", but then master John came to inspect his work „arripiens tabellas, quibus exiles impresseram cogitatus, aliquantisper consideravit.... Legens [Johannes] infremuit, cantans ex hoc in hoc inclinavit: cum ecce veluti magna colaphizatus injuria coepit innocentes ceras obruere, et quae exarata erant, aemulo unguis aratro confundere"[46].

The question arises if this John, who was appointed scholasticus at St. Laurence's in 1113, should be identified with John of Affligem. Speaking of the former as a composer Reinerus says: „Binos etiam cantus composuit, id est de Sancto Christophoro martyre et de Sancta Maria Egyptiaca, Historiam Tobiae, itemque martyrium Sancti Stephani protomartyris heroico pede percurrit et Cantica canticorum aliquanta ex parte antiphonatim modulatus est"[47]. The office in honour of St. Mary of Egypt[48]) appears to be the work of a practised

45) Reinerus monachus S. Laurentii Leodiensis, *De claris scriptoribus monasterii S. Laurentii*, *MPL* CCIV, 15-40.
46) *MPL* CCIV, 26-28.
47) *MPL* CCIV, 26.
48) A written copy of this office I owe to the kindness of M. Ant. Auda of Brussels. Part of it is printed in the editor's *Muziekgeschiedenis der Middeleeuwen I*, p. 459. I have not been able to discover the musical notation of the other offices. In *Paléogr. Mus.* III, pl. 154 there is a fragment of an office of St. Christopher (from Ghent, Univ. Libr. 244). The reproduction dates it from the 10th century. This is also the date given by Delporte

composer. Though the chants do not reach beyond the tenth, leaps of fourths and fifths are conspicuous and recall John of Affligem's remarks in his treatise: „Animadvertendum praeterea quod maximam in cantu iocunditatem faciunt istae duae consonantiae diatessaron et diapente". In this composition even the detailed hints as to the use of these intervals („pulcrum namque sonum reddunt, si remissa aliquotiens statim in eisdem vocibus elevantur"), and other directions to be found in chapter 19 „Quae sit optima modulandi forma", are followed with remarkable exactness[49]).

There are two objections, however, to identifying the two Johns. The first is that Reinerus, who sets out to write *„De claris scriptoribus monasterii S. Laurentii Leodiensis"*, records no treatise written by his John. This seems to the editor to be of such overriding importance, that the identity of the two, whatever its seeming plausibility (see note 50), cannot be allowed without further evidence. A second objection may be based on the fact that John of Liége evidently got his first education at St. Laurence's abbey[50]). This, however, does not exclude the possibility that John may have received the initial stages of his education at Liége and, on departing with Franco and some of his disciples, have completed it at Affligem. In fact this would quite agree with the words which he prompts Fulgentius to use: „Nonne ego te Boethii musicam atque Guidonis necnon et Bernonis, si recte memini, legisse comperi?" Surely education at this level is higher education.

(*La Tribune de St. Gervais* 1920, p. 59), but it is considered doubtful by A. Auda (*La Musique et les musiciens de l'ancien pays de Liége*, Schaerbeek 1930, p. 28). Auda thinks it not unlikely that it is a 12th-century Ms, and may therefore contain the office of John of St. Laurence's; it has the Metz neumes. In the editor's opinion the musical notation is of the 11th century at the latest, so that it cannot be a composition of John's.

49) Of his own scholastic work Reinerus remarks: „Aliquos super Ecclesiae pressuris threnos metrorum atque rhythmorum diversa edidi specie adolescentulus. Discendi quippe agebar studio et magnos poetas ego poeta modicus tentabam utcumque imitari". (*MPL* CCIV, 27). This might recall what John of Affligem says of musical composition: „Nam etsi novae modulationes nunc in Ecclesia non sunt necessariae, possimus tamen in rhythmis et lugubribus versibus poetarum decantandis ingenia nostra exercere" (ch. 17).

50) Joannes monachus S. Laurentii Leodiensis, „Visio status animarum post mortem et Miraculum S. Laurentii martyris", *MPL*, CLXXX, c. 177 ff:

(Laurentius): „Quis ex omnibus sanctis majora tibi bona contulit? Sub cujus umbraculo magis profecisti? Quis aluit? Quis docuit?"

(Joannes): „Beatus equidem Laurentius patronus meus est; ille me puerum suscepit, ipse nutrivit et docuit, et prae omnibus sanctis gratias debeo illi" (*MPL*, CLXXX, c. 179).

In the same *visio* of John of St. Laurence's there is a story of two men in purgatory *in habitu monachali*. Both are being insufficiently helped by prayers of intercessors on earth. One of them had died a sudden death, and now his sufferings are relieved by an intercessor. The gist of the story is also found in another *visio* of an Affligem monk, called John (published by W. Wattenbach, *Neues Archiv* VII 1882, p. 628 ff), in which there is also question of two men *in habitu monachali*, whom John sees in purgatory; both are insufficiently helped by intercessors. One of them also had died suddenly (*lancea confossus occubui*) and he will soon be delivered, if he can find *intercessores* on earth; the other (*comes Namensis*) will be delivered at an early date, because he has as his intercessor a monk whom he had taken up as a foundling and entrusted to the care of the monastery.

The versions differ in many other details, but it is not ruled out that the two stories have one source. The *visio* of John of St. Laurence's is told by himself; the other has come to us indirectly, as it is woven into a legendary tale: „Hac relatione cujusdam sacerdotis nomine Johannis de ipsis partibus (Res in Haffligensi gesta est cenobio) advenientis, et ibidem nutriti et educati comperimus". Thus in cod. Darmstadt 749, fol. 145 v, 146.

To return to the significance of John of Affligem in the Middle Ages, it should be duly noted that John's treatise was widely diffused, notwithstanding the fact that both in the treatise and the *Tonarius* he meant in the first place to attack the corrupt practices in his immediate surroundings. This wider appeal is no doubt due to the outstanding qualities of the work. Later writers, somewhat onesidedly, extol his merits on account of the stand he made against abuses. To James of Liége he is „Quidam valens doctor qui multum laboravit, ut errores in cantibus tonis corrigeret" (*CS* II, 260), and the introduction to the treatise in the London Ms (B.M. Vespas. A. II Lo) has: „Intentio sua est monstrare usum regulariter canendi. Causa intentionis est multiplicem errorem quorumdam insulsorum cantorum devitare". We see the same point also in Johannes Hollandrinus' comparison of various theorists:

„Pitagoras reperit, transfert Bohetius ipse.
Investigator Guido fuit ipse tonorum.
Jubal epilogum modulaminis ipse registrat.
Subtiliter normas fertur posuisse Johannes.
Ordinat ac supplet Gregorius Ambrosiusque".

For all his impulsiveness of character John was a theorist perfectly grounded in musical technique[51]), while at the same time he was richly endowed with artistic talent. He was the first to draw up rules for musical aesthetics, which for clearness leave nothing to be desired (cf. ch. 18 & 19), in strong contrast to Guido, whose chapter 15 of *Micrologus,* almost on the morrow of its appearance, gave rise to polemics *super obscuras sententias Guidonis.* From a didactic point of view John in his writings far surpasses Guido, though this evaluation does not necessarily apply to the comparative fame of the two as practical teachers. It is precisely on account of this lucidity that it is greatly to be regretted that John did not enter into a wider and fuller discussion of polyphony, which would have greatly increased the value of his treatise for the art and science of music that was to be.

---

51) He was the first to mention in a treatise the gamut ut re mi fa sol la, and „Guido's hand", not as something new, but in regular use; he is also the first, after Guido, to give a description of Guido's musical notation (*neumandi modus a Guidone inventus* ch. 21), though this had not yet obtained a general footing in John's evironment.

BIBLIOGRAPHY OF JOHN OF AFFLIGEM

Abert, H., *Die Musikanschauung des Mittelalters und ihre Grundlagen,* Halle a. S. 1905.

Auda, A., *La Musique et les Musiciens de l'ancien pays de Liége. Essai bio-bibliographique sur la Musique liégeoise depuis ses origines jusqu'à la fin de la principauté* (1800), Brussel-Paris-Liége 1930.

Bartha, D. v., „Das Musiklehrbuch einer ungarischen Klosterschule in der Handschrift von Fürstprimas Szalkai (1490)", *Musicologia Hungarica I,* Budapest 1934.

Besseler, H., „Studien zur Musik des Mittelalters", *Archiv für Musikwissenschaft,* 1927.

Ĉserba, S. M., „Hieronymus de Moravia, O.P., Tractatus de Musica", *Freiburger Studien zur Musikwissenschaft,* 2. Reihe, Heft 2, Regensburg 1935.

Eitner, R., *Biographisch-bibliographisches Quellenlexicon der Musiker und Musikgelehrten der christlichen Zeitrechnung bis zur Mitte des 19. Jahrhundert,* t. I, Leipzig 1899, 191.

Fage, Adr. de la, *Cours complet de Plain Chant,* Appendice, Paris 1856.

Fétis, F. J., *Biographie universelle des musiciens,* Paris 1860-1883, t. I, 132.

Gaisser, H., *Revue Bénédictine,* 1900, 383.

Handschin, J., „Der Organum-Traktat von Montpellier", *Festschrift für Guido Adler,* Vienna 1930, 52 ss.

Jacobsthal, G., *Die chromatische Alteration im liturgischen Gesange der abendländischen Kirche,* Berlin 1897.

Joannes (of St. Laurence of Liége), „Visio status animarum post mortem et miraculum S. Laurentii Mart." *MPL,* CLXXX.

Kornmüller, O., „Der Traktat des Johannes Cottonius über Musik", *Kirchenmusikalisches Jahrbuch* 1888, 19.

Kuničić, V., *Quae ratio inter scriptores de musica medii aevi et philosophiam scholasticam existat,* Zagreb 1924.

Ludwig, Fr., „Die Geistliche nichtliturgische und weltliche einstimmige Musik des Mittelalters bis zum Anfang des 15. Jahrhunderts", (G. Adler, *Handbuch der Musikgeschichte,* 2 ed. Frankfort 1930).

Manitius, M., *Geschichte der lateinischen Litteratur des Mittelalters,* vol. II Münich 1923, vol. III Münich 1931.

Mathias, F. X., *Die Tonarien,* Graz 1903.

Pietzsch, G., „Die Klassifikation der Musik von Boethius bis Ugolino von Orvieto", *Studien zur Geschichte der Musiktheorie im Mittelalter,* I, Halle a. S. 1929.

Reese, G., *Music in the Middle Ages,* New York 1940.

Reinerus (of St. Laurence of Liége), De claris scriptoribus monasterii sui libelli tres, *MPL*, CCIV; (Pez, *Thesaurus anecdotorum novissimus*, vol. IV, Vienna 1727); *MGH*, SS. XX.

Riemann, H., *Geschichte der Musiktheorie im 9.-19. Jahrhundert*, 2 ed. Berlin 1920.

Schneider, M., *Geschichte der Mehrstimmigkeit*, II, „Die Anfänge in Europa", Berlin 1935.

Smits van Waesberghe, J., *Muziekgeschiedenis der Middeleeuwen*, vol. I, Tilburg (Holland) 1936.

— „Some Music Treatises and their Interrelation. A School of Liége (*c.* 1040-1200)?", *Musica Disciplina* III (1949), 25-31, 95-118.

Trithemius, J., *Chronicon Monasterii Hirsaugiensis*, Basle 1559; St. Gallen 1690.

Wagner, P., *Einführung in die Gregorianischen Melodien, Ein Handbuch der Choralwissenschaft*, 2. Teil, „Neumenkunde, Paläographie des liturgischen Gesanges", Leipzig 1912, 2. Aufl.

— *Das Graduale der Sankt-Thomaskirche zu Leipzig*, Leipzig 1932.

Wantzloeben, S., *Das Monochord als Instrument und als System*, Halle 1911.

CONSPECTUS ABBREVIATIONUM

A. *Codicum et librorum impressorum abbreviationes*

Ba	=	Basle Un. Bibl. F IX 36
Be	=	Berlin Staatsbibl. (Oeffentl. wissensch. Bibl.) Ms Diez B Sant 151
Bex	=	Berlin Staatsbibl. Mus. ms. theor. 215
E_1	=	Erfurt Amplon. 93
E_2	=	Erfurt Amplon. 94
F	=	Florence Bibl. Laurentiana, Ahsburnh. 1051
K	=	Karlsruhe Landesbibl. 505
Le	=	Leipzig Univ. Bibl. 79
Lo	=	London Br. Mus. Vespas. A II
M	=	Munich Bayer. Staatsbibl. lat. 2599
R	=	Rome Bibl. Vat. Reg. 1196
Ra	=	Ratisbon Libr. Proske 98 Th. (4°)
Rh	=	Rein (Rhein) Stiftsbibl. XXI
V_1	=	Vienna Nat. Bibl. 2502
V_2	=	Vienna Nat. Bibl. 51
AH	=	Analecta Hymnica
CS	=	De Coussemaker, Scriptores de musica
G	=	Gerbert, Scriptores de musica
GS	=	Gerbert, Scriptores de musica
MGH	=	Monumenta Germaniae Historiae
MPL	=	Migne, Patrologia Latina

B. *Abbreviationes quae adhibentur in apparatu critico*

a m	=	alia manu
ca	=	circa
cod	=	codex, codices
corr	=	correxit, correctio, corrector
del	=	delevit
dub	=	dubitanter
ed	=	edidit, editio
eras	=	erasit
gl	=	glossa
illeg	=	illegibile, illegebilia (etc.)
lit	=	littera
marg	=	margo, marginis (etc.)
om	=	omisit
p	=	pag
postei	=	posterior, posterioris (etc.)
ras	=	rasura
rec	=	recentior
sc	=	scilicet
scr	=	scriptum, scripta (etc.)
sec	=	secundum

NORMÆ PRO OPERIBUS EDITIS IN SERIE „CORPUS SCRIPTORUM DE MUSICA"

In textu principali adhibita est orthographia linguae classicae. Orthographiae, quae non correctae mendosae in mss. leguntur, in apparatu critico inveniuntur.

In textu principali interpunctio moderna adhibita est. Si in variis mss. habentur interpunctiones inter se discrepantes, hoc tantum in apparatu critico enuntiandum est, si eo verborum significatio mutatur.

Litteris maiusculis semper scripta sunt initia sententiarum et nomina propria et verba ad litteram allata.

Quoad litteras tonorum usi sumus systemate medii aevi nempe:

a b ♮ c d e
Γ A B C D E F G a b ♮ c d e f g a b ♮ c d e

Verba non authentica assignata sunt inter haec signa < >.

In apparatu critico observationes editoris impressae sunt litteris italicis.

Si legas in apparatu critico:

CD FE
Le DC E

litterae tonorum in linea prima significant lectionem authenticam; litterae tonorum tamen in linea secunda variationes ms. (Le), in quo legitur DC pro CD et E pro FE.

< Musica Johannis >

Ba	2v
Be	1r
E_1	9r
E_2	2r
F	75v
K	1v
Le	97r
Lo	131r
M	77r
R	11r
Rh	19r
V_1	28v
V_2	62v
G	230

Notae criticae quoad titulum in codicibus:
Titulus deest in Ba Be E_2

Epistola Iohannis ad fulgentium archiepiscopum de arte musica E_1
Incipit liber artis Musice Iohannis pape Ad Fulgencium Anglorum antistitem F
Epistola Ihohannis ad fulgentium archieputhopum de arte musica K
Prologus *manu prima* musice artis Iohannis *manu poster* Le
Incipit Musica Iohannis <I>n huius operis exordio IIIIor commoda lectoribus digna quesitu videntur. Materia videlicet et intentio. Causa intentionis. Et utilitas. Titulus secundum quosdam non apponitur, quia ex multis magistris est collectum. Materia huius libri sunt voces moncordi. Intentio sua est monstrare usum regulariter canendi. Causa intentionis est multiplicem errorem quorumdam insulsorum cantorum devitare. Utilitas est regularis scientia. Prologus Lo
Incipit Prologus in Musicam IoHannis M
Epistola Iohannis ad fulgentium episcopum De Musica R
Iohannes fulgentio anglorum episcopo Rh
Incipit Musica Johannis ad Fulgentium scripta V_1
Incipit epistola Iohannis ad fulgentium episcopum de arte musica V_2
Prologus G
Epistolam non habent Ba V_1

< Epistola Johannis ad Fulgentium >

1 Domino et patri suo venerabili Angelorum antistiti Fulgentio, viro scilicet ex re nomen habenti, quippe qui et prudentia pollet et sanctitate fulget, Iohannes servus servorum Dei, quicquid patri filius dominoque servus.

2 Cum me plurima atque diversa videres indagare studia, uni tamen arti videlicet musicae praecipue operam dare, de ipsa me arte compellare coepisti suadens uti ad doctrinam et illuminationem minus eruditorum aliquam ingenioli mei curarem emittere scintillulam. 3 Quod cum dubius trepidusque, tamquam qui ad hoc implendum haudquaquam mihi videbar idoneus, refugerem, crebra aures meas admonitione pulsabas, versiculumque illum veritatis doctor et caritatis amator semper mihi instillabas: „Sapientia occulta et thesaurus absconditus, quae utilitas in utrisque?" 4 Ad haec me tibi respondentem, quod hebetis et imbecillis essem ingenii, tali obiectione compescebas: 5 „Quid est, fili, quod dicis, quid est inquam quod loqueris? 6 Nonne ego te Boetii musicam atque Guidonis necnon et Bernonis, si

1 ac Patri Be angelorum *om* K Lo M G anglorum episcopo viro Rh anglorum Be F E_1 E_2 Le V_2 fulgentio Episcopo Viro M Fulgentio episcopo viro G fulgentio viro *om* F nomen ex re R et *om* Lo M R G fulget *pro* pollet F pollet *pro* fulget F

2 Cum plurima ac diversa videres me indagare Be indagare *in marg* scire E_1 scilicet *pro* videlicet K arte me E_1 Lo arte *om* Be compellare coepisti *in marg* id est iussisti E_1 uti *in marg* pro ut E_1

3 dum *pro* cum M duobus *pro* dubius E_1 ac trepidus M huc *pro* hoc M haud *suprascr* ne Le *in marg* pro non E_1 videbar mihi Be idoneus *cum glossa in marg* dignus E_1 crebra *in marg* continua E_1 In mundano dominio sunt quaevis abscondite persone <?> fossis <?> humani census clausus sub priore <?> sensus. *In marg* E_1

4 hoc *pro* haec Be K Lo M Rh V_2 hebetis *suprascr* rudis Lo hebes M *in marg* obscuri *a m* id est hebetia E_1 atque *pro* et Rh imbecilli *suprascr* infirmi Lo imbecilli Be M R V_2

5 fili quod loqueris? Quid est quod dicis? M dicis quid est inquam quod loqueris? *om* V_2

6 te *om* Rh Widonis E_2 Lo M Gwidonis Rh bernenis *pro* Bernonis R

---

1 *Quoad lectionem nostrum* Angelorum *vide Preface* p. 24 *s.*

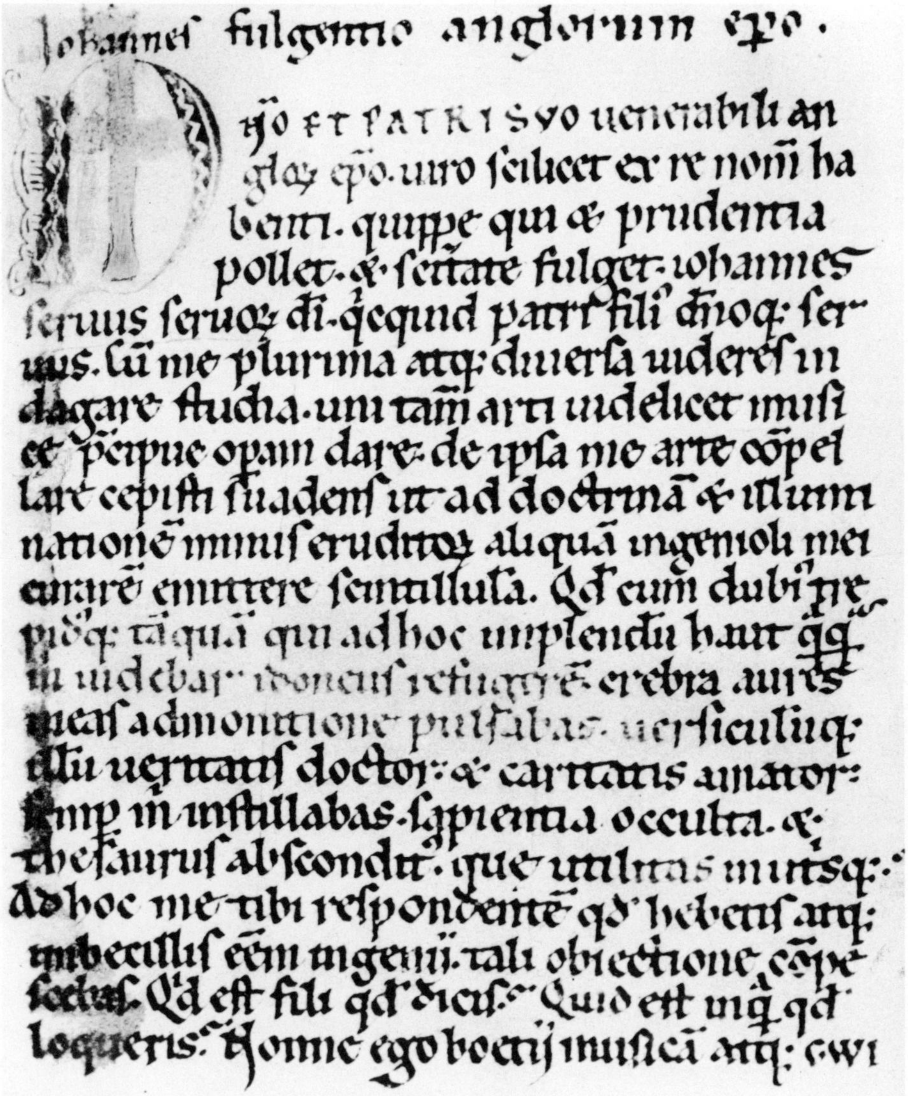

Iohannes fulgentio anglorum epo.

Dno et patri suo uenerabili an
glor epo. uiro scilicet ex re nomi ha
benti. quippe qui et prudentia
pollet. et sanctitate fulget. Iohannes
seruus seruor dei. quicquid patri filius dnoq: ser
uus. Cu me plurima atq: diuersa uideres in
dagare studia. uni tam arti uidelicet musi
ce. precipue operam dare. de ipsa me arte copel
lare cepisti suadens ut ad doctrina et illumi
natione musice eruditor aliqua ingenioli mei
curare emittere scintillula. Qd cum dubius pre
pedq: tamqua qui ad hoc implendu haut quaqua
m uidebar idoneus refugere. crebra aures
meas admonitione pulsabas. uersiculumq:
illu ueritatis doctor. et caritatis amator.
semp in instillabas. sapientia occulta. et
thesaurus absconditus. que utilitas in utrisq:
Ad hoc me tibi respondente. qd hebetis atq:
imbecillis essem ingenii. tali obiectione copes
cebas. Qd est fili qd dicis. Quid est inq qd
loqueris. Nonne ego boetii musica atq: gwi

2. Rein XXI (12th cent.), fol. 19 r

recte memini, legisse comperi? 7 Nonne et ego, quanta sit tui facultas ingenii, quam plurimis edidici experimentis, adeo ut quid tui portare queant humeri et quid minime, nemo melius me atque indubitantius noverit? 8 Profecto non bona nec recipienda te contra me ratione tueris atque si rectius omnia perpendere velles, quominus me monitusque meos sequerere, causam non haberes. 9 Nam ut de Martiale, Odone, Notkero, quorum tu libros utpote in hac arte probatissimorum diligenter perspexisse diceris, sileam, de praefatorum virorum opusculis satis aptas et utiles legentibus, si velles modo, posses excerpere regulas. 10 Proinde ut haec una excusatio prorsus cesset admoneo, cum etiam, ut beatus Gregorius dicit, vires quas imperitia denegat caritas subministret".

11 His ergo dictis retusus extimplo atque ut verius dicam tam potenti compulsus iussione opus quod mihi iniunxeras confidenter aggressus sum. 12 Prudentiorum namque et perspicatiorum derisui subicere malui quam in tuam indignationem, si obtemperare nollem, incidere.

13 Puerili quidem stilo usum me profiteor, verumtamen quae

7 facultas tui R *in marg* vis E_1 ingenii facultas F experimentis *in marg* cognitionibus E_1 tui humeri portare Be quid queant portare humeri tui R queant portare F M humeri queant E_2 quod *pro* quid E_1 Rh G quidem *pro* quid F minime queant portare E_1

8 Profecto *in marg* id est quippe E_1 me *om* F K te *om* Rh te quam me E_1 tueris ratione F omnia rectius R ratione *pro* rectius Rh recte E_2 perpendere *in marg* recolligere E_1 minus *om* Rh monitus meos Rh sequi M causam *om* Rh habens Le

9 martiale odone nothero Be martiale odone Nothero E_1 Martiale odone Nothero E_2 marciali oddone notgero F martiale odone nothero *corr supra* notkero K marciale odone nothere Le marciale odone nochero Lo ut et de marciale odone Notkero M marciale odone nochero R martiali idoneoque Nothgero Rh ex marcioli *suprascr* marciali otdone notkero V_2 Martiale Ottone Notkero G libros tu Le Lo R G in hac arte utpote E_2 satis *om* F si *om* E_2 K R V_2 excipere Be M V_2

10 cesset prorsus Be M prorsus *om* F moneo Rh ut *om* F subministrat E_2 K Rh

11 ego *pro* ergo Le Rh His igitur K extimplo retusus M V_2 extemplo retusus Be F retusus *in marg* victus E_1 retrusus Le Lo retusus extimplo *om* Rh extemplo G extimplo *in marg* protinus E_1 confidenter *om* R fideliter *pro* confidenter Be

13 namque *pro* quidem R siquidem *pro* quidem Be stilo *om* Be usum meum Lo me usum E_1

utiliora videbantur ac magis necessaria, ex aliorum codicellis compendiose collegi de meo etiam interdum addens igniculo. 14 Placuit autem aliquantis libellum capitulis distinguere, ut si quid lector inter cetera avidius quaesierit, citius hoc atque facilius per praemissas annotationes recipere valeat.

15 Tuae igitur, quod te suadente incepi et Deo opitulante perfeci, offero clementiae, quatenus per te probetur et per te corrigatur atque a venenatis detractorum morsibus tua auctoritate defendatur.

<Explicit prologus. Incipiunt capitula.>

codicellis *in marg* libris E_1 interdum etiam Le G etiam *om* R interdum aliquid E_2 M Rh etiam aliquid Be interdum aliquid igniculo F addens ad igniculo E_1 igniculo *in marg* ingenio E_1

14 ergo *pro* autem Be quis *pro* quid F lector diligentia inter M avideus Lo avidius inter caetera Be quesierit avidius V_2 propter *pro* per F recipi E_2 G reperire Rh

15 itaque *pro* igitur V_2 opitulante *suprascr* id est auxiliante E_1 Domino opitulantur G te *pro* deo F per *om* E_1 probetur per te et corrigatur F et corrigatur Be M Rh a *om* Lo de *pro* a Be detractatorum M Explicit prologus Incipiunt capitula *solum in* E_2 Capitula sequentis opusculi E_1 Incipiunt rubrice F Capitula sequentis operis K Incipiunt anhortationes Lo Capitula M Capitula sequentis operis R Finit praefatio Incipiunt capitula V_2 Finitur Praefatio, incipiunt Capitula G Explicit *aut* Incipit *non habent* Be Le Rh

< Index Capitulorum >

I Qualiter quis ad musicae disciplinam se aptare debeat.
II Quae utilitas sit scire musicam et quid distet inter musicum et cantorem.
III Unde dicta sit musica et a quo et quomodo sit inventa.
IV Quot sint instrumenta musici soni.
V De numero litterarum et de discretione earum.
VI Qualiter mensurandum sit monochordum.
VII Unde dicatur monochordum et ad quid sit utile.
VIII Quot modi sint quibus melodia contexitur.
IX Quot sint vocum discrepantiae et de diapason.
X De modis quos abusive tonos appellamus.
XI De tenoribus modorum et finalibus eorum.
XII De regulari cursu modorum atque licentia.
XIII Super graeca notarum vocabula expositio.
XIV Quid faciendum sit de cantu qui in proprio cursu deficit.

Index capitulorum non habet Ba

I disciplinas V_2 adaptare Be aptare se F aptet *pro* aptare debeat Rh
II Quid distet inter musicum et cantorem et quae utilitas sit scire musicam K distat E_2 et usualem cantorem M
III sit dicta Le Lo G sit *utrumque om* F quomodo inventa E_1 E_2 K M R V_2
IV sint *om* F
V et discretione Be E_2 F K M V_2 eorum Lo
VI sit mensurandum E_2 monochordum et ad quid sit utile Be
VII et ad quid sit utile *om* Be
VIII sint modi E_2 cantilena *pro* melodia Rh
IX et *pro* Quot F et de diapason *om* F
X dicimus *pro* appellamus Rh
XI de finalibus Rh
XII modorum et de finalibus atque licentia Rh et licentia E_1 et licentia eorum M
XIII notarum graeca F
XIV sit faciendum E_2 Rh graeco de cantu E_2 in *pro* de F in casu proprio V_2 in perpetuo cursu G

XV Quod stultorum ignorantia saepe cantum depravet.
XVI Quod diversi diversis delectentur modis.
XVII De potentia musicae et qui primitus ea in Romana Ecclesia usi sint.
XVIII Praecepta de cantu componendo.
XIX Quae sit optima modulandi forma.
XX Qualiter per vocales cantus possit componi.
XXI Quid utilitatis conferant neumae a Guidone inventae.
XXII De pravo usu abiciendo et superfluis quorundam modorum differentiis.
XXIII De diaphonia id est organo.
XXIV De primo modo et eius discipulo cum differentiis.
XXV De tertio tono et quarto et eorum differentiis.
XXVI De quinto et sexto et eorum differentiis.
XXVII De septimo et octavo et eorum differentiis.

Expliciunt capitula.

XV depravat F cantum sepe V_2 Quod cantum stultorum sepe ignorantia Be
XVI modis *om* E_1 modis delectentur M Rh
XVII ea *om* Be ecclesia usi sint *in marg sinistro* V_2 sint usi E_1 sunt Le
XX possunt Le Lo G possit cantus R
XXI afferant Be E_2 K Rh G compositae *pro* inventae E_1 Widone Lo M V_2 Gwidone Rh
XXII *Titulum om* Rh
XXIII est de K *Titulum om* Rh
XXIV et 2o modo E_1 deferenciis E_2 *Titulum om* Rh
XXV *Titulum om* Rh tono *om* E_1
XXVI VI° simul cum eorum M sexto simul cum differentiis B V_2 sexto tono F *Titulum om* Rh
XXVII octavo tono F *Titulum om* Rh Expliciunt capitula *non habent* E_1 K Le Lo M R Rh G

Incipit Tractatus Iohannis de Arte Musica

Ba 2r
Be 2r
E_1 10r
E_2 2v
F 76r
K 3v
Le 97v
Lo 132r
M 77v
R 12v
Rh 20v
V_1 28v
V_2 62v
G 232

CAPITULUM I

QUALITER QUIS AD MUSICAE DISCIPLINAM SE APTARE DEBEAT

1 Primum hoc illi, qui se ad musicae disciplinam aptare desiderat, iniungimus, uti litteras monochordi cum syllabis suprascriptis firmare studeat, nec antequam eas memoriter teneat, ab hoc opere desistat. 2 Sed de litteris nunc dicere differimus, ut post hoc commodius atque uberius de eis tractemus. Nunc autem de syllabis aliquid dicamus. Sex sunt syllabae, quas ad opus musicae assumimus, diversae quidem apud diversos. 3 Verum Angli, Francigenae, Alemanni utuntur his: ut, re, mi, fa, sol, la. Itali autem alias habent, quas qui nosse desiderant, stipulentur ab ipsis. 4 Eas vero, quibus nos utimur syllabas, ex hymno illo sumptas aiunt, cuius principium est:

5 *Ut queant laxis*
Resonare fibris
Mira gestorum

Incipit Tractatus Iohannis de Musica E_1 G Iohannis de arte musica R *Titulum non habent* Ba Be E_2 F Le M Rh V_1

Qualiter se quisquis adaptet ad musicae disciplinae artem M se aptet debeat Rh aptare se F *Titulum capitis non habent* Be E_1 K Le R V_2 *Numeros etiam capitulorum non habent* Be F *Numeri secunda manu* Le

1 illis R desiderant R ut *pro* uti Ba R Rh supradictis V_2 affirmare Be Rh hac opera Ba F K R V_1 V_2 opera hac E_1 hac opere E_2 desistant R

2 Sed ... dicamus *om* V_1 differimus dicere Be post haec M Rh V_2 post hae Be postmodum Ba aliquid *om* Ba musicae opus assumpsimus Rh

3 frangenae Le Franci V_1 almanni Le alamanni Ba E_2 R V_1 V_2 his quae sunt M nosce E_2

4 quibus quibus Lo syllabas *om* Ba illo ymno sumptas referunt Ba est *om* E_2

5 quant V_1 resonare ... gestorum *om* Be E_1 E_2 F K R V_1 V_2 ut queant (C D E) laxis resonare fibris (G a G a G F D E F) Ba

6 Quod hoc modo facile consideratur: *Ut queant laxis,* ecce habemus ut; *resonare fibris,* ecce re; *mira gestorum,* ibi mi; *famuli tuorum,* illic fa; 7 *solve polluti,* ecce hic sol; *labii reatum,* ecce habemus la. 8 Per has itaque syllabas is, qui de musica scire affectat, cantiones aliquot cantare discat quousque ascensiones et descensiones multimodasque earum varietates plene ac lucide pernoscat. 9 In manus etiam articulis modulari sedulus assuescat, ut ea postmodum quotiens voluerit pro monochordo potiatur et in ea cantum probet, corrigat et componat. 10 Haec ubi aliquamdiu iuxta quod diximus frequentaverit et altae memoriae commendaverit, facilius procul dubio ad musicam iter habebit.

6 Quo *pro* quod Ba quomodo hoc G quomodo hic Rh mihi *pro* modo Be modo hoc E_1 Lo G Quo modo hoc *corr alia manu* Quod hoc modo Le consideratur? Le Quod ... consideratur *om* E_2 V_1 consideratur perpendi potest hoc modo Ba Lo M R inconsideratur M ut ... laxis *om* V_1 laxis *om* Ba F Rh habes *pro* habemus M Rh V_1 hoc modo *pro* habemus F fibris *om* Be mira ecce mi Be ecce *pro* ibi Rh illic *pro* ibi F famuli ... habemus la *om* Ba ecce *pro* illic Rh ibi *pro* illic F R

7 solve *om* V_1 polluti *om* Be ecce *om* E_1 hic *om* F M R Rh reatum *om* Be ecce *om* V_2 habes V_1 habemus *om* Be E_1 F M R Rh habemus hic la E_2

8 Has itaque per Ba V_2 hic *pro* is F de *om* Rh musicam Rh affectat scire R aliquas Ba Be E_1 Rh G descensiones et ascensiones F variationes Be G dilucide Rh pernotescat E_1

9 In sinistre manus M manibus F ea *om* E_2 Rh V_2 post *pro* postmodum Be Le Lo G quotiens opus habuerit Ba monacorda E_2 ponatur E_2 Lo ponat E_1 F utatur Rh G ponatur *erasa est* utatur *in marg* Le utatur ut in eo Rh probet et Ba V_2 probet *om* Rh ponat *pro* componat E_1

10 aliquantulum E_1 Haec ubi ... iter habebit *om* Ba iter ad musicam R quod utilius *apposuit alia manus in* Le

CAPITULUM II

QUAE UTILITAS SIT SCIRE MUSICAM ET QUID DISTET INTER MUSICUM ET CANTOREM

Ba 2v
Be 2v
E_1 10r
E_2 3r
F 76r
K 4r
Le 97v
Lo 132r
M 78r
R 12v
Rh 21r
V_1 28v
V_2 63r
G 232

1 Videtur autem nunc congruum, ut quid utilitatis conferat musicae notitia brevi attingamus ratione. 2 Tanto namque in musica quisque se reddit studiosiorem, quanto ipsam artem novit esse utiliorem. 3 Musica una est ex septem artibus, quas liberales appellant, naturalis quidem quemadmodum et aliae. 4 Unde et ioculatores et histriones, qui prorsus sunt illiterati, dulcisonas aliquando videmus contexere cantilenas. Sed sicut grammatica, dialectica et ceterae artes, si non essent conscriptae ac per praecepta elucidatae, incertae haberentur et confusae, ita et haec. 5 Sciendum autem, quia ars ista haud infima inter artes est reputanda, praesertim cum clericis maxime sit necessaria et quibuslibet eam exercentibus utilis et iocunda. 6 Quisquis

Titulum non habent Be E_1 E_2 K M R V_2

Titulum suprascr alia manu quae utilitas *habet* Le et quid ... cantorem *om* Rh De utilitate musicae V_1

In hoc capitulo auctor tractat de utilitate musice et de differentia inter musicum et cantorem et distinguit etiam *In marg* E_1

1 nunc *om* K noticia musicae Rh brevi *om* Lo brevi *suprascr* Le

2 Quanto *pro* Tanto Le Lo G se quisque E_1 Rh quisque in musica *suprascr* se reddit R reddit se Be musica arte se R tanto et *pro* quanto Le Lo G tanto *pro* quanto K quanto ... utiliorem *om* E_2 noverit Ba Lo Rh esse *om* V_1

3 est una Ba est om V_1 appellant liberales Rh quemadmodum *in marg* pro sicud E_1 sicut *pro* quemadmodum Ba

4 et *om* Ba et *om* Be prorsus *in marg* penitus E_1 illiterati sunt F contexare Lo contexere cantilenas videmus F contexere *in marg* formare E_1 grammatica et E_2 asscriptae *pro* conscriptae F illucidatae E_2 et confusae haberentur F

5 Sciendum est R Rh autem est quod ars Be haud inter caeteras artes infima est Rh non *pro* haud F haud *in marg* non E_1 praesertim *om* Lo praesertim *suprascr alia manu* Le maxime maxime Ba maxime *om* F et ... iocunda *om* V_1 eam *om* F Lo eam *suprascr alia manu* Le ac *pro* et Ba Posset aliquis dicere: Si esset naturalis non esset opus studere in ea, quia scientur. Posset aliquis dicere: ad quid utile scire musicam? Ad hoc auctor respondet et dicit quod ista ars etc. *In marg* E_1

namque incessanter ei operam adhibuerit et sine intermissione indefessus institerit, talem inde consequi poterit fructum, ut de cantus qualitate, an sit urbanus, an sit vulgaris, verus, an falsus, iudicare sciat et falsum corrigere et novum componere. 7 Non est igitur parva laus, non modica utilitas, non vilipendendus labor musicae scientia, quae sui cognitorem compositi cantus efficit iudicem, falsi emendatorem et novi inventorem. 8 Nec praetereundum videtur, quod musicus et cantor non parum a se invicem discrepant. 9 Nam cum musicus semper per artem recte incedat, cantor rectam aliquotiens viam solummodo per usum tenet. 10 Cui ergo cantorem melius comparaverim quam ebrio, qui domum quidem repetit, sed quo calle revertatur penitus ignorat? 11 Sed et molaris rota discretum aliquando reddit stridorem, ipsa tamen quid agat nesciens, quippe quae res est inanimata. 12 Unde Guido pulchre in Micrologo suo sic ait:

6 autem *pro* namque Ba ei incessanter operam F M V_1 ei operam incessanter Be operam ei incessanter Rh ei *om* Ba operam *in marg* id est laborem E_1 institerit indefessus K poterit consequi Ba Be F fructum consequi poterit Rh V_1 potest Le an sit vulgaris an urbanus verus Rh an sit ut sit urbanus verus an falsus sciat iudicare Ba an vulgaris E_1 F K V_1 V_2 urbanus *suprascr* id est curialis Le vulgaris *suprascr* id est non pulcher Le an verus an falsus F poterit *pro* sciat Rh componere Nunc non est E_1

7 Non est ... novi inventorem *om* Ba est vel Le G igitur vel Be igitur *om* F laus *om* V_2 modo cum *pro* modica E_2 non ulli Be non vilipendendus labor *om* V_1 musicae *om* Be sciencie E_1 compositorum E_2 effici V_2 et *om* E_1 E_2 F K R V_1 V_2 emendatorem novi et veteris inventorem M novi et Be novi etiam inventorem E_1 novi ad inventorem E_2

8 invicem *om* K Hic ostendit auctor differentiam inter musicum et cantorem, quid musicus semper partem recte incedit. Cantor vero si aliquando recte facit quod facit, tamen nescit utrum faciat quod facit. *In marg* E_1

9 musicus cum Lo cantor usualis M aliquotiens rectam Rh solummodo *om* Be

10 tenet. Nonne cantorem E_2 ergo melius comparaverim cantorem Be cantorem illum Rh Cui ergo cantorem cui melius K V_1 comparavero Le computaverim Lo penitus *om* Ba K

11 Sed ... inanimata *om* V_1 rota molaris Lo quia *pro* quae Be E_1 E_2 Le Lo M R G inanimata est M

12 domnus Guido V_1 gwido Ba gvido Rh Gwido V_2 Gyido Be Wido E_2 Lo M sic *om* Rh

13 *Musicorum et cantorum magna est distantia.*
Illi dicunt, isti sciunt, quae componit musica.
Nam qui facit, quod non sapit, diffinitur bestia.
et cetera

13 Isti dicunt Lo Isti sciunt illi dicunt M quod *pro* quae Be Sed *pro* Nam Rh *Guidonis versus pergit usque ad* G.S. II 25 *regulam* 12 *inclusive* Lo et cetera *om* Ba Be F M Rh V_1

11 Guido, Micrologus *GS* II 25.

Ba 4r
Be 3v
E_1 10v
E_2 3v
F 76r
K 4v
Le 98r
Lo 133r
M 78r
R 13v
Rh 21v
V_1 29r
V_2 63r
G 233

CAPITULUM III

UNDE DICTA SIT MUSICA ET A QUO ET QUOMODO SIT INVENTA

1 Dicitur autem musica, ut quidam volunt, a musa, quae est instrumentum quoddam musicae decenter satis et iocunde clangens. 2 Sed videamus, qua ratione, qua auctoritate a musa traxerit nomen musica. 3 Musa, ut diximus instrumentum quoddam est omnia musicae superexcellens instrumenta, quippe quae omnium vim atque modum in se continet: 4 humano siquidem inflatur spiritu ut tibia, manu temperatur ut phiala, folle excitatur ut organa. 5 Unde et a Graeco quod est MHCA mesa, id est media, musa dicitur, eo quod sicut in aliquo medio diversa coeunt spatia, ita et in musa multimoda conveniunt instrumenta. 6 Non ergo incongrue a principali parte sua

Titulum non habent Be E_1 E_2 K Le M R V_2 Unde musica dicatur et a quo inventa sit V_1 sit dicta Lo G et quomodo sit *om* Rh sit *utrumque om* F sit *secundum om* Ba

Geritur unde musica dicatur quidam dicunt musicam a musa nomen accepisse. Quidam a mesa, quidam a musis, quidam a modulatione, quidam a moisica, quidam a mundica. *In marg* E_1

1 quod *pro* quae M Rh instrumentum *suprascr alia manu* una dea sit misica Le quoddam instrumentum M quoddam musice instrumentum K musicum M Rh musicae *suprascr alia manu* -um Le satis *om* Lo satis decenter Ba clangens *in marg* sonans E_1

2 Sed ... continet *om* V_1 qua ratione *om* Rh quaque auctoritate E_2 qua auctoritate *om* Ba auctoritate qua occasione a musa nomen traxerit Rh musa hoc Ba musia *pro* musa F nomen traxerit F

3 Musa est Rh Musica *pro* Musa V_2 quoddam instrumentum Rh quidam *pro* quoddam V_2 omnia *suprascr alia manu* musice Le ut diximus *pro* musicae G musicae *om* E_1 Rh G excellens G est quoddam musice superexcellens omnia instrumenta F quae omnium quippe vim Rh vim *suprascr alia manu* instrumentorum Le

4 quidem *pro* siquidem Ba spiritu inflatur V_1 temperatur fistula Ba viela *suprascr* fiala Be concitatur *pro* excitatur Ba F V_1

5 et *om* Ba quod est *om* Ba Rh MHCA *in marg* mesa E_1 *Vocabulum graecum om* Ba M R V_1 V_2 G sicut *om* Lo in *om* Be coeunt ... multimoda *om* V_1 ut *pro* et E_2

6 Non ergo ... sortita est *om* Ba incongrue ergo V_2 sui M

musica nomen sortita est. [7] Dicunt etiam aliqui musicam a musis nomen accepisse pro eo, quod ipsae apud antiquos in hac arte perfectae crederentur et ab eis modulandi peritia quaereretur, [8] unde et ΑΠΟ ΘΥ ΜΥCΩ id est a quaerendo musae dictae existimantur. [9] Alii musicam quasi modusicam a modulatione, alii quasi moysicam ab aqua, quae moys dicitur, appellatam opinantur. [10] Alii musicam quasi mundicam a mundi id est coeli cantu dictam putant. [11] Si quis autem de musicae appellatione melius sentit, ei nos nequaquam invidemus, quia ut ait Paulus singulis dividit prout vult Spiritus Sanctus. [12] Refert autem Moyses artis huius Tubal repertorem fuisse. [13] Alii Linum

nomen sortita est musica F

7 autem *pro* etiam Ba enim V_1 etiam *om* V_2 pro *om* Rh apud antiquos ipse Ba arte hac V_2 perfectae in hac arte Rh noticia *pro* peritia Rh

8 Unde et *om* K unde et ... existimantur *om* Ba ΑΠΟ ΘΥ ΜΥCΩ *in marg* apo tu muse E_1 *Graeca verba in omnibus codicibus et in* G *prave leguntur. om* Ba id est acquirendo musicae E_2 querendo musica dicta existimatur Lo estimantur *pro* existimantur R Quia sicut haec ars musica continet in se omnia instrumenta musicalia ita etiam musa. Quia sicut artes et Plato conveniunt in isto medio quod est nomen ita ita omnia instrumenta musicalia conveniunt in hoc medio quod est musica. Unde bene dicitur media. Quia autem modulatione discernitur musica. Quia ex motione universitatem planetarum post zodyacum procedent quidam cantus qui habent celestem modum. *In marg* E_1

9 musicam dicunt quasi F modusicam id est Le Lo G aliqui *pro* alii E_1 quasi *om* Ba E_1 G musicam *pro* moysicam F musicam quasi moysicam K Lo Alii musicam quasi moysicam ab aqua id est moys appellatam opinantur. Alii quasi modusicam a modulatione. Rh quam moys grece dicitur dicunt appellatam Ba quam *pro* quae E_1 F K Le Lo M V_1 G dicitur *om* Be E_1 E_2 F K Le Lo M V_1 G appellatur *pro* appellatam Be E_2

10 mundo V_1 et *pro* id est F Le R V_2 G a coeli V_1 putant. Alii musicam a musa id est a sensu. Unde oratius grecorum facundiam commendans dicit. Quibus musa ore rotundo loqui dedit. Si Lo

11 Si quis ... Sanctus *om* Ba nos ei Be et *pro* ei V_2 nos *om* Lo ait apostolus M V_2 paulus apostolus Ba G beatus Paulus Rh apostolus *pro* Paulus V_1 prout vult dividit Lo spiritus sanctus prout vult K M

12 autem *om* F huius artis Ba Be repertorem Tubal Rh fuisse repertorem V_1

13 linum fuisse Be hanc artem V_1 hanc *om* Be invenisse *pro* repperisse Rh

---

8 ΑΠΟ ΘΥ ΜΥCΩ cf. Joannes de Muris, Spec. Mus. Lib. I Cap. IV, ed. Grossmann p. 62; Cass. Migne P.L. LXX, 1208; Cl. Alexandrinus, Migne P.G. VIII, 105; Hier. de Moravia, Tract. de Mus. C II, ed. Cserba, p. 11; Isid. Etym. III, 19.

Plato Kratylos 406a: ΑΠΟ ΤΟΥ ΜΩCΘΑΙ.
11 2 Cor. 12, 11.
12 Gen. 4, 21 s.

Thebaeum, alii Amphionem, alii Orpheum artem hanc repperisse arbitrantur. [14] Verum Graeci, quibus ut ait Horatius musa ore rotundo loqui dedit, aliter de hoc nos sentire volunt. [15] Asserunt namque philosophum quendam Samium Pythagoram nomine artis huius inventorem extitisse. Hic erat vir ut aiunt sapientia clarissimus, facundia invictissimus, ingenio acutissimus. [16] Unde et musicam subtili satis investigatione fertur repperisse. Nam cum tempore quodam iter faciens fabricam praeteriret, diversos in ea ut fieri solet, malleorum audivit sonitus. [17] Ubi cum aliquantisper attentius auscultaret, variisque magis ac magis oblectaretus sonitibus, vim artis musicae, ut erat calidissimus, ibi latitare cognovit. [18] Nec mora in fabricam introivit, malleosque cautius pensare coepit, paulatimque septem vocum discretiones necnon et ipsarum consonantias, de quibus in consequenti latius tractaturi sumus, sollerter indagavit. [19] Sic vir ille egregius musicam informem prius et ignotam primus in Graecia repperit, scripsit et docuit. Cuius notitia Latinis per Boetium et alios Graecorum litteris imbutos postmodum manifestata est.

14 ore rotundo *suprascr* id est pleno ore Lo dedit loqui Be Rh debet *pro* dedit E_2 nos de hoc Ba E_2 Rh sentire nos Lo nos *om* F aliter nos sentire volunt de hoc R de hoc volunt nos sentire V_1

15 Samium *om* Lo V_1 Samium *suprascr alia manu* Le Samum *in marg* id est de Samose insula E_1 huius artis Ba fuisse *pro* extitisse K Hic ... scripsit et docuit *om* V_1 sapientissimus arissimus *in marg* sapientia clarissimus Le

16 satis *om* Rh quodam tempore F cum fabricam quodam tempore iter faciens praeteriret audivit in ea diversos malleorum sonitus Ba solent fieri K

17 cum aliquando attentius audiret Ba variis Ba Be magis magisque Ba sonoribus *pro* sonitibus Be E_2 M R artis *om* Ba

18 moram V_2 in *om* Ba Be F intravit *pro* introivit Le Lo maleos E_2 malleorumque K cautus K Lo caute F paulatim septemque E_2 vir *pro* VII Ba earum *pro* ipsarum Rh sequenti M R sequentibus Ba consequentibus V_2 tractabimus Be dicturi *pro* tractaturi E_2 sollicite Le Lo solliciter R solerter Be sollerter *in marg* subtiliter E_1 indagavit *in marg* invenit E_1

19 informem *in marg* sine forma E_1 et prius Be prius *om* F et ignotam prius primus R in Graecia *om* Be Lo in Grecia *manu secunda* Le notica V_1 Latinis *om* F latius *pro* Latinis K V_2 litteris *om* Ba

---

14 Horatius Ars poetica 323s.
19 Boethius, De Instit. Mus. I cap. X.

CAPITULUM IV

QUOT SINT INSTRUMENTA MUSICI SONI

Ba 5v Be 4r E_1 11r E_2 4r F 76v K 6r Le 98v Lo 133v M 78v R 14r Rh 22v V_1 29r V_2 64v G 234

1 Sciendum quoque, quod duo sunt omnium instrumenta sonorum, naturale scilicet et artificiale; naturale aliud mundanum, aliud humanum. Et mundanum quidem secundum philosophos est coelestis volubilitatis concors dissonantia, quae proprie harmonia nominatur. 2 Naturale autem instrumentum humanum dico illas gutturis cavitates, quas arterias vocamus. Ipsae enim naturaliter aptae sunt recipere aerem et reddere, unde sonus naturalis procreatur. 3 Ob hoc et commercia eas quidam nuncupare solent, ut Prudentius in Psychomachia:

... animamque malignam
Fracta intercepti commercia gutturis artant.

4 Artificiale vero instrumentum est, quod non per naturam, sed per artificium ad reddendum sonitum adaptatur. Naturalis autem sonus alius est discretus, alius indiscretus. 5 Discretus est, qui aliquas in se habet consonantias; indiscretus, in quo nulla discerni potest conso-

Titulum non habent Be E_1 E_2 K Le M R V_2 sint *om* F Quod omnis sonus non sit musicus. V_1

1 Sciendum est quod F quoque est Be quoque *om* E_2 autem *pro* quoque Rh instrumenta omnium E_1 Le Lo G instrumenta sunt Rh scilicet *om* Lo quod *pro* quidem Rh secundum *om* V_2 quod *pro* quae Rh vocatur *pro* nominatur Lo nuncupatur *pro* nominatur Ba V_2

2 autem *om* R dico et F concavitatis Rh etenim *pro* enim Le Lo autem *pro* enim Rh

3 Ob hoc ... artant *om* Ba V_1 et *om* F commertias s *in rasura* <?> Le quidem *pro* quidam E_2 in *om* F Rh psychomachie F psicomachiae Rh intercepta E_2 F M

4 per non naturam Ba artificem *pro* artificium E_1 sonum *pro* sonitum Ba E_1 K aptatur Le Lo autem *om* E_2 est *om* E_2 Rh

5 habet in se Ba E_2 K Le Lo G in se habet aliquas Be indiscretus est Be Le Lo M G qua *pro* quo F nulla est consonantia *corr in marg* discerni potest V_2 nulla consonantia Ba consonantia *om* E_1 F K Le R V_1 potest discerni Be

---

3 Prudentius Psychomachia 33-34.

nantia, ut in risu vel gemitu hominum et latratu canum aut rugitu leonum. 6 Simili modo discretum et indiscretum sonum in artificiali perpendere potes. Fistula namque illa, qua decipiuntur aviculae vel etiam olla pergameno superducta, unde pueri ludere solent, indiscretum reddunt sonitum. 7 At vero in sambuca, in fidibus, in cymbalis atque in organis consonantiarum bene et distincte discernitur diversitas. 8 Illum ergo sonum, quem indiscretum esse diximus, musica nequaquam recipit. 9 Solus dumtaxat discretus, qui etiam proprie phthongus vocatur, ad musicam pertinet. Est enim musica nihil aliud quam vocum motio congrua. Haec autem contra idiotas praecipue diximus, quo illorum compesceremus errorem, qui quemlibet sonum esse musicum stulte autumant.

10 Hoc quoque adiiciendum est, quod cum tria sint musicae melodiae genera, enharmonicum, diatonicum, chromaticum, primo propter nimiam difficultatem, tertio propter nimiam mollitiem abiecto, medium usus retinuit.

risu hominum vel gemitu M et *pro* vel F vel in Be K et *pro* aut Ba

6 sonum *om* Ba artificali V_1 invenire *pro* perpendere Rh autem *pro* namque R illa non recta Rh illa *om* M volucres *pro* aviculae Rh etiam *om* Ba per pargamena Lo propter gamena *corr in marg* pergameno Le superducta *om* F reddit Ba Lo R V_1 V_2 sonum *pro* sonitum E_2 Le

7 sambuco Rh bene et distincte consonantiarum Rh atque *pro* et Ba noscitur *pro* discernitur Ba varietas *pro* diversitas F

8 vero *pro* ergo V_2 sonum *om* Be esse *om* Ba dicimus Be M musica *om* R non recipit musica Ba non *pro* nequaquam M

9 Solus autem E_2 M V_2 G proprie *om* F phtongus *in marg* Nota phtongus E_1 dicitur *pro* vocatur Rh nichil aliud musica Be nihil aliud quam *om* M nisi *pro* quam Ba congrua motio Le G congrua congrua Be motio *om* Be congrua mocio vocum F Haec autem ... autumant *om* Ba ut *pro* quo V_1 musicum esse Rh

10 Hoc quoque *etc.* Enarmonicum constat per diesin et diesin et dytonum incompositum. *In marg* E_1 adiiciendum est F Rh addicendum *corr in marg alia manu* adiciendum est Le addicendum *pro* adiiciendum Lo R dicendum *pro* adiciendum E_2 adtendendum est Be quod *om* Rh sint *om* Lo sint *om suprascr alia manu* Le quod tria sunt musice genera Ba melodiae *in marg* Videlicet melice. Melica, Metrica, Ritmica E_1 enarmonium Le Lo V_2 Ernamonium Be armonicum Rh diatonum Be E_1 Le Lo V_2 diatonum *in marg* Nota dyatonum E_1 primum dimovit propter M primo difficultate Ba Rh nimiam *om* V_2 propter nimiam mollitiem tertio abiecto Ba V_2 abiecto ultimo propter nimiam molliciem Be tertium propter nimiam mollitiem retinuit usus M medium ecclesiae Ba retinuit usus R

CAPITULUM V

DE NUMERO LITTERARUM ET DE DISCRETIONE EARUM

Ba 6v
Be 4v
E_1 11r
E_2 4r
F 77r
K 6r
Le 99r
Lo 133v
M 79r
R 15r
Rh 23r
V_1 29v
V_2 63v
G 235

1 His itaque praelibatis nunc de notis monochordi tractare incipiamus ac primum de numero earum dicamus. 2 Vetustissimi litteras XV non plures in monochordo posuere ab .A. videlicet inchoantes et in .$^{a}_{a}$. desinentes. 3 Nondam enim .Γ. additum fuit nec .b., quod nos molle vel rotundum dicimus, a quibusdam graeco nomine synemmenon, id est adiunctum, appellatur. 4 Moderni autem subtilius omnia atque sagacius intuentes, quia, ut ait Priscianus, quanto iuniores tanto perspicaciores, viderunt notas illas ad melodiam quamlibet exprimendam non sufficere cantumque plagalis proti aliquotiens per litterarum paucitatem deficere, et ideo .Γ. in primo apposuere loco.

Titulum non habent Be E_1 E_2 K Le M R V_2 De numero et discretione earum Ba et discretione earum qualiter mensurandum sit monochordum F De discretione et numero notarum monochordi V_1

1 ita Ba Be E_2 F M Rh praemissis *pro* praelibatis Be Hac *pro* ac E_1 primo Ba Be M Rh numero et discretione Ba dicamus *om* R

2 Vetustissimi *suprascr* musici Lo *in marg* musici E_1 Vestustissimi Rh XVcim Le Lo non plures quam XV Be XIIII F decima quinta G posuerunt Be E_1 E_2 M V_2 G videlicet *om* Ba incipientes *pro* inchoantes Ba V_2 in .G. F in .a. Be E_1 E_2 K Lo M Rh V_2 G

3 addita fuit .Γ. Rh addi<tum> V_1 Γ *in marg* Gamma apud grecos sonat .G. apud latinas E_1 nos .b. V_2 nos molle *om* Ba vocamus *pro* dicimus Rh dicimus quod Ba E_2 F dicimus et Rh symenenon Ba synemenon Be M sinemenon Le Lo Rh V_2 synomenon graeco nomine E_2 sinomenon K R sinomeon E_1

4 atque sagacius omnia Be sagacius *suprascr* id est sapientius E_1 omnia indagantes quia Ba litteras *pro* notas F melodiam *cum glossa in marg* Melodeia dicebant antiqui, nunc vero nos dicimus melodia, penultima producta. E_1 non posse Rh proti plagalis R plagalis *suprascr* id est secundi toni Le Lo pro litterarum paucitate E_2 F M Rh pro paucitate litterarum Be apposuerunt F M posuere R Rh V_1 loco posuere Ba

---

4 Priscianus, Institutiones Grammaticae: In prooemio.

5 Quod in hac antiphona facile qui vult considerare potest:

DFE	FD	FD	CD	D	CD	D	FE	DF	D	C
O	*Rex*	*glo -*	*ri -*	*ae*	*Do -*	*mi -*	*ne*	*vir -*	*tu -*	*tum*

et cetera. 6 Nam *Spiritum veritatis,* quod ab .A. capitali incipiendum est et deponendum, si .Γ. non esset appositum, quorsum descenderet non haberet. 7 Praeterea .b. rotundum, quoniam id interdum in cantu videbatur necessarium, addidere eique nomen hoc, ut scilicet .b. molle vocaretur propter mollitiem soni atque dulcedinem, indidere, sicque his duabus litteris adiunctis XVII sunt numero. 8 Dominus autem Guido, quem post Boetium nos in hac arte plurimum valuisse fatemur, XX et I in musica sua ponit notas, ne iam ullus in cantu possit subrepere defectus.

5 qui vult facile Rh gloriae ... virtutum *om* Be Domine virtutum *om* Ba V_1 *litt suprascr non habent* Ba E_1 E_2 F K V_1 *cum neumis* M Rh ant. O Rex E_2

	DFE	FD	FD	CD	D	CD	D	FE	DF	D	C
Le						D					
Lo			ED				EF	D			
R	D	F		C		C		EF	D		
V_2						C	EF	FF	G	DF	D
G						CE	FF	F	GF		D
	O	*Rex*	*glo-*	*ri-*	*ae*	*Do-*	*mi-*	*ne*	*vir-*	*tu-*	*tum*

et cetera *om* Be Rh V_1 V_2

6 veritatis Alleluia F Spiritum veritatis *cum neumis* Spi *clivis* ri *iacens* tum *podatus* ve *virga* ri *virga* ta *clivis* tis *clivis* R capitali *om* Be Rh est incipiendum Rh est *om* Ba et tono F et deponendum *om* Rh

7 quoniam in cantu id saepe videbatur Rh quoniam in cantu videbatur interdum necessarium F quoniam .b. E_1 id *om* V_2 interdum *om* R interdum id M videbatur *suprascr* sibi R necessarium videbatur Be addiderunt Ba M hoc *om* M ut *om* Rh scilicet quod Rh propter ... indidere *om* Ba soni indidere Rh Sic M duabus his M XVI Be F K fiunt *pro* sunt numero Ba sunt *om* Le Lo sunt *suprascr alia manu* Le

8 gvido Ba Gwido V_2 Wido M post Boetium *om* F nos *om* Ba E_2 M Rh in *om* Be Lo R G Boetium plurimum in hac arte valuisse Ba multum *pro* plurimum E_1 fatemur valuisse E_1 fatemur post boetium Be XX et II Lo XIX Rh XXI K sua *om* Be posuit E_2 literas *pro* notas Ba iam *om* Le Lo ullius cantus possit F surripere M surgere *pro* subrepere Ba

---

8 Guido, Micrologus *GS* II 4.

9 Nunc de earum discretione videamus. 10 Et inprimis diligens lector animadvertat, quod omnes monochordi notae in figura sunt dispares. Verbi gratia .Γ. in figura a .G. differt capitali, sic .A. capitale ab .a. minuto, sic .B. a .♮., .C. a .c., .D. a .d., .E. ab .e., .F. ab ,f., .G. a .g., 11 item .a. minutum ab .$\overset{a}{a}$. duplicato, sic .b. a .$\overset{b}{b}$., .♮. a .$\overset{♮}{♮}$., .c. a .$\overset{c}{c}$., .d. a .$\overset{d}{d}$. 12 Variantur etiam per spatia et lineas. Cum enim .Γ. ponatur in linea, .G. erit in spatio. 13 Item cum .A. capitale sit in spatio .a. minutum erit in linea, et ita est de ceteris. 14 Notandum autem de .b. molli et de .♮. quadrato, quod et in figura et in syllabis suprascriptis disconveniunt. 15 Unum quidem sive in spatio sive in linea possident locum, sed hoc modo discernuntur, quod in qua neuma .b. molle sonat, super eandem a scriptore ponendum est. 16 Habent et aliam omnes monochordi litterae qua distinguuntur varietatem, hanc scilicet, quod a .Γ. usque ad .C. propter soni gravitatem graves

9 earum de descriptione F Disconveniunt in figura. Disconveniunt in lineis et in spatiis, quia de gravis ponitur in linea eius acuta ponitur in spatio. Disconveniunt etiam in hoc quia quaedam dicuntur graves, quaedam finales, quaedam acutae, quaedam superacutae, quaedam excellentes. Disconveniunt in graecis vocabulis. *In marg* E_1

10 Et *om* F lector *om* V_2 dispares sunt Rh differt a .G. Rh differt in figura R .a. *om* E_2 minuta Be .B. a .b. E_2 Rh .B. capitale a .♮. minuto F .C. a .C. Le .Γ. a .c. F .D. ab .d. V_2 .E. a .e. Ba V_2

11 Iterum *pro* item Be Le Lo M G minimum *pro* minutum F Le Lo Rh V_2 G .$\overset{b}{b}$. a .b. Rh .b. molle a .$\overset{b}{b}$. molli duplici F .♮. a .♮. V_2 .♮. quadratum a .$\overset{♮}{♮}$. duplici F .d. a .d. Ba ,d. a .$\overset{c}{c}$. duplici F .c. d .c. Ba .c. a .$\overset{d}{d}$. duplici F

12 autem *pro* etiam Rh lineas et spacia Ba enim *om* F ponitur E_2 F linea .g. Ba Be E_1 K Le G linea .b. Rh erit *om* M

13 Iterum *pro* Item Ba Le Lo G .a. capitale Ba E_1 E_2 F ponatur *pro* sit Rh erit *pro* sit F est *om* Be E_2 R etiam *pro* est G

14 Notandum est F autem quod Be .b.fa Le Lo et ♮quadrato Be E_1 E_2 R Rh ♮mi quadrato Le Lo quod etsi *suprascr alia manu* Le quod in Be Rh disconveniant Ba M V_2 G non conveniunt V_1 suprapositis *pro* suprascriptis K supradictis *pro* suprascriptis R

15 quodque *pro* quidem F spatio possident locum sive in linea F sive in linea sive in spatio Be K R distinguuntur *pro* discernuntur Ba sonat molle .b. Be eandem neumam F est ipsum .b. fa M est .b. Rh *Post* est *spacium 6 fere litterarum* Lo

16 distinguantur V_2 Habent etiam omnes monocordi littere aliam quam distinguantur varietatem Rh scilicet et Lo quod omnes M R .C. graves R gravitatem soni Be

dicuntur, a .D. usque ad .G., eo quod omnium in eis modorum cantus finiatur, finales appellantur, 17 ab .a. minuto usque ad .d. acutae vocantur propter acutum quem reddunt sonum, a .d. usque ad .g. superacutae dicuntur, quia acutas vocis acumine superant. 18 Item ab .$\overset{a}{a}$. usque .$\overset{d}{d}$. excellentes nominantur, eo quod etiam superacutas soni gracilitate excellant. 19 Datur eis ad hoc et alia a quibusdam per graeca vocabula discretio; quae quia minus eruditis non multum utilitatis conferre videbantur, ad praesens omissa sunt. 20 Fiunt autem omnes hae litterarum distinctiones, ut quoniam diversas habet proprietates, facilius quae sit illa et illa possimus internoscere. 21 Et de numero quidem litterarum ac discretione sufficienter dictum est. Nunc de mensura monochordi videamus.

ad *om* Ba E1 Le Lo .G. finales vocantur eo Rh eo *om* Be F quod omnes cum in F cantus modorum Be finiuntur *pro* finiatur F finales appellantur *om* Rh finales *cum glossa in marg* Nota de finalitate etc. E1

17 acuta *pro* minuto V1 acutum sonum M sonum acutum R ab .d. R sonum ab .e. superiori usque ad .$\overset{a}{a}$. superacutae M .G. V2 dicuntur vel ab .e. superiori usque ad .a. superacutae dicuntur quia Ba voces E2 R voces acutas Rh superant acumine F

18 Item ab $\overset{\natural}{\natural}$ usque ad .$\overset{d}{d}$. superexcellentes M usque ad Be V1 superant *pro* excellant Ba *Figura parva solum in* Ba M V2 G

Graves	Finales	Acutae	Superacutae	Excellentes
Γ A B C	D E F G	a b ♮ c d	e f g $\overset{a}{a}$	b ♮ c d b ♮ c d

19 Datur ... videamus *om* V1 Data M ad huc Ba Be E1 F M ad hoc *om* Rh ad hoc *corr alia manu* in huc Le et alia ad huc F a *om* Le Lo discretio per greca vocabula Ba nobis *pro* minus eruditis F confert R videbantur *om* R conmissa Lo est *pro* sunt M

20 Fiant Be Rh G Ideo autem fiunt he omnes Ba omnes *om* Be distigtionis Lo nunquam *pro* quoniam *corr alia manu in marg* quondam Le habent Rh haberent Lo queque Lo et illa *om* F dinoscere *pro* internoscere E1

21 et *pro* ac Ba V2 Nunc et F

CAPITULUM VI

QUALITER MENSURANDUM SIT MONOCHORDUM

Ba 9r
Be 5v
E_1 11v
E_2 5r
F 67v
K 7r
Le 99v
Lo 134r
M 79v
R 15v
Rh 24r
V_1 30r
V_2 94r
G 236a

1 Multae quidem ac diversae sunt monochordi dimensiones, quas omnes enarrare taedium potius quam proficuum legentibus generaret. 2 Quapropter nos compendiositatem sectantes ex multis unam, quae facilior atque celerior videbatur, regulis nostris inserere curavimus. 3 Primum ergo Γ in sinistra parte monochordi ubi volueris ponito, a quo usque ad finem novem passus aequales metire. 4 Quibus aequaliter dimensis diligenter considera, quod primus passus terminabit in .A., secundus vacat, tertius in .D., quartus vacat, quintus in .a., sextus in .d., septimus in .$^{a}_{a}$., reliqui vacant.

5 Item ab .A. usque ad finem novenis passibus aequaliter partitis, primus passus terminabit in .B., secundus vacat, tertius in .E., quartus vacat, quintus in .$\natural$. quadratum, sextus in .e., septimus in .$^{\natural}_{\natural}$. duplicatum, reliqui vacant.

6 Item cum a .Γ. ad finem quaternos passus aequaliter diviseris, primus passus terminabit in .C., secundus in .G., tertius in .g., quartus

Cap VI om V_1 *cum his verbis* De monochordi mensura require in Guidonis musica *Titulum non habent* Be E_1 E_2 K M R V_2 De mensura monocordi 6 Ba *Titulum alia manu* Le

1 omnes *om* F enumerare *pro* enarrare Ba R generaret legentibus Be

2 Qua *pro* Quapropter Ba nos non nimium copiositatem Rh copiositatem *corr alia manu in marg* compendiositatem Le compendiositatem sectantes *om* Ba sectantes *om* V_2 videbatur in F inseruimus Ba

3 igitur *pro* ergo Ba E_2 K Le Lo R ergo *om* Rh V_2 monocordi parte Rh ponito ubi volueris F in *pro* ad Be K Le Lo G

4 dimensis equaliter F demensis V_2 passus *om* Ba terminat G terminatur Le terminavit Rh .a. *pro* .A. Be Le Lo tertius.... vacat *om* Rh .$^{d}_{d}$. *pro* .d. Lo .D. *pro* .d. Le .$^{a}_{a}$. duplicato R

5 ad finem *om* Ba VIIII passibus Rh passus *om* Be primus in <?> R .b. *pro* .B. Lo .e. *pro* .E. K Le R Rh .E. *pro* .e. E_1 .$^{\natural}_{\natural}$. quadratum et duplicatum M quadratum duplicatum Ba Be Rh V_2 .$^{b}_{b}$. *pro* .$^{\natural}_{\natural}$. E_1 K R

6 .Γ. usque ad F Rh quatuor Lo G aequaliter *om* Be passus *om* Be F Rh .c. *pro* .C. Le Lo .d. *pro* .g. G

finit. 7 Similiter a .C. ad finem quattuor passibus aequaliter dimensis, primus terminabit in .F., secundus in .c., tertius in .${}^{c}_{c}$., quartus finit. 8 Ab .F. autem ad finem quaternorum passuum primus terminabit in .b. molle, secundus in .f., reliqui vacant. 9 A .d. vero ad finem quaternis passibus factis primus terminabit in .g., quod iam positum est, secundus in .${}^{d}_{d}$., reliqui vacant. 10 Ab .f. quoque ad finem quattuor passibus partitis primus terminabit in .${}^{b}_{b}$. rotundum duplicatum, reliqui vacant. 11 Et in hac quidem divisione, quae videlicet fit quaternis passibus, totum monochordum rectissime mensurare poterit, qui diligentiam adhibere voluerit.

12 A quacumque enim nota ad finem monochordi quattuor aequales passus fiunt, tres ex illis diatessaron et diapente necnon et diapason continent, ultimus vero finit. 13 Verbi gratia a .Γ. usque ad finem quattuor dimensis passibus primus terminabit in .C., quod est diatessaron, secundus in .G., quod est diapente, tertius in .g., quod est diapason, quartus finit. 14 Eodem modo et reliquas invenire potes.

7 similiter usque a Rh .c. *pro* .C. Ba K Le R quattuor equaliter dimensis passibus E_1 primus *om* V_2 .C. *pro* .c. E_1 .e. pro .${}^{c}_{c}$. Ba Rh

8 Item ab Rh ad finem *om* Be usque *pro* autem Rh IIIIor *pro* quaternorum Be E_1 passibus aequaliter dimensis primus Be .F. *pro* .f. Ba E_2 Le R

9 Ab .d. Ba Item *pro* A .d. vero Be vero usque ad E_1 Rh tribus *pro* quaternis Rh IIIIor passibus partitis M passibus partitis Ba .a. *pro* .g. Rh .${}^{a}_{a}$. *pro* .${}^{d}_{d}$. Rh tertius vacat *pro* reliqui vacant Rh

10 .e. *pro* .f. Rh .F. *pro* .f. E_2 R Ab .f. quoque .... reliqui vacant *om* Ba F rotundum et M rotundum *om* R vacant. A .d. vero ad finem quaternis passibus partitis primus terminabit in .g., quod iam positum est, secundus in .${}^{d}_{d}$., reliqui vacant. Ba

11 in *om* Ba Be E_1 K M Rh V_2 dimensione *pro* divisione Ba F Lo M fit videlicet Be videlicet *om* Ba M rectissimum E_1 potest quicumque Ba adhibuerit *pro* adhibere voluerit F

12 A quacumque .... finit *om* E_2 monochordi si M fiant passus M sunt *pro* fiunt Ba tres *om* M ex illis .III. Be

13 ab .Γ. M quattuor passibus aequaliter dimensis Be .c. *pro* .C. Le secundus a .C. in .G. M tertius a .G. in .g. M

14 et *om* F reliquos Be alias *pro* reliquas Rh invenire per ordinem M poteris E_2 Rh poterit Ba

CAPITULUM VII

UNDE DICATUR MONOCHORDUM ET AD QUID SIT UTILE

Ba 10r
Be 6r
E_1 12r
E_2 5r
F 67v
K 7v
Le 99v
Lo 134v
M 79v
R 16r
Rh 24v
V_1 30r
V_2 94r
G 236

1 Cognita iam monochordi dimensione, unde monochordum dicatur vel quid utilitatis conferat, animadvertendum est. 2 Monochordum propter unam, quam solummodo habet, chordam nomen accepit. 3 Monos siquidem unus vel solus graece dicitur, unde et monachus dictus quod solus ac singularis esse debeat. 4 Itaque sicut decachordum a decem chordis et octochordum ab octo, sic monochordum ab una chorda est appellatum. 5 Ad hoc autem instrumentum istud perutile est, ut cantus, de quo dubitetur verusne sit an falsus, in eo probetur. 6 Pueris quoque sive adolescentibus ad musicam aspirantibus adhibeatur ut ad id, quod discere volunt, ipso duce sono facilius pertingant. 7 Adde praeterea, quod contra quorundam insulsorum rebellionem plurimum valet. Sunt etenim plerique clerici vel monachi, qui artem hanc neque sciunt neque scire volunt et, quod gravius est, scientes fugiunt et abhorrent.

Titulum non habent Be E_1 E_2 K M R V_2 Unde monochordum dicatur et ad quid prosit V_1 Unde dicatur monocordum et ad quid *alia manu* Le utile sit Lo

1 dimensione monochordi E_1 monochordum *om* R et *pro* vel Be E_2 F G vel .... conferat *om* V_1 videndum *pro* animadvertendum V_1

2 unam cordam R solummodo *om* M solummodum V_2 solummodo quam Rh habet solummodo E_2 cordam habet Ba chordam *om* R

3 Μονος Rh Monos (μονος) G quidem *pro* siquidem Ba siquidem grece R et *pro* vel G et *om* Ba Le Lo R dictus est eo quod Rh et *pro* ac F debet E_2

4 ex *pro* a F et octochordum ab octo *om* Ba octo chordis Be F Rh ab una est Rh appellatum est Be nomen accepit *pro* est appellatum F

5 autem *om* V_1 Instrumentum ad hoc perutile Rh autem illud instrumentum Ba illud *pro* istud Be istud *om* R satis est laudandum *pro* istud perutile est V_1 de cantu *pro* cantus Ba dubitatur V_1

6 vero *pro* quoque Ba adolescentulis R adhibetur Rh discere *om* Ba dulcisono *pro* duce sono Ba V_2 sono cantu vel auditu M

7 Adde .... valet *om* V_1 contra quorundam *om* F plurimum *om* F enim *pro* etenim Ba K etiam *pro* etenim F hanc artem V_1 qui hanc artem scire neque scire cupiunt et F

8 Quodsi aliquando ut fit musicus eos de cantu, quem vel non recte vel incomposite efferunt, compellat, irati impudenter obstrepunt, veritati acquiescere nolunt suumque errorem summo conamine defendunt. 9 Quos ego invitus ob corripiendam tamen stultitiam dico, caeco insipientiores haud iniuria aestimaverim.

10 Caecus namque, quod in se non habet, extrinsecus quaerit, ducatum videlicet hominis vel baculi, sicque sibi providet, ne in foveam cadat.

11 Cum huiusmodi inutiles, quos Graeci pulchre anergumenos vocant, neque per se videant neque videntium ducatu incedere contendant. 12 Ad horum itaque, ut diximus, obstinationem confutandam monochordum apponitur, ut qui verbis musici credere nolunt, ipsius soni attestatione convincantur.

8 Qui si *pro* Quodsi Ba E_2 M R Rh V_1 V_2 aliquis *pro* aliquando Rh quidem *pro* quem F vel *ante* non recte *om* E_2 M R Rh imprudenter *pro* impudenter R impatienter *pro* impudenter Be

9 invitus .... dico *om* V_1 ad *pro* ob Le Lo M G corrigendam *pro* corripiendam F talem *pro* tamen M tamen *om* Rh caecis Be insipientiorores K haud iniuria aestimaverim *om* M

10 ducatu Rh ut non *pro* ne Rh

11 Cum .... contendant *om* V_1 energuminos *suprascr* id est sine sensu Be Lo V_2 *suprascr alia manu* id est sine sensu Le pulchre id est sine sensu energuminos Rh energuminos Ba F K R G energumenos E_1 E_2 vocant energuminos quod neque M vocant qui neque Be nec *pro* neque Ba vident Be ducatum G nec videntium per ducatum Be videndi ducatum F contendunt Ba Be

12 eorum *pro* horum F V_2 G utique *pro* itaque Le ut diximus *om* Ba Be obstinacionem ut diximus est R opponitur *pro* apponitur V_2 G apponatur K verbis concedere nolunt musicis Be musicis F attestacione soni R contestatione *pro* attestatione F

CAPITULUM VIII

QUOT MODI SINT, QUIBUS MELODIA CONTEXITUR

Ba 11v
Be 6v
E_1 12v
E_2 5v
F 68r
K 8r
Le 100r
Lo 135r
M 80r
R 16r
Rh 25r
V_1 30r
V_2 9r
G 237

1 Inter cetera hoc quoque scire convenit, quod novem omnino sunt modi, quibus melodia contexitur: unisonus, semitonium, tonus, ditonus, semiditonus, diatessaron, diapente, semitonium cum diapente, tonus cum diapente. 2 Ex his sex consonantiae dicuntur, vel quia in cantu saepius consonant id est simul sonant, 3 vel certe quod consonant id est quibusdam proportionibus natae invicem se continent, quae dicuntur sesquioctava, sesquitertia, sesquialtera, dupla.

Titulum non habent Be E_1 E_2 K M R V_2 Quot modis et quibus melodia componatur et de interpretatione eorum V_1 *Titulum alia manu* Le cantilena *pro* melodia Rh contexitur et sint vocum discrepantiae F

Dicit Guido cum igitur tam paucis clausulis tota armonia formatur, utilissimum est eas alte memorie commendare quia in maximum errorem vulgares cantores labuntur sepissime, quia vim toni et <semitonium?> non cognoscunt. Unde maxime in his consonantiis est diligentia adhibenda. *In marg* E_1

1 hoc *om* F quoque hoc Be quoque *om* E_2 quoque sciendum est quod Rh sciri K Le Lo omnino *om* Ba F quibus omnis Ba M V_2 G cantilena *pro* melodia Ba semitonus *pro* semitonium F semiditonus ditonus Ba E_1 F M R Rh semitonium cum diapente tonus cum diapente *om* Rh Nota IX dicuntur unisonus etc. *In marg* E_1

2 septem *pro* sex K scilicet *pro* vel G vel *om* Rh quae *pro* quia Be K G qui *pro* quia Ba etiam *pro* quia E_2 id est simul sonant *om* Ba similiter *pro* simul F

3 vel quod a proportionibus natae Rh aut *pro* vel G sonant *pro* consonant Ba Lo R V_1 G sonant *corr alia manu* consonant Le id est *om* R est *om* G quibus V_1 se *om* Be M Rh V_1 V_2 G continentur Be quae dicuntur .... dupla *om* Ba Be F M V_1 V_2 Sexquioctava Sexquitercia Sexquialtera K Rh Sesqualtera dupla *corr secunda manu in marg* Sesqualtera Sesquidupla Le Sesquiquarta *pro* sesquialtera Lo

pla. 4 De quibus tractare quia pueris et minus erduditis esset onerosum, pueris enim et nondum perfectis loquimur, arithmeticorum hoc subtilitati relinquimus.

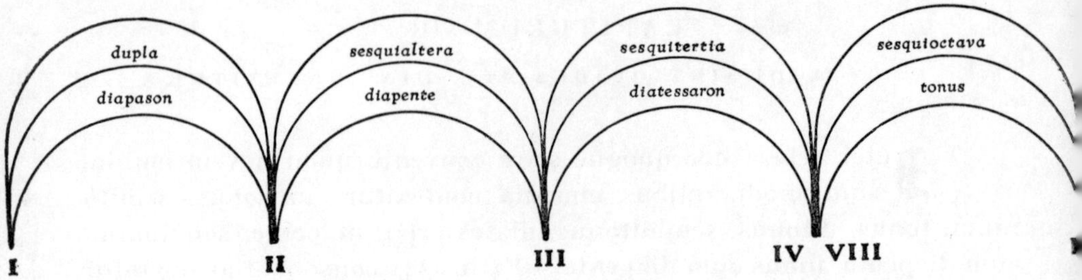

5 Unisonus autem dicitur quasi unus sonus, quod, cum sit una vox, continue repercutitur. Tonus a tonando vocatur. 6 Est autem tonare potenter sonare, et tonus fortem habet sonum respectu semitonii. Vel certe a Graecis sumptum est hoc nomen. 7 Cum enim ipsi dicant TONOC, nos .o. in .u. mutata tonus dicimus. 8 Sic KAΛAMOC calamus, YMNOC hymnus. Semitonium, a Platone limma vocatum,

4 quia et Le Lo V_2 G quia *om* Ba F honorosum E_1 enim *om* F nondum in hac arte provectis loquimur M provectis Be V_1 hoc *om* Be

Figura solum in Be 13r
E_1 12v
V_2 94r
G 237b

In figura diapason dicitur diapente dicitur *etc.* E_1 tonus *om* Be

5 autem *om* Be M G dicitur symphonia M uno sono E_2 sit cum Ba E_1 E_2 F K R Rh V_2 fit cum V_1 continue *om* E_1 dicitur *pro* vocatur F Rh Tonus *interlin* iste tonus constat ex IX passibus E_1

6 tonare quasi F tonus *om* Be respectu .... hymnus *om* M hoc nomen sumptum est Ba hoc nomen a Graecis sumptum est F certae G

7 ipsi *om* E_1 dicunt F TONOC *prave legitur in* Ba *Latine scriptum in* R Rh TONOC *suprascr alia manu* tonos Le TONOC *suprascr* tonos E_1 tonos TΩNΩC F nos *om* F K Le Rh mutata .o. in .u. Rh .o. mutata in .u. F .ω. *pro* .o. Ba .o. *om* V_1

8 Sicut *pro* Sic Be E_1 E_2 KAΛAMOC *prave legitur in* Ba Le Rh *Suprascr alia manu* calomos Le *Versio latina* colamus E_1 Semitonium *suprascr* semitonium constat sedecima parte E_1 YMNOC *prave legitur in* Ba F K Rh *Litterae graecae* ΛYMMA *suprascr* limma *solum in* K lymna Le Platone dictum est Limma F vocatum est *pro* vocatum dictum est Le Lo Rh V_1 G

dictum est, quod sit non plenus tonus sed imperfectus, non ut quidam imperiti resolvunt dimidius tonus. [9] Virgilius semiviri Phryges, id est non pleni viri, quia more feminarum se vestiunt. [10] Ditonus graece appellatur, quod duos in se tonos habeat. Semiditonus vocatur, quod non sit plenus ditonus. [11] Huius sunt species duae, una tono et semitonio, altera semitonio et tono constans. [12] Diatessaron interpretatur de quattuor; ab una enim voce incipiens ad quartam transilit, constans ditono et semitonio, ut a .Γ. ad .C. [13] Est autem diatessaron trimodum verbi gratia ut fa re sol mi la. Diapente latine de quinque sonat, eo quod ab una incipiens voce ad quintam saltum facit, habens in se diatessaron et tonum. [14] Est autem quadrimodum, primum inter .C. et .G., secundum inter .D. et .a., tertium inter .E. et .♮. quadratum, quartum in inferioribus syllabis inter .F. et .c. [15] Duo autem qui restant modi, scilicet semitonium cum diapente et tonus cum diapente, intervalla vocantur. [16] Et nota quod, quando dicis semitonium cum diapente, unum modum significas, quando vero semi-

nominatur. Dictum est autem *pro* vocatum dictum est M eo quod *pro* quod F G quod *corr alia manu* eo quod Le non sit Be F Rh imperiti *om* Rh affirmant *pro* resolvunt M

9 ut Virgilius Rh Virgilius dicit M Virgilius .... vestiunt *om* Ba V_1

10 appellatur graece Be E_2 tonos in se Be M sonos *pro* tonos Lo habeat tonos Ba habet tonos E_1 vocatur *om* E_2 quasi *pro* quod Rh sit non Ba E_1 M R V_1 V_2

11 hee *pro* huius F sunt duae Ba Be M Rh V_1 V_2 semitonio et tono altera tono et semitonio Rh semiditono *pro* semitonio E_1 M

12 enim *om* Be transiliet Be transiliens F constat F .c. *pro* .C. Lo a .C. ad .F. V_1

13 trimodum *alia manu in marg* vel quadrimodum M trimodum ut Be *supra* ut fa re sol mi la *scripsit* .C.F.D.G.E.a. V_1 so *pro* sol F la-mi Be latine *om* Ba sonat de V Be F quod latine E_2 voce incipiens R facit saltum Be E_2

14 autem diapente Rh quatrimodum M .c. et .g. *pro* .C. et .G. R .c. *pro* .C. Le .e. *pro* .E. Le R quadratum *om* Be F R inferioribus *erasa est; corrector in marg* similibus Le inter .f. et .c. in inferioribus syllabis F .c. et .F. Be .f. et .c. *pro* .F. et .c. K *Post* .c. *alia manu in marg* Istud autem tertium maxime invenitur in tertio modo *suprascr* tono. M

15 Adhuc *pro* Duo V_1 resistant in *pro* restant F modi *om* Lo *corr alia manu in* Le semitonium *om* E_1 semitonium et tono cum diapente intervalla F tonus cum diapente *corr in marg* Le

16 quod *om* Ba Be E_2 R Rh G quod *corr alia manu* Le qui *pro* quando F diapente et tonum cum diapente Lo diapente vel tonum cum diapente M modum *om* Be modum vel symphoniam M significat Rh

9 Virgilius Aeneis XII, 99.

tonium et diapente, duos modos enuntias. Idem de tono cum diapente considera. 17 Et hae duae clausulae rarius in cantu inveniuntur. Ut autem horum omnium, de quibus diximus, modorum intensiones et remissiones facile pateant, figura haec perspicienda est.

18

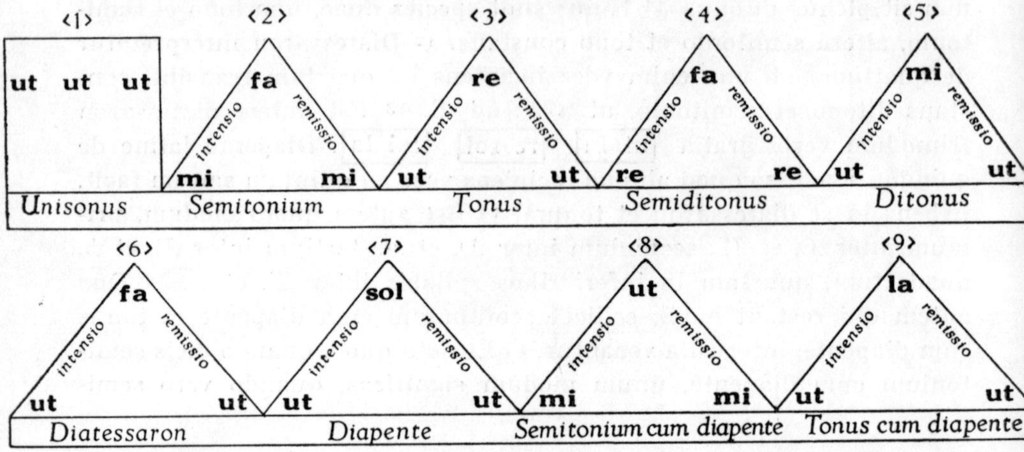

19 Omnium autem harum clausularum exempla in cantu nosse desiderans discat cantilenam istam: *Ter terni sunt modi quibus omnis cantilena contexitur et cetera.*

et *om* Be duos modos *om* M significat *pro* enuntias Rh Item *pro* Idem F Idem .... considera *om* M considera *om* V_1

17 in cantu divino rarius M Ut .... perspicienda est *om* V_1 omnium horum Rh quos *pro* de quibus Rh et remissiones *om* F hec figura Lo est perspicienda Ba inspicienda *pro* perspicienda F Rh

18 *In figura* Unisonus hic formatur *etc* M ut C re D etc. B M Rh V_2
ad 1. *suprascr* aequalitas Le
ad 3-9. arsis *pro* intensio thesis *pro* remissio M
ad 4. mi-sol-mi Le Lo
ad 7. re-la-re Le Lo
ad 8. mi-fa-mi Ba Be E_2 K Le Rh V_2 *illeg* R ut-fa-ut Lo mi-si-mi E_1 mi-E-fa-C-mi-c Ba

19 *Titulum capituli noni erronee hoc loco indicat* G IX *manu posteriore (post editionem Gerberti?)* Le omnium .... istam *om* F harum *om* Be autem praeteritarum clausularum vel symphoniarum exempla M exempla si nosse in cantu desideras Rh in cantu *om* M R hanc cantilenam perfecte discas Rh hanc cantilenam R discat cantilenas has duas quas infra scripsimus musicis notulis. Heae namque duae cantilenae ad discendas canendi voces et varietates tam utilis est ut pueris accessum ad musicam facillimum faciant. Ter terni M quibus .... contexitur *om* Ba E_2 Le V_1 sunt .... cetera

19 Hermannus Contractus, *GS* II p. 152; Frutolfi Breviarum de musica ed. Vivell, p. 72.

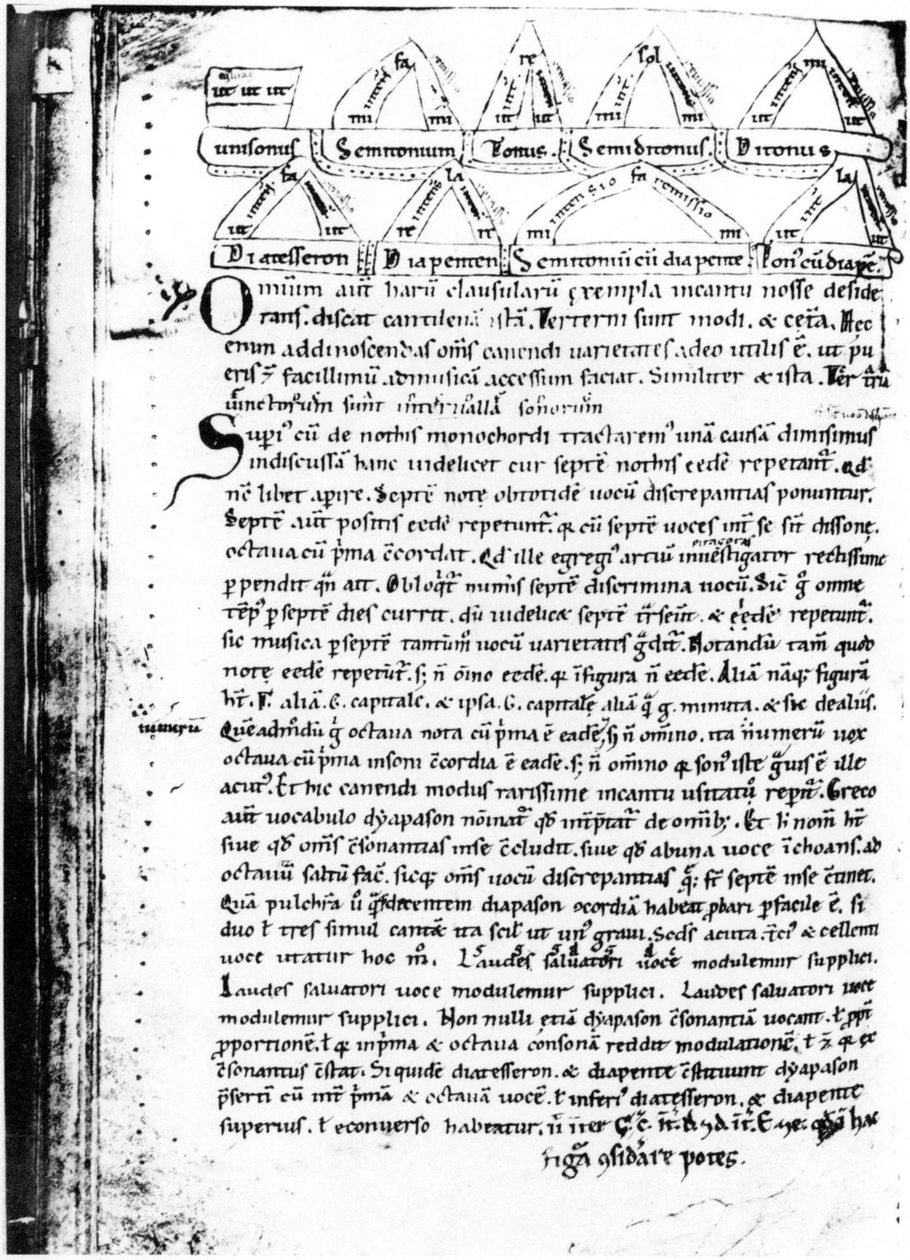

3. Leipzig, Univ. Libr. 79 (12th cent.), fol. 100 v

[20] Haec enim ad dignoscendas omnes canendi varietates adeo utilis est ut pueris etiam facillimum ad musicam accessum faciat. Similiter et ista: *Ter tria iunctorum sunt intervalla sonorum.*

G f D G a c G F D G
om Be quibus.... cetera *om* Rh K Ter terni sunt modi K Ter terni sunt
a c c a c d e d c a G F G G
modi quibus omnis cantilena contexitur R Ter terni sunt modi quibus omnis melodia contexitur, scilicet unisonus, semitonium, tonus, semiditonus, ditonus, diatessaron, diapente, semitonium cum diapente, tonus cum diapente, ad haec (hoc F) sonus diapason; si quem delectat eius hunc modum esse agnoscat (cognoscat F). Cumque tam paucis clausulis tota armonia formetur (amplectitur F) utilissimum est eas alte memorie commendare nec prius ab huiusmodi (huius F) studio quiescere donec vocum intervallis agnitis (cognitis F) armoniae studio (totius F) facillime quaeant (quaeat F) comprehendere noticiam. Haec.... *cum neumis in lineis* M *sine neumis* F *Litteras musicales non habent* Ba Be E_1 E_2 F Le Lo M Rh V_2 G *cum neumis* V_1

20 autem *pro* enim F canendi *om* F ad musicam facillimum Be facillimum iter ad musicam faciat F facillimum *om* K faciat accessum Be Lo paret *pro* faciat V_2 G etiam *pro* et E_2 et *om* Be et ista *om* K *Loco* Haec enim.... et ista *habet* Haec sequens cantilena metrice composita continet in se eandem vim regulae, quam et prior cantus. Sed eandem cantilenam dominus Hermannus contractus composuit et notas proprias et convenientes a se inventas suprascripsit; quae notulae per singulas sillabas superpositae, si absque puncto sunt, arsin id est ascensionem cantus exprimunt, si autem cum puncto videris esse, tesin id est descensionem ipsius cantus designat. Ter tria M iunctorum.... sonorum *om* Be sunt.... sonorum *om* Ba K Rh
G AG F b c G aG
sonorum et cetera E_1 sonorum *om* V_1 ter tria iunctorum K Ter tria
F D G c a G F D C a D C D F D G G a G
iunctorum Rh Ter tria iunctorum sunt intervalla sonorum Le Ter tria
F D G a D G G F D G G
iuncto-rum sunt in-ter-val-la sonorum Lo R G
Litteras musicales non habent Ba Be E_1 E_2 F V_2 *cum neumis* V_1

Ter tria iunctorum sunt intervalla sonorum.
Nam nunc unisonus exaequat vocula phtongos,
Nunc prope consimilem discernit limma canorem;
Nunc tonus affini tribuit discrimina voci,
Nec non assidue coniunctim limma tonusque,
Et duo saepe toni pariter sibi continuati,
Saepeque dulcisonas moderans diatessaron odas,
Et crebro grate mulcens aures diapente
Interdumque toni bino cum limmate terni,
Et quandoque tonis connexum limma quaternis
Haec si voce notisque simul discernere noris,
Quemvis dinstinctum potes his mox pangere cantum,
Discernendo thesin sine praecentore vel arsin.

20 Hermannus Contractus, *GS* II p. 150; Vivell, l.c. p. 69.

Ba 13v
Be 7v
E_1 13r
E_2 6v
F 87v
K 9r
Le 101r
Lo 135v
M 81v
R 18r
Rh 26v
V_1 30v
V_2 64v
G 238

CAPITULUM IX

QUOT SINT VOCUM DISCREPANTIAE ET DE DIAPASON

1 Superius cum de notis monochordi tractaremus, unam causam dimisimus indiscussam, hanc videlicet, cur septem notis eaedem repetantur. Quod nunc libet aperire. 2 Septem notae ob totidem vocum discrepantias ponuntur. Septem autem positis eaedem repetuntur, quia cum septem voces inter se sint dissonae, octava cum prima concordat. 3 Quod ille egregius artium investigator rectissime perpendit quando ait:

Obloquitur numeris septem discrimina vocum.

4 Sicut ergo omne tempus per septem dies currit, dum videlicet septem transeunt et eaedem repetuntur, sic musica per septem tantummodo vocum varietates graditur. 5 Notandum tamen, quod notae eaedem repetuntur, sed non omnino eaedem, quia in figura non eaedem. 6 Aliam namque figuram habet .Γ., aliam .G. capitalis, et ipsa

Titulum non habent Be E_1 E_2 F K M R V_2 Quare VII tantum sint notae et de diapente V_1 quot sint vocum discrepantiae *alia manu* Le

1 Superius .... aperire *om* V_1 indiscussam dimisimus Lo inconcussam *pro* indiscussam Ba notis positis E_1 E_2 F M Rh notae Be eadem pro eaedem *ita semper in hoc capitulo* Lo

2 Septem notae eaedem repetuntur per ordinem positae quia M repetuntur eaedem F ponuntur et *pro* positis eaedem V_2 sunt *pro* sint Ba K M V_2

3 Quod ille .... vocum *om* Ba investigator artium R investigator *suprascr* scilicet pithagoras Lo *suprascr* pitagoras Le investigator pithagoras F *suprascr* Virgilius Be

4 quoniam *pro* quando G cum *pro* quando Rh enim *pro* ergo Be ergo *om* F Rh tempus omne Be discurrit *pro* transeunt F transeunt tempora et eadem M eedem *corr* idem Le *Post rasuram* idem V_2 idem Ba Be E_1 V_1 eidem E_2 item *pro* eaedem Rh sic et M vocum *om* Lo varietates graditur vocum F

5 tamen *om* M quia *pro* quod Ba eedem note R non in figura Ba E_1 E_2 F M V_1 non sunt K R non *om* Rh aeedem videntur M

6 enim *pro* namque R .Γ. quam .G. Be capitale Ba E_1 E_2 F K Le Rh V_1 capitale *suprascr* capitalis Lo G capitale et aliam .g. minutum, sic de reliquis V_1 ipsius *pro* ipsa F

---

3 Vergilius Aeneis VI, 646.

.G. capitalis aliam quam .g. minuta, et sic de aliis. 7 Quemadmodum igitur octava nota cum prima est eadem, etsi non omnino, ita nimirum vox octava cum prima in soni concordia est eadem, sed non omnino, quia sonus iste gravis est, ille acutus. 8 Et hic canendi modus rarissime in cantu usitato reperitur. 9 Graeco autem vocabulo diapason nominatur, quod interpretatur de omnibus, et hoc nomen habet, sive quod omnes consonantias in se concludit, sive quod ab una voce inchoans ad octavum saltum facit sicque omnes vocum discrepantias, quae sunt septem, in se continet. 10 Quam pulchram vero quamque decentem diapason concordiam habeat, probari perfacile est, si duo vel tres simul cantent, ita scilicet ut unus gravi, secundus acuta, tertius excellenti voce utatur, hoc modo:

a a d c ♮ c a a
g g g a a g d c ♮ c a g a g g
11 Laudes salvatori voce modulemur supplici

G G G a a G d c ♮ c a G a G G
Laudes salvatori voce modulemur supplici

Γ Γ Γ A A Γ D C ♮ C A Γ A Γ Γ
Laudes salvatori voce modulemur supplici

.G. *om* E_2 capitalis *om* Ba capitalis aliam *om* R capitale E_1 E_2 Le minutum Ba E_1 ceteris *pro* aliis E_1

7 octava ergo F ergo *pro* igitur Be E_2 F M G prima concordat est V_1 sed *pro* etsi F Lo Rh G ita .... omnino *om* F iste sonus gravis ille acutus est Ba est gravis Be Rh est *post* gravis *om* R

8 Et hic .... reperitur *om* Ba V_2 hic *om* K modus canendi R cantu divino et usitato M usitato *om* V_1 usitatus Ba V_2 G invenitur *pro* reperitur M

9 igitur *pro* autem Ba nominatur quod *om* V_1 includit *pro* concludit Ba V_1 V_2 G includat F congludit Lo sive *secundum om* Rh quod *post secundum* sive *om* F una *om* V_2 octavam V_1 in *pro* ad F

10 Quam vero quam pulchramque decentem F vero *om* V_1 dicenter *pro* decentem Rh perfacile est probare F vel tres duo F cantent simul V_1 simul *om* F ita *om* Ba utatur voce F

11 *Ante triplicem textum* Laudes .... supplici *ponit* .g. .G. .Γ. *suprascr litt om* V_1 *In fine habet* $\underset{\Gamma}{\overset{\overset{a}{a}}{F}}\ \underset{\Gamma}{\overset{g}{G}}\ \underset{\Gamma}{\overset{g}{G}}$ Ba ♮ *pro* $\substack{\natural\\\natural}$ E_1 *Textus cum neumis in lineis* E_2 *Hanc seriem litterarum*
Γ Γ Γ A A Γ D C B C A Γ A Γ Γ
F F G a a G d c b c a G a G G
f f g A A g D C ♮ C A g a g g
habet F *Linea prima solum habet litteras* $ggg\substack{a\\a}g\substack{a\\a}c$ Le *In fine habet* $\underset{F}{\overset{f}{F}}\ \underset{\Gamma}{\overset{g}{G}}\ \underset{\Gamma}{\overset{g}{G}}$ Lo Rh *Una tantum linea in fine habet* .a.G.F.G.G. M *In fine secundae lineae habet* $.\substack{a\\f}.g.g.$ R *Post textum* Voces excellentes. Voces acute. Voces graves. E_1

[12] Nonnulli etiam diapason consonantiam vocant vel propter proportionem, vel quia in prima et octava consonam reddit modulationem, vel etiam quia ex consonantiis consistat. [13] Siquidem diatessaron et diapente constituunt diapason, praesertim cum inter primam et octavam vocem vel inferius diatessaron et diapente superius vel e converso habeatur, ut inter .C. et .c., .D. et .d., .E. et .e..

[14] Quod in hac figura considerare potes:

12 Nonnulli *in marg* id est aliqui E_1 proportionem quae dicitur dupla Lo et in E_1 et cum F octava voce Rh consonam *in marg* id est equalem E_1 reddunt V_1 modulationem *om* Ba vocem *pro* modulationem F etiam *om* Ba F Rh quia *om* E_1 et *pro* ex E_1 constat Le V_1 constat quia una vox sonat cum alia. Siquidem E_1

13 diapente et diatessaron F praesertim *om* V_1 in prima et octava vocem F octavam diatesseron inferius Rh tibi *pro* vel R et superius diapason vel F et *pro* vel Be vel e *om* Rh habeatur vel e converso K habeatur dyapason ut Rh inter *om* F inter .C. et .c. inter .D. et .d. inter .E. et .e. Le G et *suprascr* inter .D. et .d. inter .E. et .e. Lo

14 considerari potest F Lo quod .... potes *om* Be *Spatium figurae vacuum* V_1 Quia dicit Guido: Cum dyapason in se habeat dyathessaron et diapente semper in medio eius spacio est aliqua littera quae ad utrumque latus dyapason convenit, ita scilicet ut si ad gravem litteram faciat dyapente, ad eandem facit in acutis dyathessaron; vel si ad gravem facit dyathessaron ad acutam facit dyapente, quod patet in hac figura. *In marg* E_1

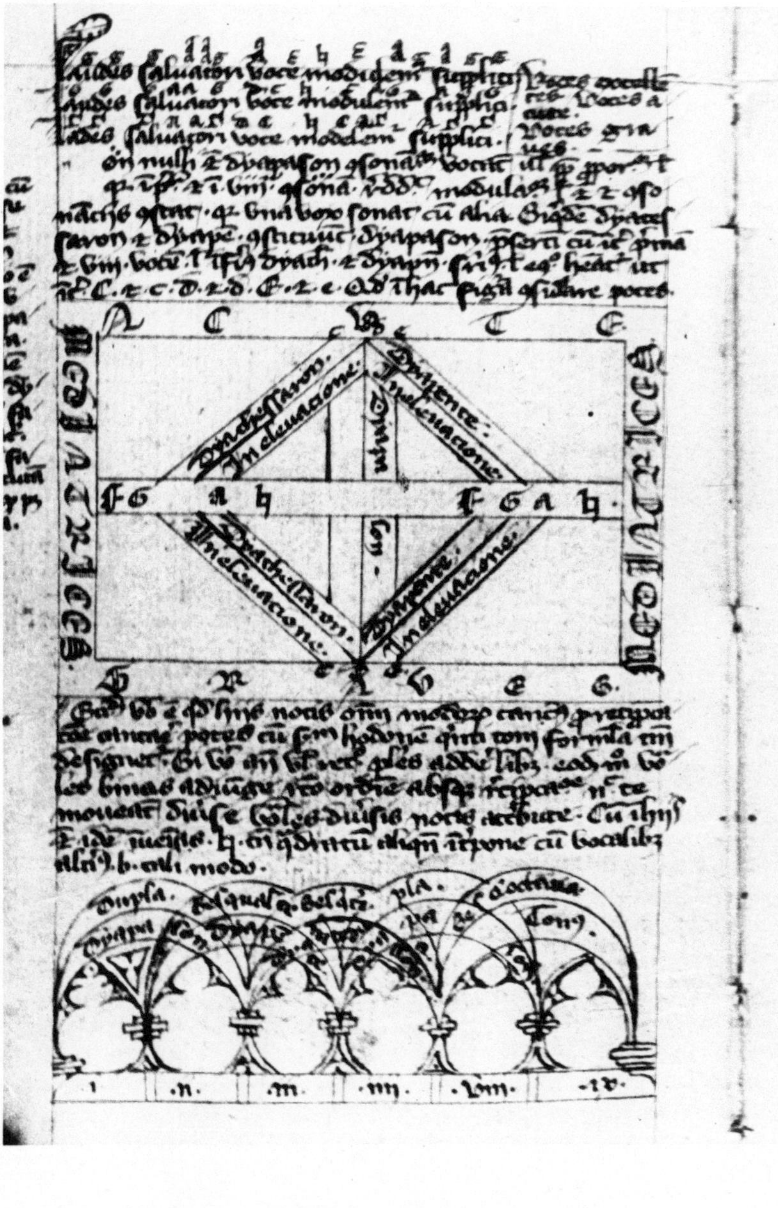

4. Erfurt, Amplon. 93 (14th cent.), fol. 13 v

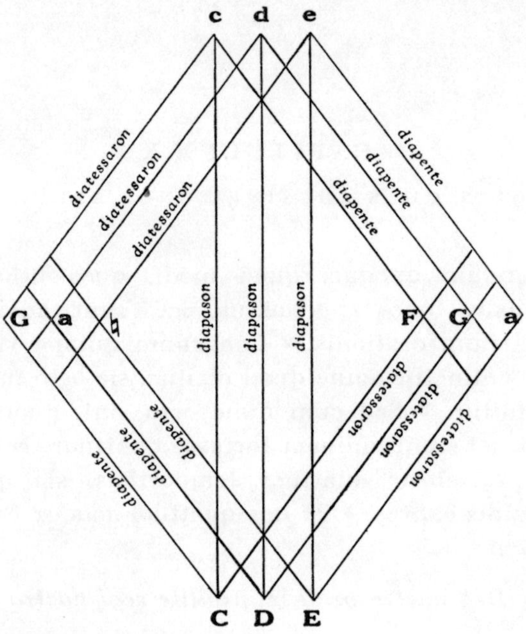

Figura E1 *cf. tab.* 4

Post fig. Sciendum vero est quod hiis notis omnium modorum cantus pro reciprocacione (*in marg* nota de reciprocacione) cantare potes cum secundum Hodonem quinti toni formula tantum designetur. Si vero ante vel retro plures addere libet eodem modo vocales binas adiunge retro ordine absque reciprocatione, nec te moveant diversae vocales diversis notis attributae. Cum in hiis etiam idem invenias ♮ tantum quadratum, aliquando interpone cum vocalibus alterius b tali modo:

Figura cf. tab. 4

Quod <scilicet?> binis diapason passibus ibit, et diapente tribus, diatessaron inde quaternis, ter trinisque tonus numeris hiis musica gaudet. Epitritus est duorum numerorum ad invicem proportio et fit cum maior numerus habet minorem totum in se et insuper tertiam partem minoris. Sicud quattuor ad tria vel octo ad sex et similia est talis proportio numerorum sesquitertia, id est totum in tertia, et in musica appellatur diatessaron. Hemiolius fit quando maior habet minorem totum in se et medietatem minoris, ut tria ad duo, et talis proportio numerorum sesquialtera appellatur, id est totum in altera, in musica vero dicitur diapente. E1

---

14 Guido, Micrologus *GS* II p. 6; fig. *GS* II p. 9.

Ba 16r
Be 8v
E_1 14r
E_2 7r
F 78v
K 10r
Le 101r
Lo 136r
M 82v
R 18v
Rh 27v
V_1 31r
V_2 65r
G 240

CAPITULUM X

DE MODIS, QUOS ABUSIVE TONOS APPELLAMUS

1 Sciendum quoque, quod modi, quos uti Guido asserit, abusive tonos appellamus, octo sunt, ad imitationem videlicet octo partium orationis. 2 Congruum quippe videtur, ut sicut octo partibus continetur omne quod dicitur, sic octo modis moderetur omne quod canitur. 3 Sed cum nunc octo sint, quondam dumtaxat quattuor erant, ad similitudinem fortasse quattuor temporum. 4 Sicut enim saecula variantur quattuor temporibus, sic quattuor modis distinguitur omnis cantus. 5 Et hos quattuor modos Psalmista notare videtur, ubi dicit:

Psallite Deo nostro psallite, psallite regi nostro psallite.

6 Sed cur nunc octo sint, cum olim tantummodo quattuor essent, libet paulisper intermittere, et cur modi vel tropi dicantur, causam

Titulum non habent Be E_1 E_2 K M R V_2 De VIII modis, cur modi vel tropi vel toni dicantur et cur VIII sint, cum olim IIII tantum essent V_1 Quod modi sint Rh dicimus *pro* appellamus Le vocamus Rh

1 quoque quod sunt modi F uti *in marg* pro ut E_1 guudo Ba Wido Le Lo M Gwido V_2 vocamus *pro* appellamus Ba Rh tonos appellamus abusive F sunt videlicet ad imitationem octo F videlicet *om* Ba Rh V_2

2 videtur quippe E_1 omne *om* R quicquid dicitur R sic moderetur modis octo Lo Le G sicut *pro* sic V_1 moderatur Lo octo modis omne canitur F octo partibus *pro* octo modis K

3 nunc *om* Be cum modi octo sunt F sunt octo Ba sunt *pro* sint Lo V_1 G dumtaxat *cum glossa in marg* id est tantummodo E_1 fuerant *pro* erant M fortasse *om* M Sunt autem IIIIor tempora anni, scilicet autumpni, hyemps, ver, estas. *In marg* E_1

4 variantur secula E_1 IIIIor variantur V_1 distinguuntur F distinguebatur Rh

5 Et .... psallite *om* Ba videtur notare E_2 Rh cum dicit Rh ubi ait F V_1 psallite sapienter. Sed M Domino *pro* Deo V_1

6 Sed .... reddere *om* V_1 nunc *om* Ba olim *in marg* id est praeterito E_1 IIIIor tantummodo Ba V_2 essent quatuor F essent *suprascr* modi E_1 licet Ba Be Lo R Rh V_2 G libet *in marg* etiam libet E_1 paulis *suprascr* parum E_1

---

5 Ps. 46, 7.

reddere. 7 Modi a moderando sive modulando vocati sunt, quia videlicet per eos cantus moderatur id est regitur, vel modulatur id est componitur. 8 Quicumque enim musicae habens notitiam regularem cantum componere curat, prius ad quem tonum eum convenire faciat, secum destinat. 9 Ideo autem musicae habens notitiam diximus, quia artis expers, et si recte facit quod facit, tamen quoniam inscius facit, parvi penditur, praesertim cum et mimi et chorearum praecentores plerumque dulciter canant, quod eis non ars sed natura subministrat.

10 Tropi a convenienti conversione dicti; quomodocumque enim cantus in medio varietur, ad finalem semper per tropos id est tonos convenienter convertitur. 11 Quos autem nos modos vel tropos nominamus, Graeci phtongos vocant. 12 Et sciendum, quod eos tonos appellari Guidoni incongruem videtur et abusivum. 13 Nos autem si rem diligentius intueamur, non omnino abusivum videbitur vocabulum istud. 14 Latini quippe inopia eloquii plerumque propriis carent in-

causam dicere Rh   Idem antequam dicam de distinctione IIII modorum in VIII propono dicere cur vocantur modi vel tempora vel phtongi vel toni, et quod distinctiones in musica et que sint prime id est olim Milos transpositum tria dicuntur tempora, secum scilicet presens, preteritum et futurum. *In marg* E_1

7 Modi dicuntur a modulando sive a moderando vocati sunt, quia per eos videlicet cantus F   sive a modulando E_2 Rh   dicti Rh   per eos *om* Be   hos Rh   vel regitur Ba V_2 G   moderatur *pro* modulatur V_2 vel componitur G

8 musicorum habens M   vult componere Ba   curat *om* V_2 priusquam ad tonum F   modum *pro* tonum V_1 eum *om* G   evenire Lo G   faciat, id est quem tonum velit interpolere suo cantu, secum E_1 destinet M Rh

9 autem *om* Ba   notitiam habens Be   artis huius M   quid Le   quod facit *om* F V_1 tamen quia Ba F Rh V_1 insciens E_2 inscius facit quod facit M   pendetur Lo   parvipenditur *in marg* vituperatur E_1 cum mimi Ba   mimi *in marg* hystriones E_1 cum chordarum praecentores et mimi dulciter F   cantant Be F R V_2 cantent Ba Rh V_1 eis *om* M

10 autem *pro* a Ba   conveniente K   dicti sunt Ba F   sunt dicti V_1 quia quomodocumque Be F M   Quocumque Ba   enim *om* Be F Rh V_1 V_2 tamen semper M   vel *pro* id est G   id est tonos *om* Ba   convenienter *om* F

11 tropos vel modos Be Rh   appellamus Be

12 sciendum est Rh   Widoni Le Lo   Guuidoni Ba M V_2

13 tamen F   diligentius rem M   videtur E_1 F   istud vocabulum E_2

14 Latinitas E_2 Latini quippe *suprascr* cuius rei Lo   Latini .... vocant *om* V_1 inopia *in marg* carentia E_1 caret E_2 carentes R   propriis carent propriis indiciis et omne interdum F   nominibus *pro* indiciis Rh   indi-

diciis, ideoque interdum necessitate compulsi aliena sibi vocabula usurpando asciscunt, quod Graeci κατάχρησιν vocant. 15 Cum ergo Latini antiqui consonantiam quandam in musica tantummodo tonum vocarent, grammatici etiam accentus orationis, vel distinctiones tonos appellare usurpato nomine coeperunt. 16 Rursus Latini cantores non parvam esse similitudinem inter cantus et accentus prosaicae locutionis modosque psallendi considerantes, nomen hoc commune utrisque esse sanxerunt.

17 Sicut enim toni id est accentus in tres dividuntur species, scilicet gravem, circumflexum, acutum, ita in cantu tres distinguuntur varietates. 18 Nam cantus nunc in gravibus vagatur, ut in offertorio illo : *In omnem terram;* 19 nunc circa finales, quasi quadam circumflexione versatur, ut in antiphona illa: *Benedicat nos Dominus Deus*

ciis cum demonstrationibus G indiciis *in marg* id est demonstrationibus Le id est vocabula E_1 ideoque *om* E_1 E_2 Le Lo R G ideo Ba et *pro* ideoque K interdum *om* Be compulsa Be E_1 E_2 Lo compulsi sunt F vocabula sibi Be Rh sibi *om* F usurpando *in marg* transumendo E_1 adsciscit Be E_2 addiscit Lo adsciscunt *in marg* accurrunt E_1 quod Graeci *om* Ba Graeci *om* E_2 κατάχρησιν *suprascr* id est iuxta locum Be Rh iusta locutio K Le M V_2 iuxta locutio Lo *in marg* catacrisin vicina locucio. Sed ridet aliquando transumitur in aliam significacionem pro floribus ut in hoc exemplo pratum ridet; hic ridet ponitur pro <?> ad grammaticam. Etiam ponit ibi pro accentibus et alibi inde est transumptum hoc nomen tonus ad musicam ut tonus diceretur modus E_1 vocat M

15 igitur Ba Be E_2 M R V_1 antiqui Latini F Rh quandam consonantiam Rh tantummodo *om* F totum *pro* tonum V_2 etiam *om* E_2 et *pro* etiam G usurpanto E_2

16 Russus V_2 esse *om* Ba cantus et *om* Ba Be E_1 E_2 F K Lo Rh et *om* V_1 canendi *pro* psallendi Rh psallendo M hoc nomen congrue utrisque sanxerunt esse commune F commune *om* Ba commune scilicet tonus E_1 esse utrisque Rh sanxerunt esse Be esse *om* E_2 Le K

17 tonos Be toni id est *om* M vel *pro* id est G species dividuntur K dividunt Be V_2 scilicet *om* M et acutum M accentum *pro* acutum F

18 et cantus in Lo vagatur *om* Be gravatur F illo offertorio V_1 illo *om* M In omnem terram *cum neumis suprascr:* In *quilisma* om *virga* nem *podatus subbipunctis* M R

19 finales versatur ut quasi Ba Benedicat nos *cum neumis:* Be *punctum* ne *virga* di *virga* cat *illeg* nos *punctum* R nos Deus Rh nos Deus

noster; [20] nunc in acutis quasi saltando movetur, ut in antiphona illa: *Veterem hominem.*

[21] Vel certe toni dicuntur ad similitudinem tonorum, quos Donatus distinctiones vocat; sicut enim in prosa tres considerantur distinctiones, quae et pausationes appellari possunt, [22] scilicet colon id est membrum, comma incisio, periodus clausura sive circuitus, ita et in cantu. [23] In prosa quippe quando suspensive legitur, colon vocatur; quando per legitimum punctum sententia dividitur, comma, quando ad finem sententia deducitur, periodus est. [24] Verbi gratia: *Anno quinto decimo imperii Tiberii Caesaris,* hic in omnibus punctis, colon est; deinde ubi subditur: *Sub principibus sacerdotum Anna et Caipha,* comma est; in fine autem versus ubi est *Zachariae filium in deserto* periodus est. [25] Similiter cum cantus in quarta vel quinta a finali voce per suspensionem pausat, colon est; cum in medio ad finalem reducitur, comma est; cum in fine ad finalem pervenit periodus est. [26] Ut in hac antiphona: *Petrus autem* colon, *servabatur in carcere* comma, *et oratio fiebat* colon, *pro eo sine intermissione* comma, *ab ecclesia*

pater M Deus Dominus E_2 Dominus Deus noster *om* Ba Le V_2 G Deus noster *om* R noster *om* V_1

20 ut ant. M illa antiphona F V_1 illa *om* M hominem renovans salvator Lo renovans Le veterem hominem *cum neumis:* ve *podatus* terem homi *virgae* nem *clivis* R

21 diffinitiones Ba ipsa *pro* prosa G quae etiam Be quae ad E_2 quae .... possunt *om* V_1 dici possunt Ba

22 Nota de colon *in marg* E_1 vel *pro* id est G vocatur *pro* id est R id est incisio - id est clausura E_1 F M Rh clausula E_1 Rh et ita Le Lo G

23 suspensative Lo Rh vocatur colon Ba per *om* F deducitur *pro* dividitur Le Lo coma Be E_2 Le Lo comma est Ba Be E_1 E_2 F Rh V_1 quando vero ad finem ducitur Be sententia ad finem Le G sententia ad fidem Lo ducitur Be Le Lo

24 imperii *om* F R hic .... punctis *om* V_1 deinde .... subditur *om* V_1 subiungitur Be sacerdotum *om* Ba Be E_2 F K R V_1 V_2 chayphan Be verbi *pro* ubi G filium Zachariae Rh filie Zacharie Ba periodus. Similiter Ba M

25 Similiter cum in .... cantus pausat R voce a finali Rh ducitur Be est *om* E_2 K M Rh V_1

26 in antiphona illa V_2 Petrus *etc cum neumis:* Pe *punctum* trus *virga* au *scandicus* tem *virga* ser *virga* va *punctum* ba *bistropha* tur *virga* in *virga* car *punctum* ce *torculus liquescens* re *iacens* Ba V_2 colon est V_1 servabatur .... colon *om* F comma .... intermissione *om* M coma est E_2 et oratio .... Deum *cum neumis:* et ora *puncta* ti *clivis* o fi *virgae* e *podatus* bat pro e *virgae* o sine *puncta* in *virga* ter *punctum* mis *podatus* si *clivis* one *virgae* ab *clivis* ecclesi *puncta* a *virga* ad *clivis* Deum *iacentes* V_2 et .... comma *om* E_2 comma est M

ad Deum periodus. 27 Qua in re animadverti potest, quod modi non omnino abusive toni vocantur, nec incongrue distinctionum seu accentuum nomen sortiuntur, quorum varietates imitantur. 28 Quod autem in prosa grammatici colon, comma, periodum vocant, hoc in cantu quidam musici diastema, systema, teleusin nominant. 29 Significat autem diastema distinctum ornatum, qui fit, quando cantus non in finali, sed in alia decenter pausat; systema coniunctum ornatum indicat, quotiens in finali decens melodiae pausatio fit; teleusis finis est cantus.

30 Sane quod nunc octo sunt modi, cum quondam non essent nisi quattuor, de hac re sic est sentiendum. 31 Qui primitus de musica scripserunt, natura vocum diligenter considerata, prout tunc vires ingenium praebuit, omnem modulandi varietatem in quattuor distinxerunt modos, unde et quattuor tantum finales habentur. 32 Moderni autem priorum inventa subtilius examinantes, considerabant harmoniam modorum confusam esse ac dissonam. 33 Videbant namque cantum eiusdem modi nunc in gravibus principium habere et circa ipsas vagari, nunc in acutis inchoari et ibidem maxime commorari. 34 Hanc igitur dissonantiam volentes avertere, unumquemque modum in duos

Dominum *pro* Deum G periodus est F

27 Qua .... imitantur *om* V_1 animadvertendum est Ba potest animadverti F modi *om* Ba in omni *pro* modi F non abusive omnino Be omnino *om* E_2 appellantur *pro* vocantur Be

28 autem *om* Rh ipsa *pro* prosa Lo colon et comma et periodus F periodus vocatur Rh Nota diastema *in marg* E_1 in musica quidam systema, diastema Ba teleusis F vocant *pro* nominant E_2 Rh nominant *om* Ba Be F Lo R V_1 V_2

29 distinctum *corr in marg* disiunctum V_2 distinctum .... fit *om* V_1 quod fit Ba sit Lo coniunctum .... indicat *om* V_1 melodiae *om* Be K pausatio fit melodiae quae commati comparatur M sit pausatio Lo cantus sicut periodus M

30 sunt octo modi Ba E_2 sint M non *om* V_1 nisi *om* V_1 sic est sentiendum de hac re Rh senciendum est Ba sciendum Lo V_1

31 scripserunt de musica Ba diligenter *om* F prout .... praebuit *om* V_1 praebuit ingenium M formam *pro* varietatem Ba distinxere Rh modos distinxerunt V_1 tantummodo R finales tantum V_1 habent Rh

32 existimantes Be confusam ac dissonam esse Rh

33 cantum *om* Ba toni *pro* modi Rh habere principium F

34 Hancque dissonantiam Lo ergo Rh discernere *pro* avertere V_1

partiti sunt, ut videlicet ille canendi modus qui in acutis versaretur, autentus id est auctoralis sive principalis vocaretur; qui vero magis in gravibus moram faceret, plagis vel plagalis id est collateralis seu subiugalis diceretur. 35 Distinguuntur autem sic: Autentus protus apud Latinos cantores primus tonus vocatur; plagis proti secundus, autentus deuterus tertius, plagis deuteri quartus, autentus tritus quintus, plagis triti sextus, autentus tetrardus septimus, plagis tetrardi octavus.

36 Interpretatur autem protus primus, deuterus secundus, tritus tertius, tetrardus quartus. Autentus vero auctoralis graece sonat, auctoritatem namque ipsi αὐθεντιαν vocant. 37 Plagis autem quasi partialis vel collateralis exponi potest; dicimus enim: in illa plaga, id est in illo latere sive in illa parte.

38 Graeci autem phtongos, id est tonos, gentium vocabulis sic efferunt:

I	II	III	IV
Dorius,	hypodorius;	phrygius,	hypophrygius;
V	VI	VII	VIII
lydius,	hypolydius;	mixolydius,	hypomixolydius.

ut videlicet ut E_2 videlicet *om* V_1 modus canendi F canendi modus *om* V_1 id est auctoralis *om* V_1 seu V_1 magis *om* M V_1 maiorem moram M plagis id est Lo Rh sive Ba plagalis .... seu *om* V_1 vel *pro* id est Rh lateralis F sive Ba nota de auctentus etiam deuterus *in marg* E_1

35 Distinguuntur .... illa parte *om* V_1 dicitur Ius tonus Ba plagis protus secundus; autentus deuterus quartus G tritus *pro* tertius E_1 E_2 plagis deuterus Ba E_1 E_2 K R V_2 plagalis deuterus Be F plagis tritus Ba Be E_1 E_2 K R V_2 G id est quintus, id est sextus, id est septimus, id est octavus Ba G plagis tetrardus Be E_1 E_2 K R V_2 plagalis tetrardus Ba

36 deutrus Rh detrardus Be αὐθεντης sonat G auctoritatem .... vocant *om* Ba M V_2 αὐθεντιαν *in marg* autentum E_1

37 Plagius G Plagis autentus quasi M id est *pro* vel Lo V_2 exponitur E_1 vel *pro* sive Be

38 ptongos Le Lo V_2 phtongos id est *om* V_1 velut *pro* id est Ba sic *om* Rh efferunt *in marg* proferunt E_1 *cifras om* Be E_2 F K Rh V_1

Ba 20r
Be 10r
E_1 15r
E_2 8r
F 79v
K 12r
Le 101v
Lo 136v
M 83r
R 20v
Rh 29v
V_1 31v
V_2 65v
G 243

CAPITULUM XI

DE TENORIBUS MODORUM ET FINALIBUS EORUM

1 Sicut autem octo sunt toni, ita et octo eorundem sunt tenores. 2 Tenor autem a teneo, sicut a niteo nitor et a splendeo splendor dicitur. 3 Et tenores quidem in musica vocamus, ubi prima syllaba *saeculorum amen* cuiuslibet toni incipitur. 4 Quasi enim claves modulationes tenent, et ad cantum cognoscendum nobis aditum dant. Sed et moram ultimae vocis Guido tenorem vocat. 5 Notandum autem, quod sicut fines octo tonorum in quattuor notis, quae ob id etiam finales dicuntur, dispositi sunt, sic octo tenoribus, videlicet tonorum aptitudinibus notae quattuor attributae sunt, sed diverso modo. 6 Semper enim duorum troporum finis ad unam respicit, itemque duorum ad unam, et sic per caetera. 7 In tenoribus vero non ita est; nam nunc quidem unus in una, nunc vero tres in una considerantur. 8 Est autem in .F. tenor secundi toni, in .a. acuta primi, quarti, sexti.

Titulum non habent Be E_1 E_2 K M R V_2 In quibus notis Saeculorum amen cuiuslibet et de finalibus V_1 Quecumque nota ponitur super hanc syllabam *Se,* illam vocamus tenorem; sed Guido dicit notam esse tenorem que ponitur super ultimam syllabam, scilicet *men. In marg* E_1

1 sunt octo Ba Rh V_1 V_2 modi *suprascr* toni Ba ita sunt et Ba sunt eorundem F sunt *om* Rh tonores Lo

2 nitor a niteo Be F K Le Lo V_1 G splendor a plendeo Be splendor dicitur a splendeo V_1 dicitur *om* K Le G

4 modulationis K M nobis cognoscendum dant aditum M aditum *in marg* id est viam E_1 aditum prebent Ba Guido autem moram ultime vocis tenorem vocat V_1 gwido Ba guido F K Rh Wido Le Lo Guuido M V_2

5 finales *pro* fines Rh octo tonorum fines F modorum Ba notis constitutae sunt Rh qui *pro* quae E_1 et *pro* etiam G vocantur R disposite Ba dispositi sunt *om* Rh tonorum tenoribus V_2 aptitudine K sunt *om* Be

6 tonorum *pro* troporum F unam notam M ita itemque Rh et cetera Ba

7 ita non est M Rh est ita F K Lo V_1 quidem nunc F unus *om* M una, *in marg* saeculorum amen incipit tenor V_2 considerantur tres in una M

8 tenor in .F. M tenor secundi toni *om* K acuta *om* Ba

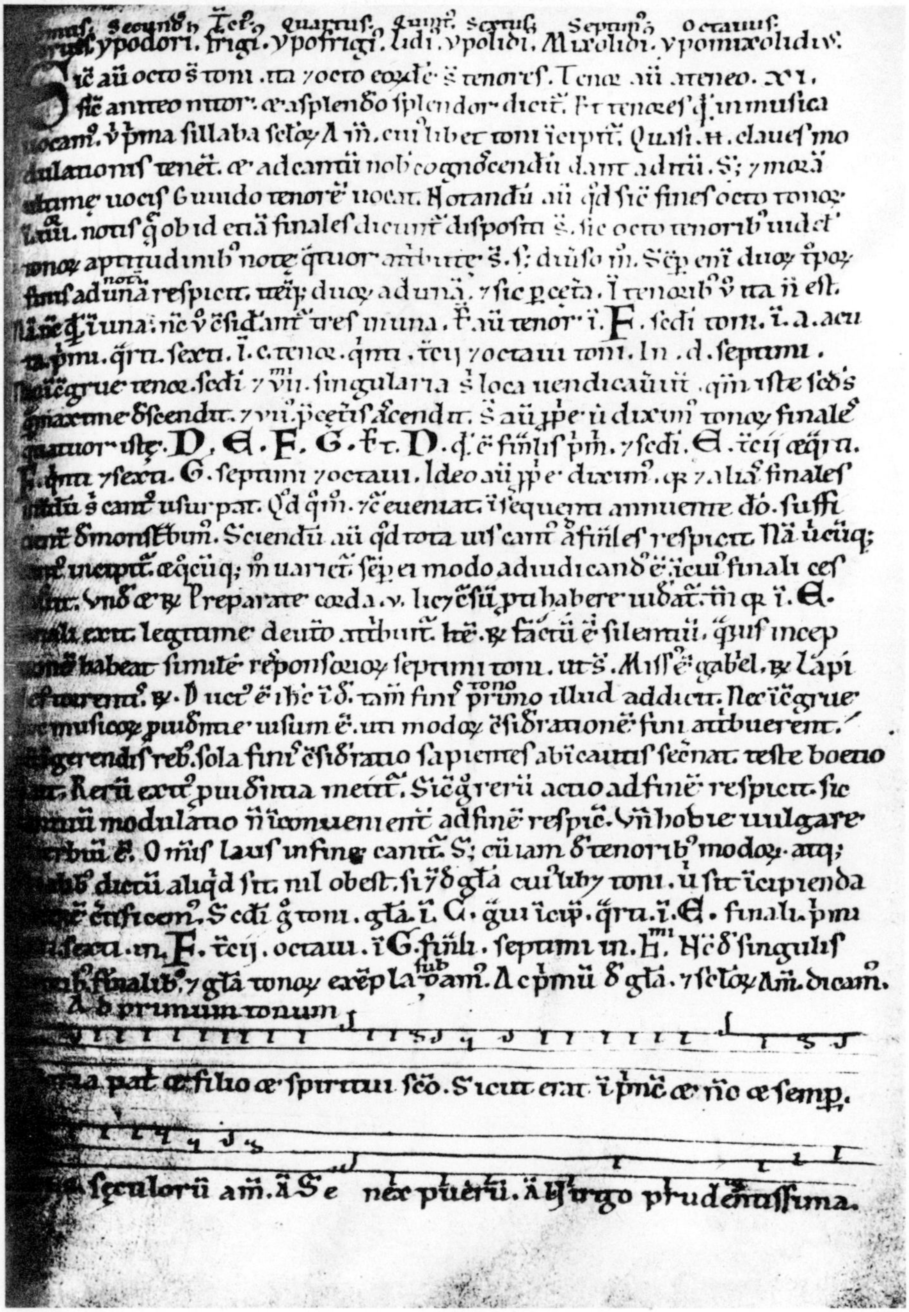

5. Munich, (Clm) 2599 (13th cent.), fol. 83 r

In .c. tertii, quinti, octavi, in .d. septimi. 9 Nec incongrue tenor secundi et septimi singularia sibi loca vendicarunt, quoniam iste secundus in quartam maxime descendit, et septimus prae caeteris omnibus ascendit. 10 Sunt autem proprie, ut supra diximus, tonorum finales quattuor istae: D, E, F, G; et D quidem finalis est primi et secundi, E tertii et quarti, F quinti et sexti, G septimi et octavi. 11 Ideo autem proprie diximus, quia et alias finales interdum cantus sibi usurpant. 12 Quod quomodo et cur eveniat, in sequenti annuente Deo sufficienter demonstrabimus. 13 Sciendum autem quod tota vis cantus ad finales respicit. 14 Nam ubicumque cantus incipiatur et quomodocumque varietur, semper ei modo adiudicandus est, in cuius finali cessaverit. 15 Unde et istud ℟ *Praeparate corda vestra,* licet cursum proti habere videatur, 16 tamen quia in .E. finali exit legitime deutero attribuitur. 17 Item

.C. *pro* .c. G In .c. tenor quinti, tertii et octavi toni M quinti *om* Ba R .d. acuta V_1

9 incongrue *cum glossa in marg* id est prima syllaba saeculorum amen E_1 tenores E_1 singula Rh vendicaverunt Be F M R vendicaverunt sibi loca Be vendicarunt *in marg* assumunt E_1 usurpant *pro* vendicarunt Ba id est secundus Be iste id est secundus tonus maxime E_1 in *om* F M in quartam maxime *om* V_1 quam *pro* quartam M in quartam *om* Ba Rh septimus maxime Be ascendit prae ceteris omnibus K caeteris *om* Ba omnibus *om* Be M Rh

10 supra *om* Ba Be K M V_1 V_2 quattuor finales Le Lo Rh G istae quattuor F istae *om* V_1 quidem *om* Ba est finalis Be M V_1 V_2 est *om* Ba primi toni E_1 I. II. V_1

11 quod *pro* quia G qui et alie F cantus interdum Be sibi cantus Ba E_1 F M Rh usurpat Ba M Rh V_1 V_2 sibi usurpant cantus R

12 Quod .... demonstrabimus *om* V_1 Sed quomodo Rh cur et quomodo F et cur *om* Ba sequentibus Ba Deo annuente Ba F dicemus Ba monstrabimus F

13 Sciendum est V_1 V_2 autem est Ba cantus *om* E_2 finalem F K pertinet *suprascr* vel respicit Lo

14 incipitur F M quocumque modo Ba V_1 M ei *in marg* illo tono E_1 ei modus Ba E_2 V_2 eius modi est V_1 adiudicandus *om* V_1 adiudicandum G finitur *pro* cessaverit V_1

15 ut *pro* Unde .. Rh illud K V_1 istud *om* M Praeparate corda ves[tra] *cum neumis:* Prae *iacens,* pa *clivis,* ra *clivis, podatus,* te corda ves *virgae* R vestra Domino E_1 E_2 cum *pro* licet Lo principium *pro* cursum V_1 habeat et legitime in D finiat, quidam tamen illud deutero (*suprascr* .i. tercio) attribuunt Lo videatur habere F habeatur E_1

16 tantumque *pro* tamen quia G legitime exit Ba deutero id est tertio F deputatur *pro* attribuitur Be deputabitur Rh

istud ℟ *Factum est silentium,* quamvis inceptionem habeat similem responsoriorum septimi toni, [18] ut sunt ℟ *Missus est Gabriel,* ℟ *Lapides torrentis,* ℟ *Ductus est Iesus,* tamen finis istud primo addicat. [19] Nec incongrue hoc musicorum providentiae visum est, uti modorum considerationem fini attribuerent, cum in gerendis rebus sola finis consideratio sapientes ab incautis secernat, teste Boetio, qui dicit: Rerum exitus providentia metitur. [20] Sicut ergo rerum actio ad finem respicit, sic cantuum modulatio non inconvenienter ad finem tendit. [21] Unde hodieque vulgare proverbium est: Omnis laus in fine canitur.

[22] Sed cum iam de tenoribus modorum atque finalibus aliquid dictum sit, nihil obest, si etiam de *gloria* cuiuslibet toni ubi sit incipiendum lectorem certificemus. [23] Secundi ergo toni *gloria* in .C. gravi incipit, quarti in .E. finali, primi, quinti, sexti in .F., tertii, octavi in .G., septimi in .c. acuta. [24] Nunc de singulis id est tenoribus

17 Istud autem Ba V_2 istud *om* M V_1 ℟ *om* E_2 ℣ E_1 Factum .... *cum neumis:* Fac *podatus,* tum *virga,* est *punctum* M R si *iacens,* len *podatus,* ti *punctum,* um *iacens* R silentium in coelo E_2 F licet *pro* quamvis Rh incipiat *pro* inceptionem habeat V_1 habeat silentium similem Rh inceptione habeat similitudinem F similem habeat Be similium Ba V_2 similem *om* K sicut *pro* similem V_1 responsorum Ba Le G responsoriis Be responsoriorum *om* V_1 toni *om* V_1

18 ut in G ut haec Be ut ℟ Rh ℟ *om* Ba Be E_2 F K M V_1 ℣ *pro* ℟ E_1 Gabriel angelus E_2 Gabriel *om* V_1 et *pro* ℟ V_1 torrentes Le Lapides preciosi Rh et *pro* ℟ V_1 Iesus in deserto M Iesus *om* Lo *Respons. cum neumis:* Mis *podatus,* sus *iacens,* Ga *podatus,* bri *iacens.* La *podatus,* pides tor *iacentes,* ren *podatus,* tis *virga.* Duc *podatus,* tus est *iacentes* R tamen *om* Rh finis primo tono M illud Ba Be E_2 F M R Rh V_1 V_2 primo istud K addicit M R Rh V_2 abdicat E_1 Le G

19 hoc *om* E_2 secernat ab incautis Ba ait M prudentia E_1 Le Rh

20 Sicut .... canitur *om* Ba ad .... inconvenienter *om* E_1 si *pro* non F respicit *pro* tendit M

21 hodie M hodie quod F proverbium vulgare Rh est proverbium Be

22 dictum aliquid Be M V_2 aliquid *om* E_2 V_1 nihil obstat si aliquid de Rh restat ut *pro* nihil .... etiam V_1 si et F Lo incipienda M incipienda sit V_1 moneamus *pro* certificemus V_1

23 ergo *om* V_1 quarti in .a. acuta F et octavi F .G. finali M in d acuta Be F Le Lo in .♮. quadrata V_1 in ♮ quadratum Rh in ♮ et in c E_1 in ♮ *suprascr* mi M

24 Nunc .... beatitudines *om* F Nunc .... exemplificemus *om* V_1 ut *pro* id est G id est *om* M R de tenoribus E_2 Le Rh

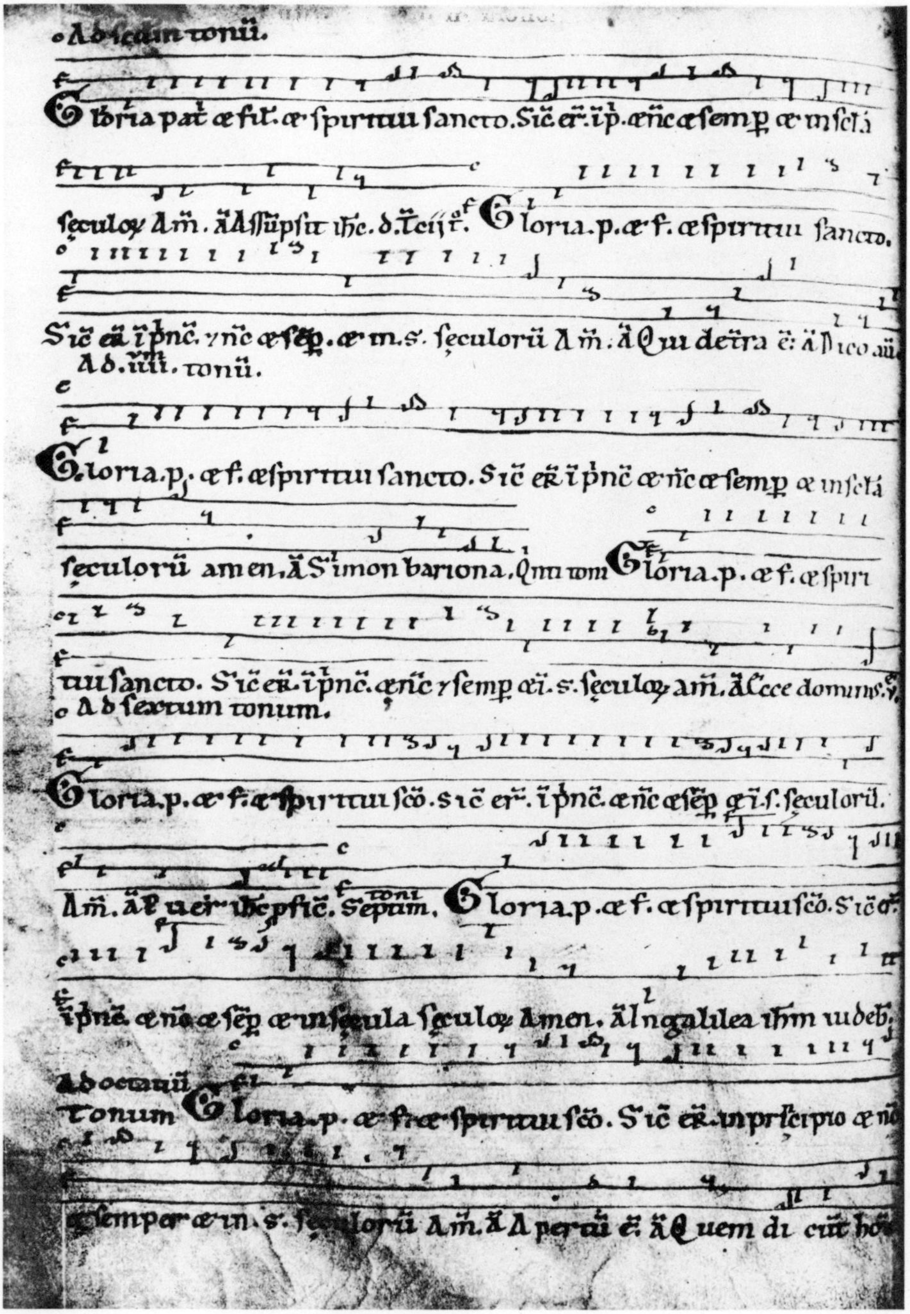

6. Munich, (Clm) 2599 (13th cent.), fol. 83 v

finalibus et *gloria* tonorum exempla subdamus, [25] ac primum de *gloria* et *saeculorum amen* per omnia exemplificemus:

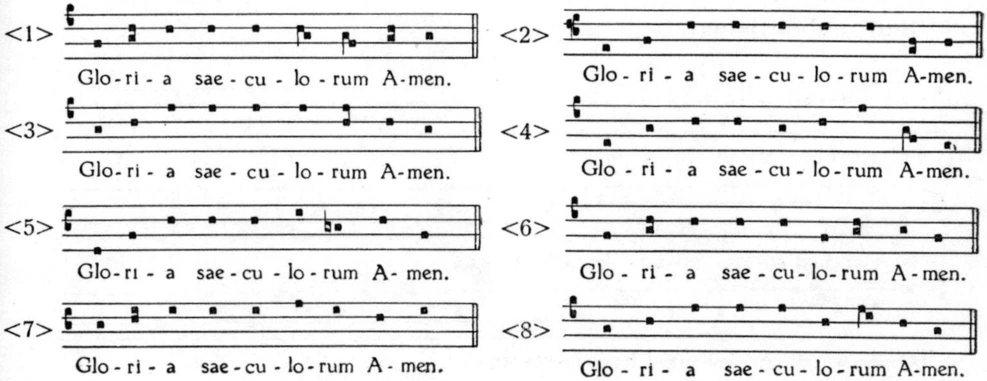

et finalibus Be tonorum *om* E_1 subdamus, quae omnia in tonali quod in antiphonario nostro scriptum est. *caetera desunt usque ad* Scire praeterea Rh

25 sub *pro* de E_2 gloriam Ba et forte saeculorum G per omnia *om* M dicamus *pro* exemplificemus M exemplificemus. In ♮ ut antyphona in c ut officiorum E_1 *exempla om* V_1 *exempla om* Le, *sed ponuntur ante* Primum quaerite etc. *sine neumis* Lo V_2 G *cum neumis in lineis* Ba Be E_2 K Le M R *cum notis in lineis* E_1 *cf tab 5 et 6* M *tab 7* E_1

ad 1. Gloria *suprascr* .F. V_2 G *ri* .G. Ba Be *lo* .G. E_1 *rum* .F. E_1 *men* .a. E_2 K

ad 2. Gloria *suprascr* .C. V_2 G [*Glori*]*a* .CF. E_1 *rum* .FE. Ba Be Le

ad 3. Gloria *suprascr* .G. V_2 G *ri* .ac. E_1 K *rum* .acb. R *a*[*men*] .aa. Ba

ad 4. Gloria *suprascr* .E. V_2 G *ri* .Ga. E_1 *rum* .ca. R .ba. E_1 *a*[*men*] .aG. K .G. Le R

ad 5. Gloria *suprascr* .F. V_2 G *men* .aG. E_1 .a. differentia .aG. E_2

ad 6. Gloria *suprascr* .F. V_2 G *ri* .G. Ba Be E_2 Le *a*[*men*] .GF. Ba Be E_2

ad 7. Gloria *suprascr* .c. G .c. acuta V_2 *Glo* .cb. Ba R .d. Be .dc. Le *ri* .c. Be E_1 *lo* .f. K *a*[*men*] .dc. K Le *men* .bc. Ba R .b. E_2 .bca. E_1

ad 8. Gloria *suprascr* .G. V_2 G *ri* .ac. K .aG. E_2 [*glori*]*a* .Gc. E_2 *lo* .b. Ba E_1 E_2 Le *rum* .c. Be E_1 E_2 Le

26 De finalibus autem exempla daturi dignum duximus ad demonstrandam plenius troporum cognitionem, cantiunculas quasdam hic subscribere, quas etiam aptitudines sive formulas modorum appellare possumus.

27 Sunt autem istae:

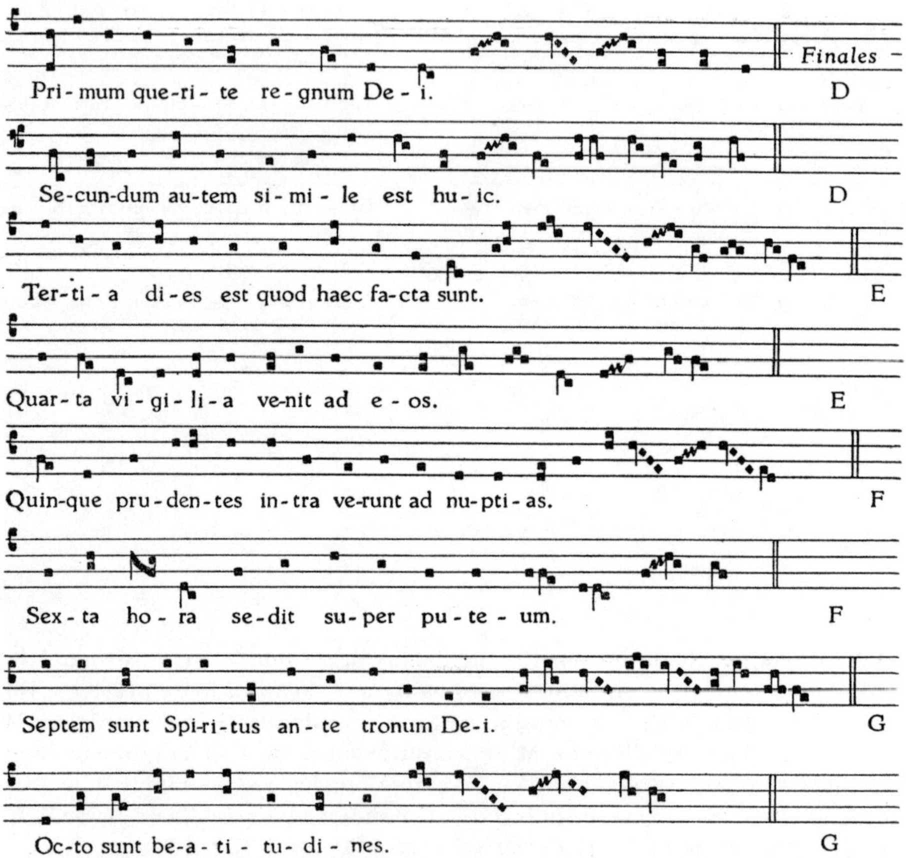

26 autem ipsorum tonorum quas diffinitiones appellamus exempla M exempla autem Rh V_2 G diximus Le demonstrandam *om* V_1 troporum plenius E_2 cognitionem troporum V_1 cognitiones Le subscribere ei Le subscribere disposuimus M seu formulas appellare possumus modorum K troporum *pro* modorum V_1 possimus Rh G

27 Sunt autem istae *om* V_1 G istae seriatim per octo tonos M *sine neumis* Lo V_1 G *exempla* 3-8 V_2 *cum neumis in lineis* Ba Be E_2 K Le M R *solum exempla* 1 *et* 2 V_2 *cum notis in lineis* E_1 Gloria e u o u a e Primum Le Formula I toni Primum V_1 *In cauda* Formula prima, formula secunda *etc.* K R aptitudo primi, *etc.* E_1 *ad* 3. est dies G *ad* 5. prudentes virgines V_2 G intraverunt cum eo R

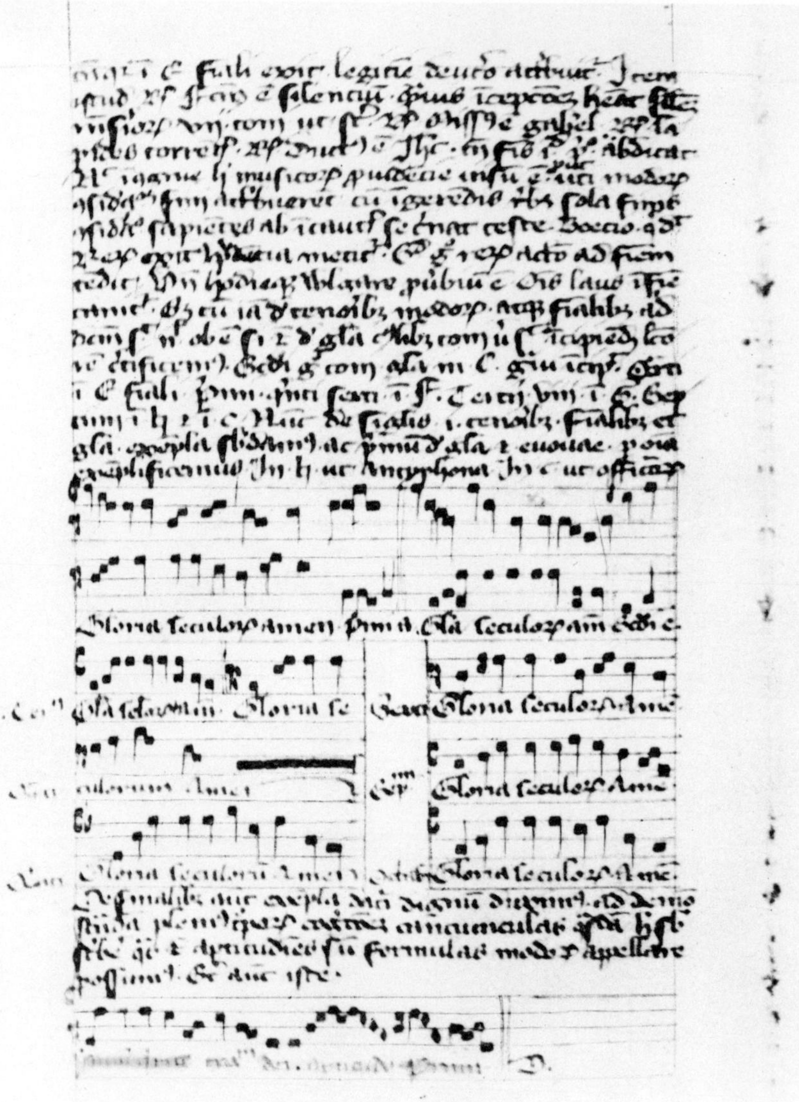

7. Erfurt, Amplon. 93 (14th cent.), fol. 15 v

	D ac	a	a	G	E F	G	F E	D D C	FGaG	aGFE	FGaG	E FEFD ‖	
Ba												FE - ‖	
Be						GF				-		- - - -	
E₁								-				‖	
E₂										D		- ‖	
K								-					D C D
													a aaGGF Ga Ga
M								-			E		D sae-cu-lo-rum a -men ‖
R												‖ del.	
	Pri -	mum	quae-	ri-	te	reg-	num	Dei					

AD 2

	D A C D	D	D F D	C D F	F E	C D	D E	FE DC	D FFD	F E D C	D E F D ‖	
Ba			-	DF			DE		E - E	D E F	E ‖	
Be		CD		DF	-					- D E F	E D C ‖	
E₁	B C			E		-			- -		‖	
E₂			B D B		-	F	DE		D DE	-	‖	
K	- B -	CD		E		-				-	- ‖	
Le	-	CD		D	D F	-					‖	
												F F F F CD D
M	-		E FE	DE	-	F	F		E	E F		Saeculorum a -men
R			-		D -	F -	DE			DDFE	- ‖	
V₂	-		E	DF	G -				‖ - - -	- - - -	- - - -	
	Se- cun	-dum	au-tem	simile	est	hu-	ic					

AD 3

	c a G	a c a	G	G	a c	G F	E D	Gac	cdb	cbaGF	abcb GF	GaG	aGFE ‖	
Ba		-	c		G-	GF		-	c			‖ del.		
Be											ba	‖		
E₁		b	a	a	-		FD		c		-		aG ‖	
E₂		-	c		-	del.	-	a			‖ del.			
K		b	a	a	-		EF				c		‖	
Le					Ga	F			-	GF	- -	F	- ‖	
														c c c a c c
M	a c b	- b	c		-		-	a bcc	c	GF	- c		G ‖	saeculorum amen
R								ac		c	cb		- ‖	
	Tertia	di-	es	est	quod	haec	facta	sunt						

AD 4

	FFE	DCD	DFF	E FG	F E	EF	G E	FGF DC	DEF	GFFE ||	
Ba	CD -		EE	FGE F				FE		- ||	
Be	-					F	F G	F		||	
E_1	E -	- C	EE	G - aF	GF		G -	-	-	- - ||	
E_2	-				GF		[GaF	E F?]		- ||	
K	E		EEF	G -	EFG		- -	-	-	||	
Le	C -	- C			G	E	F G	F	-	- ||	
M	E -		EE					FE			a Ga cb G E saeculorum Amen
R		- C						FE	FE	- ||	

Quarta vi - gi li - a ve - nit ad e - os

AD 5

	a G F	a	c cd	c	c a G a		G	F FFG a cd	cb a G	abc	cbaG	G F ||	
Ba					d c			- ab	c b	aGa	a|| *del.*		
Be		Fa	ac dc		a G a c		aG	- -	- b || *del.*				
E_1	-							a dc	b		-	- ||	
E_2					a			-	cb			aGGF ||	
K			-		b			-		-	- -	||	
Le					♭b ♭b		♭b	♭b	c♭b	♭-	♭	- ||	c cdb c a saeculorum amen
M			dc		d ♭b c		aG	ac c dc					
R					d	a GFGa	GF	- ab	-	♭ || *del.*			

Quin-que pru-den - tes intraverunt [cum e-o R] ad nuptias

AD 6

	FGa	a FG	D C	F G aG	F F	F F E			D D C	FGa G	GF	
Ba		GG		GF	a	G♭ba	G a D	DFF	FE			
Be			F -	FDFG					-	-	-	
E_1			DD	Ga		-				aa♭b		
E_2		Ga	-						- -	a	GF	
K						E -						
Le			FGFED	DCFG		E -						
M		G	-	DCF F	GDE							a aF Ga G F saeculorum Amen
R		aG	GF ED						-			

Sexta ho - ra sedit super puteum

AD 7

	d d	b c	d d G a	c b	c a	G G	a c d b	c b a	d e d	d c b a	b c d c	a c a a G	||	
Ba							- - -		b c -		bEG	b G		*del.*
Be			b c	b c	a		||							
E₁												-	||	
E₂				c	b ba		- -		dd		[GGbc] ?	baG	||	
K		acbc					-						||	
Le				ca	b			-	G F -	- - -	b-	b	||	
M				b	b		- - -				d	cb	||	d dedc b c
R							- -					b-	||	Saeculorum Amen
	Septem	sunt	spiritus	ante	tronum	Dei								

AD 8

	D F G	G F	a c c	a c G F G G	c d b	c b a G F	a b c b a	c a a G		
Ba	F			a abcb	c	-			||	
Be		-	cb	G aca - ||						
E₁	E	-	cb	G a - a			c		||	
E₂	G G a	a G	ab		[del.	]	bc		||	
K		-	cb	G aca			-		||	
Le	E			b - a - a		-		b	||	c cbcb aGaG
M				a	cc c	GF				Saeculorum amen
R	E			ca ab	c	GF			||	
	Oc-to	sunt	be-	a- ti- tu-di- nes						

28 Scire praeterea convenit, quod apud quosdam phtongi id est toni vocalibus, tonorum autem differentiae, quas quidam abusive diffinitiones vocant, consonantibus signantur hoc modo. 29 Primum tonum .a. notat, secundum .e., tertium .i., quartum .o., quintum .u., sextum .H. graecum, septimum .y., octavum .ω.

30 Primam autem cuiuslibet toni differentiam .b. indicat, secundam .c., tertiam .d., quartam .g., et ita mutae per ordinem. 31 His ita utiliter digestis, iam nunc tempus est ut de regulari sive licenti omnium modorum cursu regulas demus.

28 Sciri F phtongi id est *om* V_1 vocalibus (*suprascr* propriis) unusquisque tonus signabatur et differentiae earundem tonorum praemittas. Ponebant (*suprascr* <notabant?>) per ordinem. Primum tonum M tonorum *in marg* signantur E_1 tonorum *om* Ba differentiae autem Ba autem *om* Be quas.... vocant *om* V_1 quidem F distinctiones Ba signatur F G

29 Sonat *pro* notat F graeco Rh graecum *om* E_1

30 cuiusque Ba V_2 G cuiuslibet toni *om* V_1 differentiam cuiuslibet toni b indicat M per ordinem mute Ba mutae *om* V_1

31 His autem R digestis utiliter F gestis Lo iam.... ut *om* M licentia F

CAPITULUM XII

DE REGULARI CURSU MODORUM ATQUE LICENTIA

Ba 24r
Be 12v
E_1 16r
E_2 9r
F 80r
K 14r
Le 103r
Lo 138r
M 84v
R 22v
Rh 31r
V_1 32v
V_2 66r
G 244

1 Cum igitur de cursu modorum dicturi simus quid cursum eorum vocemus, primitus discutiendum est. 2 Cursum modorum sive tonorum dicimus legem, qua sub certa regula coercentur, scilicet quantum quisque ascendere vel descendere, quantumque intendi ac remitti debeat. 3 Sed quoniam, cum cantus intenditur et remittitur, ascensio et descensio dici potest quod in cursu modorum ascensionem et descensionem itemque intensionem ac remissionem vocemus, 4 distinguendum est, ne ulla ex parte rudi lectori occasio vacillandi ingeratur. 5 Ergo ascensionem tonorum et descensionem vocamus certam ipsorum ascendendi et descendendi legem, id est quantum a finalibus suis ascendant sive descendant. 6 Intensionem vero et remissionem tonorum dicimus certitudinem illam, per quanta vocum intervalla a finali suum quisque principium habere debeat. 7 Quibus ita necessario praemissis, de cursu modorum prout proposuimus disseramus.

Titulum non habent Be E_1 E_2 K M R V_2 modorum et finalibus ac licentia Rh De intensione et remissione tonorum V_1

1 Cum .... discutiendum est *om* V_1 omnium modorum Rh dicturi dicendum sit quid M sumus Ba Le Lo prorsus *pro* primitus Be primo M

2 Cursus F sive tonorum *om* Ba sub qua M que F certam regulam Be coerceantur Ba cohercentur E_1 Rh continetur F coherentur Le coherent Lo coarcentur V_1 quantum scilicet G quantum *om* V_2 quantumcumque intendi Le Lo quantum K vel *pro* ac Rh V_1 G

3 Sed quoniam .... disseramus *om* V_1 dum cantus F ac *pro* et Ba vel E_2 quid *pro* quod E_1 F Lo R Rh itemque .... remissionem *om* Be

4 ne ulla .... ingeratur *om* Ba M vacillandi *suprascr* dubitandi Le vacillandi ex parte rudi lectori ingeratur occasio Be

5 tonorum ascensionem F ascensionem et descensionem tonorum Ba Rh certamque F regulam *pro* legem Rh quantum *om* Lo

6 ac *pro* et F R tonorum *om* Ba dicimus tonorum M vocamus Be illam certitudinem M celsitudinem E_2 a finali *om* M suo F a finali suo quisque suum Ba V_2 G

7 Quibus .... disseramus *om* Ba tonorum *pro* modorum Be possumus F Lo

[8] Omnes itaque autenti a finali suo ad octavam, quod est diapason, regulariter ascendunt, licenter ad nonam vel decimam. [9] Licentiam autem a regula idcirco secrevimus, ut sciatur, quia illae voces perraro contingendae sunt, quae per licentiam conceduntur: [10] Quod enim quis per regulam habet, quasi ex debito habet, ideoque liberius eo frui potest; quae autem per licentiam possidentur, ea tamquam per gratiam possessa humilius atque prudentius sunt tractanda. [11] Descendunt autem a finali ad proximam ubi nonnullam eis licentiam a peritis musicis concessam repperi. [12] Excipitur inde autentus tritus, qui simpliciter quintus nominatur: [13] huic nulla infra finalem descensio attributa est, non aliam ob causam nisi quod semitonii imperfectio competentem fieri descensum non permittit. [14] Plagales autem omnes a finali usque ad quintam, quod est diapente, ascendunt et licenter sextam assumunt. [15] Nec est mirandum, quod plagales minorem ascendendi licentiam habent quam autenti, quia plagales semper in inferioribus morari debent et perraro a finali ad quintam ascendere. [16] Nam et Odo huius artis experientissimus, et a Guidone in fine tractatus sui comprobatus, cantum qui a finali ascendens quintam ter vel quater repercutit autento deputat. [17] Unde et haec antiphona: *Ecce tu pulchra es* quamquam in cursum secundi toni decidat, tamen quia superius quintam a finali saepius reverberat, primo tono

8 finali sua Be F V_1 ascendunt regulariter K per licentiam *pro* licenter F vel ad Be E_2 et *pro* vel Ba

9 idcirco a regula Ba F V_2 G ita secrevimus F discrevimus Rh discernimus V_1 sunt contingende K concenduntur E_2

10 Quod .... tractanda *om* Ba quasi .... habet *om* F ideo V_2 G eo liberius V_1 eo quia frui E_2 ea frui Be eo uti Rh prudentius *om* Rh

11 autem *om* Be V_2 G primam *pro* proximam E_2 nullam Ba E_1 Le Lo R V_1 licentiam eis F eis *om* E_2 reperi concessam Rh repperiri Be

12 inde *om* F autentus *om* V_1 vocatur *pro* nominatur Rh

13 attribuitur Ba concessa *pro* attributa V_1 non ob aliam Ba M non ullam aliam ob causam F nisi quae Rh defectio Rh competentes E_2 fieri competentem M competentem fieri descensum *om* V_1

14 quae *pro* quod G licentes usque ad sextam E_2 licentia VIII assumunt F

15 Et non est Rh mirandum est Be minorem .... plagales *om* V_1 habent ascendendi licentiam F licentiam *om* E_2 habeant Lo plagales *om* F semper *om* E_2 descendere Lo

16 Nam Otto Ba expertissimus Le Lo peritissimus F gwidone Ba guidone E_2 F K R Rh Widone Le Lo Widone M Gwidone V_2 sui tractatus F comprobatur V_1 G vel ter vel Be percuttit R

17 et haec *om* F es *om* Ba G quamvis Ba licet *pro* quamquam Rh V_1 cursu V_1 decurrat *pro* decidat Rh superius *om* Rh

deputatur. [18] Item ℟ *Deus omnium exauditor est* [19] quia in superioribus frequentius versatur, quamvis in *unctione* ad A capitale descendat, [20] primo tamen tono asscribitur: quod ideo fit ut honor principibus conservetur. [21] Dominus namque sive magister non tantum in propria potestatem habet, sed etiam in ea quae sunt subditi eius. [22] Subdito autem sufficere debet si a magistro sibi concessis humiliter ut liceat, nedum ad ea quae sunt praelati sui temerarie se proripiat. [23] Si ergo plagales in ascensu quintam perraro debent contingere, quanto rarius sextam. [24] Descendunt autem omnes subiugales a finali ad quartam, quod est diatessaron, vel etiam ad quintam regulariter. [25] Nam licentiam descendendi neque autentis neque plagalibus usquam legi concessam. [26] Sciendum tamen quod quidam musici haud incongrue regularem cursum modorum, qui sunt octo, per totidem diapason dimetiuntur. [27] Et secundum illorum assertionem pene omnes modi unam quam infra finalem per licentiam assumunt, quam prius eis regulariter attribuimus. [28] Cum igitur octo toni per totidem diapason currant, sicut semper duo toni id est magister et discipulus cohaerent,

18 Item *Rex Dominus omnium,* quia G hoc ℟ Be exauditor est *om* Ba E_1 M Rh V_1 V_2 est *om* Be F Le

19 quia superioribus F superius V_2 G saepius *pro* frequentius Be V_1 versatur licet in unctione misericordie ad Ba quamvis *om* E_2 V_2 G unctione *cum neumis* K unccionem F in misericordiae (*cum neumis*) M capitalem E_2 K V_1 descendat capitalem Rh

20 tamen *om* F K deputatur Ba fit *om* Lo ut fervetur honor principibus F

21 enim *pro* namque M sive *om* Rh non solum Ba non tantum habet in propria potestate seipsos regendi, sed M propriis R potestate V_1 *post* habet *spatium fere 6 litt.* sed *om* Lo in eis R quae est F quae habent M eius *om* Rh

22 nec ad Ba quae prelati sunt F sui *om* G temere G proripiat extra metas suas excedat M

23 plagales suo in V_1 ascensum F quintam in ascensu Rh debent contingere perraro E_1 sextam? Rh

24 omnes *om* F subiugales *om* V_1 diapente *pro* diatessaron F etiam *om* V_1 quintam quod est diapente Lo id est diapente Le

25 descendendi ad VIam Be nusquam G

26 Sciendum .... potentiam habeant [31] *om* V_1 quod *om* K aut F incongrue. *Hic finit lectio cod.* Lo qui sunt *om* F

27 unam infra Ba V_2 G assumunt per licentiam Ba V_2 G assumunt per licentiam assumunt Be eius prius Ba regulariter *om* M

28 Cum ergo F K M G toni *om* M diapason .... cohaerent *om* Le sic *pro* sicut V_2 G semper *om* V_2 G ut *pro* id est G

29 sic et eorum diapason connectuntur, ita ut in eis facile animadverti possit quae voces propriae sint plagalis, quae autenti, quae communes utrique, quod figura harum quas subiecimus octo rotarum cautius intuita apertissime demonstrat.

Ba 26v
Be 13v
E_1 17r
E_2 10r
F 80v
K 15r
Le 103v
M 84v
R 24r
Rh 32v
V_2 66r

I

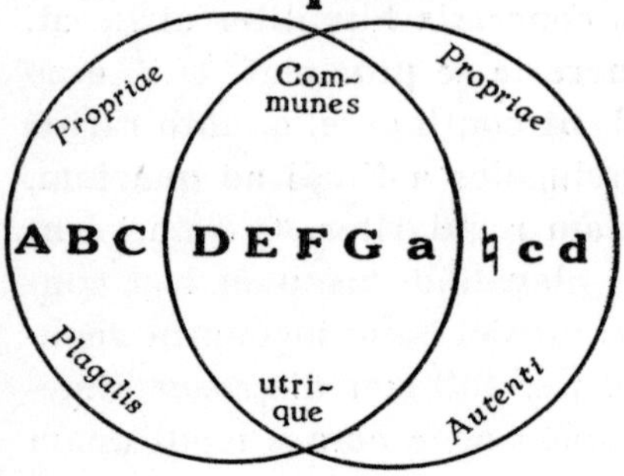

II

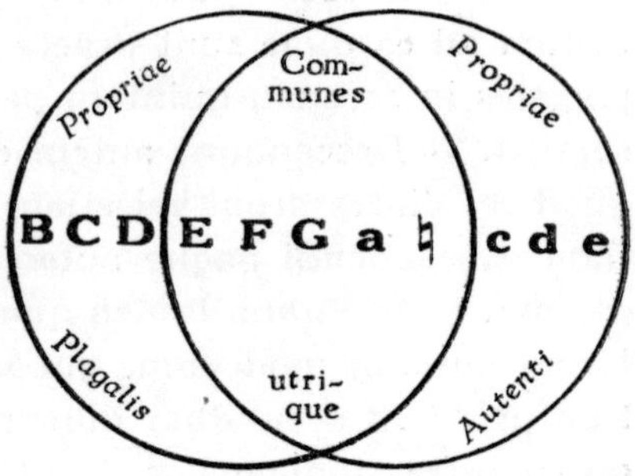

III

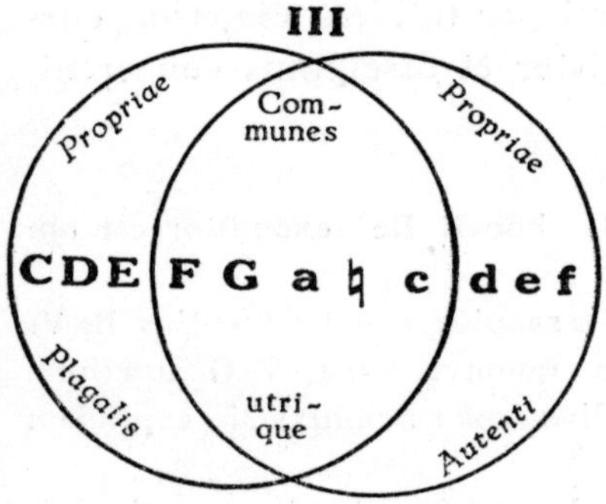

IV

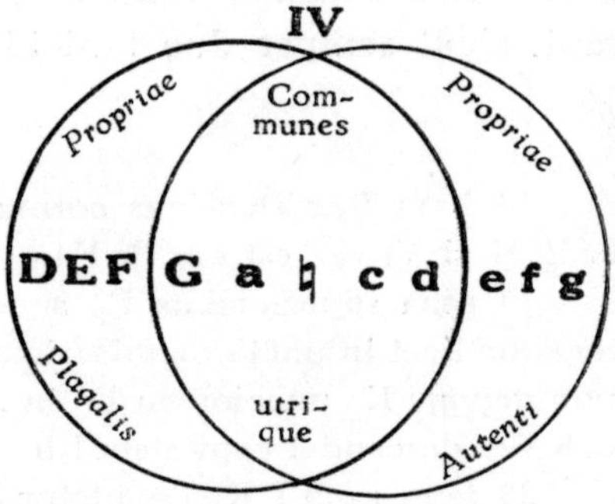

30 Hoc quoque intimandum videtur, qualiter accipiendum sit, quod diximus, autentos ad octavas et subiugales ad quintas ascendere: ut enim supra testati sumus pueris in hoc opusculo viam signamus.

29 et sic Be connectunt F potest F sint proprie F plagalis vel autenti R autentae Rh caute F *In figura ad* I II III IV *suprascr* chorus virilis *subscr* chorus matronalis E_1 E_2 Le communes utrique *add.* thalamus E_1 Le *cf tab* 8 Le

sub I Propriae plagalis .B.C. Rh Communes utrique .D.E.F.G. E_2 K M Rh V_2 Propriae autenti .a.♭.c.d. E_2 K M Rh .a.♭.c. V_2

sub II *om* V_2 Propriae plagalis .B.C.D.E. M Communes utrique .E.F.G.a. E_2 K R Rh .F.G.a. M Propriae autenti .♭.c.d.e. E_2 K M R Rh

sub III *om* V_2 Communes utrique .F.G.a.♮. Propriae autenti .c.d.e.f. E_2 Rh

sub IV *om* V_2 Communes utrique .G.a.♭.c. E_2 K M Rh Propriae autenti .d.e.f.g. E_2 K Rh .e.f.g. M

30 Hoc etiam M imitandum Le dicimus Le autentus et octavas F et *om* R signamus viam M

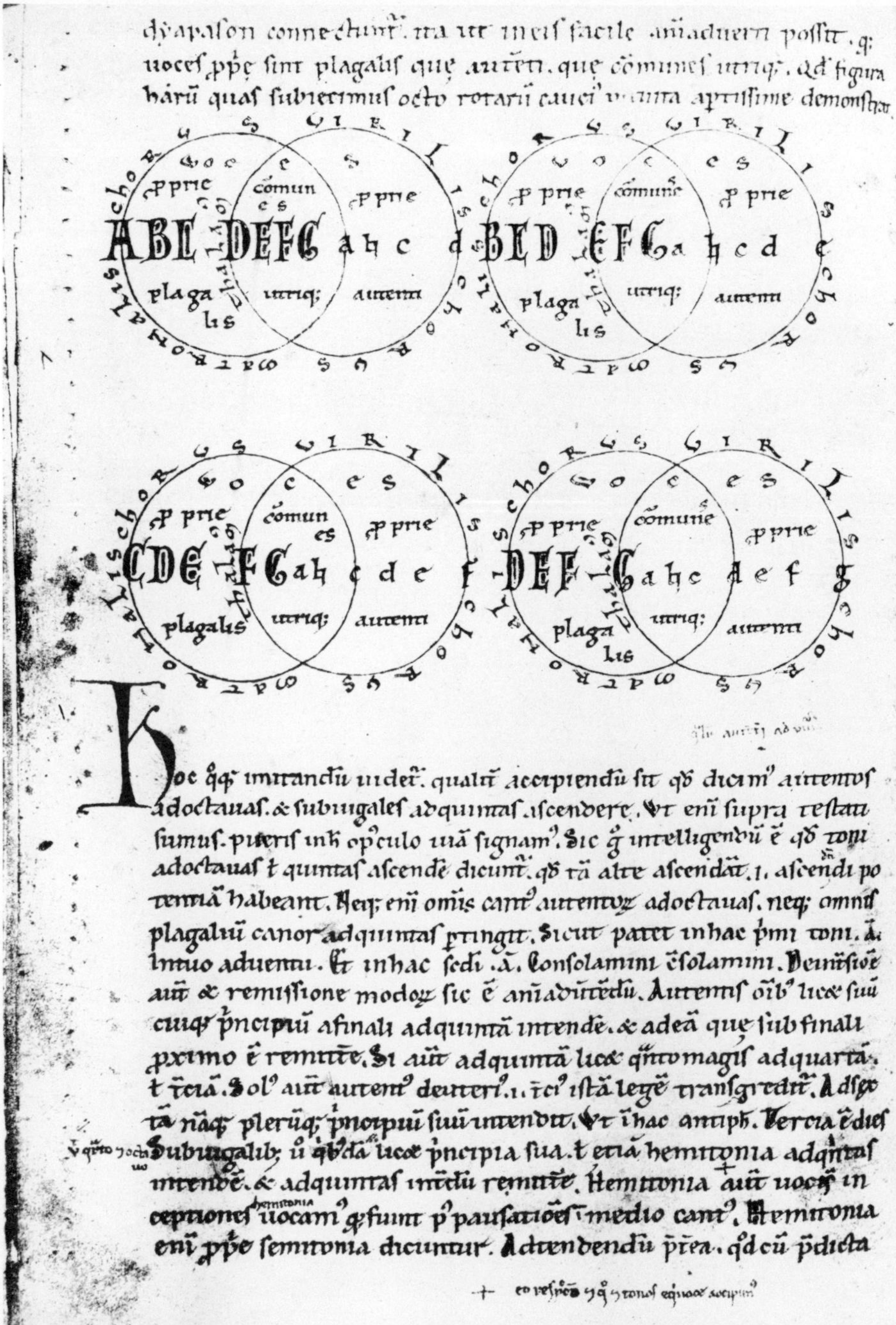

8. Leipzig, Univ. Libr. 79 (12th cent.), fol. 103 v

[31] Sic ergo intelligendum est quod toni ad octavas vel quintas ascendere dicuntur, quod tam alte ascendant, id est ascendendi potentiam habeant. [32] Neque enim omnis cantus autentorum ad octavas, neque omnis plagalium canor ad quintas pertingit, sicut patet in hac primi toni antiphona *In tuo adventu,* et in hac secundi antiphona *Consolamini, consolamini.* [33] De intensione autem et remissione modorum sic est animadvertendum : [34] Autentis omnibus licet suum cuique principium a finali ad quintam intendere, et ad eam quae sub finali proxima est remittere. [35] Si autem ad quintam licet, quanto magis ad quartam vel tertiam? [36] Solus autem autentus deuterus, id est tertius, istam legem transgreditur: [37] ad sextam namque plerumque principium suum intendit, ut in hac ant. *Tertia dies est.* [38] Subiugalibus vero quibusdam licet principia sua, vel etiam hemitonia ad quartas intendere et ad quintas interdum remittere. [39] Hemitonia autem eo respectu quo et tonos aequivoce accipimus, vocum inceptiones voca-

31 quando *pro* quod G ascendat V_2 ut *pro* id est G habeant; ad haec omnia quae diximus rotae istae inspiciendae sint. *Figura* M

32 enim *om* Rh plagalium omnis Ba V_2 G canor plagalium V_1 caute *pro* canor E_2 canor *om* Rh in a<ntiphona> primi toni M in hac antiphona primi toni F hac *om* M V_1 In tuo adventu. Consolamini, consolamini *cum neumis* Ba V_1 V_2 In *virga* tu *clivis* o *virga* ad *virga* ven *podatus* tu *clivis* Ba V_1 V_2 Consola *virgae,* mi *clivis* ni *iacens* Con *virga* so *punctum* lami *virgae* ni *virga* Ba *podatus* V_2 secunda E_1 secundi toni Ba F K antiphona *om* Be Rh V_1 consolamini *secundum om* V_1

33 De *om* Ba V_2 G Nec *pro* De Rh De .... animadvertendum *om* V_1 autem *om* M modorum *om* M hoc *pro* sic Ba animadvertendum est E_1 F

34 cuique suum F cuique *om* Rh et eam F sub *om* E_2 ad proximam E_2 proximo Le est proxima Be E_1 V_2 ad proximam sub finali remittere V_1 remittere ad IIIIam. Si M

35 quintam *om* F licet superius M tertiam vel quartam Ba vel ad tertiam Be K tertiam inferius M vel tertiam *om* F

36 Solus autem deuterus istam legem Ba autentus deuterus id est autentus tertius F tertius tonus M id est tertius *om* V_1 hanc *pro* istam Rh transcendit Be

37 Nam plerumque ad VIam Ba namque principium plerumque suum F suum principium E_1 Tertia est dies Le est quod hec facta sunt E_2

38 quibusdam *om* Ba Be M R Rh V_1 V_2 G quibusdam *in marg* ut quarto et octavo Le principium suum Be licet emitonia sua ad Ba semitonia F hemitonia sua Be vel etiam hemitonia *om* V_1 quartam M quintas Le quartas attendere F quartas omnibus vero ad secundum licet intendere E_2

39 Hemitonia .... dicuntur *om* V_1 Semitonia aliquos tonos aequivoce F eo .... accipimus *in marg alia manu* Le equivoce dicimus vocem incep-

mus, quae fiunt per pausationem in medio cantus: 40 hemitonia enim proprie semitonia dicuntur.

41 Attendendum praeterea quod cum praedicta lex et certa regula disposita sit tonorum cursibus, plerique novi modulatores id tantum attendentes ut pruritum aurium faciant, 42 saepissime eam confundunt communemque cantum faciunt, uni videlicet melodiae cursum, duorum tonorum tribuentes, quemadmodum in hac cantilena patet *Ter terni sunt modi.* 43 In huiusmodi itaque cantibus qui tam laxe atque confuse componuntur, cantoris arbitrio relinquitur, uti talem cantum ei tono adaptet cui cantus principium competentius responderit.

tiones vocamus K vocamus inceptiones vocum F vocamus *suprascr* hemitonia Le fiunt post E_2 F Le pausationes F Le in cantus medio V_2 G cantus in medio Rh cantus fiunt Ba

40 hemitonia .... dicuntur *om* F autem *pro* enim Be Rh semitonia dicimus R vocamus *pro* dicuntur Ba V_2 G

41 autem praeterea Rh praeterea est quod dum F id .... faciant *om* V_1 id tamen F

42 sepissimi E_2 cantum faciant E_2 faciant cantum F id est uni melodiae V_1 attribuentes Be tribuunt V_1 ut in Ba hac antiphona E_2 terni etc. R modi etc. E_1 E_2 Le modi *om* Ba

43 huiuscemodi Rh itaque *om* Be F et *pro* atque Ba adeptet F adaptent E_2 adaptet *om* Rh cui et principium cantus Rh

CAPITULUM XIII

SUPER GRAECA NOTARUM VOCABULA EXPOSITIO

Ba 29r
Be 14r
E_1 17v
E_2 10v
F 80v
K 16r
Le 104r
M 85v
R 24v
Rh 33r
V_1 33r
V_2 66v
G 246

1 Quoniam autem in continuo modorum tractatu taedium est semper ipsas notas ponere, vocabula earum quae a Graecis sortiuntur interpretari libuit: quatenus ea, quotiens opus fuerit, pro ipsis notis introducamus. 2 Horum equidem vocabulorum mentionem in tractatu quinti capituli fecimus. 3 Sed de eis tunc dicere idcirco distulimus, ne rude et inexcercitatum novi lectoris ingenium subitanea obscuritate subrueremus. 4 Ut autem quae sequuntur melius intelligantur, oportet nos de tetrachordis veterum musicorum aliquid interserere. 5 Antiqui siquidem musici quattuor tetrachorda in monochordo disposuerunt. 6 Primum fuit ab .A. usque ad .D. et hoc vocabant tetrachordum principalium, eo quod illae notae in principio locatae essent; 7 secundum ab .E. usque ad .a. et hoc appellabant mediarum, quod per eas medias, id est mediatrices, cantus a gravibus ad acutas progrederentur et regrederentur. 8 Tertium a .♮. quadrato usque ad .e. et hoc dicebant disiunctarum, quia eas a praecedentibus disiunctas

Titulum non habent Be E_1 E_2 K M R V_2 De IIIIor tetrachordis et vocabulis notarum V_1 graecarum Ba notarum graeca F

1 Quoniam .... obscuritate subrueremus *om* V_1 autem *om* Be K est taedium M V_2 G super *pro* semper G *post* ipsas *spatium 3 litt.* V_2 notas ipsas F eorum E_2 libeat V_2 G quatinus quocies Rh

2 nominationem *pro* mentionem G quarti G

3 de his Ba V_2 G eis usque nunc R idcirco tunc E_2 dicere tunc Rh idcirco *om* Ba G incercitatum Ba subitanea *om* E_2 obrueremus Ba Be V_2 G

4 ea *pro* autem V_1 secuntur V_1 tetrachordis .... quattuor *om* Ba aliquid *om* E_2

5 tetracordia Rh posuerunt M

6 fuit *om* V_1 et hoc *om* V_1 vocabatur F tetrachordum *om* V_1 notae illae M

7 usque *om* K et hoc *om* V_1 hoc vocatur F tetrachordum mediarum M per eis Rh medias, id est *om* M id est mediatrices *om* V_1 progrederetur M Rh propediatur F ascenderent *pro* progrederentur V_1 et regrederentur *om* E_2 F regrederetur M Rh descenderent V_1

8 ab Le quadrata V_1 a *pro* ad V_1 et hoc *om* V_1 vocabant *pro* dicebant M disiunctas in figura et actione videbant V_1

id est differentes videbant et in figura et in soni acutione. [9] Quartum vero fuit a praemissa .e. usque ad .$\stackrel{a}{a}$. duplicatum, et hoc nominabant excellentium, quoniam eas in soni gracilitate omnibus aliis videbant excellere.

[10] Itaque secundum illos qui nec .Γ. admiserant nec illas tres notas quas post .$\stackrel{a}{a}$. duplicatum ponimus, vocabula ista, quae interpretaturi sumus, musicis vocibus imposita sunt. [11] Prima igitur .A. apud graecos musicos vocatur proslambanomenos, id est acquisita sive assumpta, quoniam a grammatica, pro qua primum reperta est, ad opus musicae assumpta est; [12] vel certe ideo acquisita vocatur, quia vetustissimi musici eam primum non ponebant, sed .B., ut videlicet vocum dispositio a minimo intervallo id est semitonio, quod est inter .B. et .C. exordium haberet; [13] unde et ipsa .B. vocatur hypate hypaton id est principalis principalium quia nimirum apud antiquissimos prima fuit principalium id est gravium. [14] Haec quorundam sententia est; sed obiici potest a callido auditore, non esse cogentem causam quam de semitonio subintulimus; [15] si enim vetustissimi musici vellent ut dispositio vocum a semitonio inciperet, tam bene illud inter .A. et .B. constituere potuissent, sicut inter .B. et .C., quapropter melius est, ut secundum priorem sententiam dicamus .A. primum in monochordo locatam. [16] Sed tunc rursus obiici potest cur .B.

videbantur F acutione *suprascr et in marg* acumine Le

9 Quartum ab .E. praemissa Rh vero item ab .e. V_1 vero *om* F G praedicta .c. M ad *om* Ba V_2 G duplicatum et hoc *om* V_1 nominatur F vocabant Rh eas videbant omnes alias in F omnes alias Be omnibus aliis in soni Rh ceteris *pro* omnibus aliis V_1

10 nec superexcellentes acceperant V_1 illas .... ponimus *om* V_1 vocabula illa F interposita Be

11 Primum E_2 ergo Ba G musicos *om* Ba prosbambamonenos Ba proslambameos V_2 ut *pro* id est G quia *pro* quoniam Rh pro quam F aperta est E_2 assumptum Rh est *om* F

12 ideo certe F acquisita esse vocatur E_2 dicitur Rh non primum F minimo .... est *om* V_1 Secundum .B. G vel *pro* id est G quod inter .B. E_2 Rh

13 ipsa littera .B. M vocatur *om* F id est *om* E_1 quia .... principalium *om* F nimirum *om* V_1 fuit *om* Ba id est gravium *om* V_1

14 est quorundam sententia Be congruam *pro* cogentem V_1 quam .... subintulimus *om* V_1 protulimus Ba

15 musici vetustissimi M musici *om* E_2 istud *pro* illud E_2 Rh illum F possent M ut *pro* sicut M .C. Propter F est ut secundum *om* Be secundum .... sententiam *om* V_1 primo F monochordum V_2 locato Be

16 tunc *om* V_1

vocetur principalis principalium cum potius .A. sic vocanda esset, quia prima est gravium. [17] Ad quod dicimus quia .B. non ideo vocatur principalis principalium, quod prima in ordine earum sit, sed quod prima inter principales divisum sonum gignit: [18] .A. enim, cum sit in principio monochordi locata, nullam soni diversitatem facit. [19] .C. autem vocatur parhypate hypaton id est iuxta principalem principalium, quia est iuxta .B. [20] .D. autem dicitur lichanos hypaton id est digitalis principalium; et dicitur digitalis quasi discretiva, quia discernit id est segregat principales a mediis. .E. vocatur hypate meson, id est principalis mediarum; .F. parhypate meson, id est iuxta principalem mediarum; .G. lichanos meson, id est digitalis mediarum; [21] et hoc nomen ideo habet, quia ipsa una ex mediis discernit capitales notas a minutis. [22] Sequitur .a. quae vocatur mese id est media, scilicet inter .A. capitalem et .$\overset{a}{a}$. duplicatam; nulla etenim nota apud vetustiores ter repetebatur nisi ista. [23] Quadratum autem .♮. nuncupatur paramese id est iuxta mediam, scilicet .a. [24] Deinde est .c. quae vocatur trite diezeugmenon id est tertia disiunctarum, quod nomen habet per praeposterum numerandi ordinem. [25] Cum enim post .c. sit .d., et post .d. sit .e., si dicas .e. primam, .d. secundam, .c. erit tertia; [26] quod

cum .... gravium *om* K vocandum Be vocanda sit quae est prima Rh est *pro* esset Ba V_2 G

17 Et quod E_2 Sed ad hoc respondemus quod .B. vocatur principalis principalium non quod prima K quia prima F M quod una prima V_2 G sit in ordine earum Ba V_1 V_2 G quia prima F gignat E_2 gignit sonum V_1

18 .A. .... facit *om* V_1 enim *om* F locatum Be ullam F facit soni diversitatem E_2

19 .E. *pro* .c. R principales E_2 principalium posita V_1 quia .... .B. *om* V_1 iuxta .c. Ba

20 vocatur *pro* dicitur Ba digitalis quia *om* Ba id est segregat *om* V_1 mediarum principalem posita V_1

21 et .... habet *om* V_1 ex mediis una ipsa F ipsa .... mediis *om* V_1 minimis *pro* minutis Rh

22 Sequitur *om* V_1 quae *om* V_1 id est media *om* V_1 scilicet *om* Ba R inter .A. gravem et minutum V_1 duplicatum Be F Rh duplicatam *om* E_1 nulla etenim nulla etenim nota F nulla .... ista *om* V_1 apud vetustiores *om* F repetitur Rh V_2 G ista videlicet .a. M

23 autem *om* Rh V_1 autem // *fol* 15 v Be nominatur *pro* nuncupatur V_1 id est .... Deinde est *om* V_1 id est *pro* scilicet F

24 Deinde .c. V_2 G quae *om* F V_1 dicitur M paratrite Ba propter posterum *pro* per praeposterum V_1 ordinem numerandi Ba V_2 G numerandi *om* Rh

25 Cum .... hanc enim *om* V_1 et *om* Rh primam .e., secundam .d., tertia erit .c. Rh et .d. secundam F

Ba 32r
E_1 18r
E_2 11v
F 80r
K 17v
Le 104v
M 86r
R 26r
Rh 35r
V_1 33v
V_2 67r
G 248

autem dicimus .c. tertia disiunctarum, tantum valet ac si diceremus una de tribus quae dicuntur disiunctae. 27 Post hanc enim .d., quae dicitur paranete diezeugmenon id est iuxta ultimam disiunctarum, quia est iuxta .e., quae vocatur nete diezeugmenon; 28 interpretatur autem nete ultima, diezeugmenon disiunctarum. 29 Sequitur .f. quae appellatur trite hyperboleon, id est tertia excellentium; de quo nomine idem sentiendum est quod de .c. diximus. 30 Post .f. locata est .g., quae dicitur paranete hyperboleon, id est iuxta ultimam excellentium, 31 quia est iuxta .$^{a}_{a}$., quae vocatur nete hyperboleon, id est ultima excellentium. 32 Ut autem manifestiora sint quae diximus, veterum musicorum tetrachorda cum vocabulis suprascriptis subiecimus.

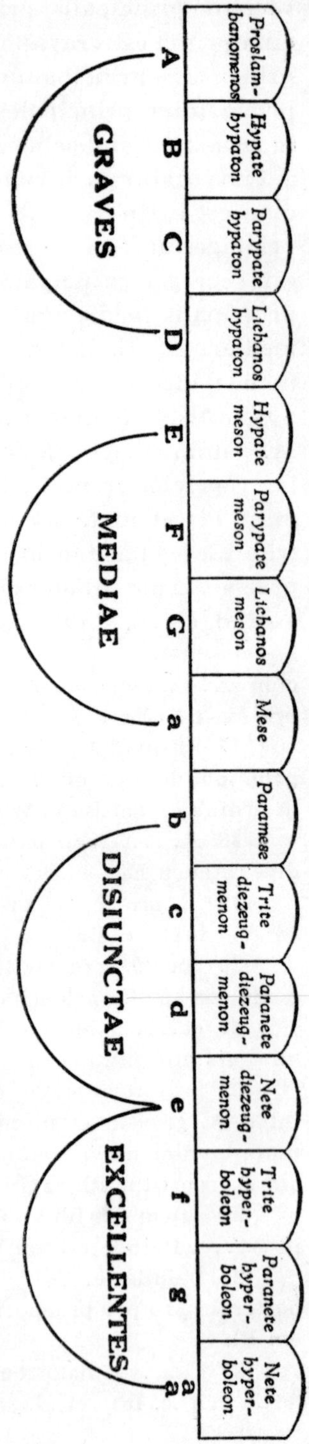

26 .c. *om* Ba V_2 G terciam Rh disiunctae dicuntur M

27 est *pro* enim E_2 Rh quae *om* V_1 panerate *pro* paranete E_2 quod interpretatur *pro* id est Rh IIIam *pro* ultimam V_1 quae *pro* quia F quia est iuxta *om* V_1 quae *om* V_1

28 quod interpretatur ultima disiunctarum Rh id est ultima disiunctarum V_1 autem *om* F ultima nete Le diezeugmenon id est F

29 Sequitur *om* V_1 quae *om* V_1 quae appellatur *om* G dicitur *pro* appellatur Rh V_1 de *om* G de quo .... locata est *om* V_1 sciendum E_2 Le M

30 Post .F. E_1 est locata F littera .g. M quae *om* V_1 vocatur V_1 quae dicitur *om* Ba paraneten Rh ultimam *om* V_1

31 quia est iuxta *om* V_1 iuxta *om* E_2 quae *om* V_1 dicitur *pro* vocatur Rh neten Rh id est .... subiecimus *om* V_1

32 vocalibus Le supradictis M subiciemus F *In figura* Graves *etc om* F M Principales *pro* Graves Rh Mediae .D E F G a. Rh .D E F. V_2 Disiunctae .a b c d e. E_1 V_2 Excellentes .f g $^{a}_{a}$. Ba K Proslambanomenos .... Nete hyperboleon *om* V_1

CAPITULUM XIV

Ba 32r
E_1 18r
E_2 11v
F 80r
K 17v
Le 104v
M 86r
R 26r
Rh 35r
V_1 33v
V_2 67r
G 248

QUID FACIENDUM SIT DE CANTU QUI IN PROPRIO CURSU DEFICIT

1 Expositis itaque notarum vocabulis de cantibus dicendum est, qui in proprio cursu deficientes alienas sibi finales usurpant. 2 Fit ergo ista cantuum illegalitas in quibusdam venialiter, in quibusdam vero minime. 3 Itemque fit ex cantorum vitio, plerumque ex irrefutabili antiquitate. 4 In quibus autem cantuum perturbatio tolerabiliter evenit, hi sunt modi: protus, deuterus, tritus. 5 His autem legis transgressionem musici idcirco ignoscunt, quia affines habent voces. 6 Affines autem illas voces dicimus, quae in depositione et elevatione concordant, verbi gratia .D. finalis proti cum .a. acuta concordat. 7 Ambae enim tono deponuntur et tono et semitonio elevantur. 8 Item .E. finalis deuteri cum .♮. quadrato affinitatem habet, cum similiter deponantur et eleventur. 9 Sed et .F. finalis triti cum .c. acuta in depositione et elevatione convenit. 10 Propria autem affinitas

Titulum alia manu in marg habet Le *Titulum non habent* E_1 K M R V_2 sit faciendum Rh De affinibus modorum vocibus V_1

1 Expositis .... cantibus *om* V_1 qui modi V_1 deficuit et *pro* deficientes F affines sibi usurpant voces V_1 alias *pro* alienas Ba M V_2 G

2 Fit .... evenit *om* V_1 autem *pro* ergo V_2 G cantuum ista F vero *om* Rh mimime V_2

3 Interdum sit *pro* Itemque fit Ba V_2 G Itemque interdum sit F ex vitio cantorum et F antiquorum antiquitate E_2

4 tres *pro* sunt V_2 G sunt autem V_1 tritus tetrardus M

5 His .... voces *om* V_1 Hiis modis autem M legalibus V_2 G legibus Ba transgressionum Ba cognoscunt E_2 affines huic voces. Affines E_2

6 autem *om* Rh voces illas F dicimus voces V_1 in elevatione et depositione V_1 concordant E_2

7 tono *post* enim *om* K semiditono *pro* tono et semitonio V_1

8 .e. *pro* .E. F quadrata V_1 quadrato *om* E_1 concordat *pro* affinitatem habet V_1 cum .... eleventur *om* V_1 cum simili modo deponatur et elevetur M elevantur V_2 elevantur et deponuntur F

9 Sic *pro* Sed V_2 G Sed .F. Le Similiter .F. V_1 triti *om* V_2 G in .... elevatione *om* V_1 depositione vel elevatione K concordat *pro* convenit V_1

10 Propria .... duplicetur *om* V_1

non est in depositione vel elevatione, nisi utrumque vel saltem elevatio duplicetur. 11 Sed quoniam finalis tetrardi huiusmodi affinitatem non habet, ideo delicti venia caret. 12 Oportet namque, ut qui vicarium habere non potest, ipse suum per se officium convenienter administret. 13 Si ergo aliquotiens in cantu tetrardi ulla evenit aberratio, dicimus eam procedere ex cantorum inscitia et corrigendam esse musicorum peritia. 14 In cantu autem praedictorum modorum, scilicet proti, deuteri, triti, quotiens opus fuerit, vice finalium affines haud incongrue subrogantur. 15 Ut autem quod dicimus clarius elucescat, de singulis exempla subdimus. 16 Antiphona ista *Gaudendum est nobis,* cum sit proti, in loco suo cantari non potest, quia in quibusdam locis sub parhypate hypaton id est .C. gravi secundum quosdam tonum requirit, 17 qui ibi non est, ceterum in mese id est .a. incepta absque errore ad eandem .a. in fine deducitur. 18 Similiter et ista antiphona *Magnum hereditatis mysterium.* 19 Hoc autem quidam evi-

est *om* M est tamen F in omni depositione Rh vel in elevatione M vel elevatione *om* G nisi utroque id est proto et trito vel F assumilet *pro* duplicetur Rh

11 tetrachordi *pro* tetrardi M V_2 G

12 autem *pro* namque Rh vicarium non habet V_1 pro se V_1 officium per se E_1 convenienter *om* V_1

13 ergo aliquotiens *om* V_1 tetrachordi *pro* tetrardi V_2 G obvenit *pro* evenit F oberratio *pro* aberratio F M Rh procedere *om* Rh inscientia Rh et musicorum corrigendorum peritia F musicorum esse Rh

14 In .... subrogantur *om* V_1 autem *om* F proti et R

15 de singulis *om* G singuli M subdamus M exempla dantur ut in antiphona Gaudendum est cum sit in loco proti Ba

16 Antiphona ista *om* V_2 G ista *om* Ba V_1 nobis est F Le M R Rh Magnum hereditatis *pro* Gaudendum est nobis V_1 cum sit proti *om* V_1 sit *suprascr alia manu* plagalis Le in suo loco E_1 V_2 G suo *om* F potest *suprascr alia manu* et cetera *Item in marg* et antiphona ista Magnum hereditatis Le qui sub .C. V_1 id est *om* V_2 G gravi .C. F secundum quosdam *om* Ba M V_1 V_2 G

17 qui ex compositis utrique notarium ibi R ceterum *om* V_1 mese id est *om* V_1 in mese id est in mese M .a. acuta V_1 id est .A. K est in .a. F eandem .A. G finitur in eadem .a. V_1 deducetur G ducitur Rh perveniet *pro* deducitur Ba

18 Similiter .... mysterium *om* V_1 mysterium *om* Ba Rh V_2 G

19 Quod *pro* Hoc G Non *pro* Hoc V_2 quidam *om* Rh

tare volentes ponunt inter .A. et .B. graecum .S., quod etiam synemmenon id est adiunctum appellant, ut ita sub .C. tonum habeant. Verumtamen nulla id auctoritate confirmare queunt. 20 Nam Guido, qui ad hoc solum studuit, ut nullus in monochordo notarum esset defectus, hanc procul dubio interseruisset, si ei necessaria visa fuisset. 21 Qui enim, ne quid deficeret, illas addidit, quae superfluae aestimari possunt, multo magis istam apposuisset, si eam necessariam vidisset. 22 Est et aliud quod illorum assertionem improbat, hoc videlicet quod cantus plerumque non modo sub parhypate hypaton, sed etiam sub parhypate meson tonum requirit, qua necessitate compellimur ad superiores confugere ut in hac communione *Aufer a me* et in antiphona *Germinavit.* 23 Item cantus deuteri in proprio cursu deficit, ut in hac antiphona *Tu domine universorum.* 24 Sed et cantus triti in loco suo aliquotiens cantari nequit, quemadmodum haec communio *De fructu operum tuorum.* 25 Haec omnia quisquis in affinibus finalium cantaverit, absque errore ad finem perveniet.

volentes evitare F inter *om* Ba M V_2 G .B. sive Ba .S. *om* G synemmenon vocant G symenenon vocant Ba sinomeon vocant V_2 sinemenon Rh synemenon M sinomenon E_1 K Le R synonemon E_2 id est adiunctum *om* V_1 appellabant M appellant *om* Ba V_2 G sub .c. E_1 Sed *pro* Verumtamen V_1 id nulla Ba auctoritate id Rh confirmant *pro* confirmare queunt V_1

20 gwido Ba Gwido V_2 gvvido M gvido Rh ad *om* F esset notarum E_2 defectus notarum E_1 Rh notarum *om* G defectus sit V_1 hac V_1 ei necessaria .... si eam *om* Ba M V_2 G ibi *pro* ei V_1 necessariam *pro* necessaria F V_1 fuisset visa E_2 vidisset V_1

21 Qui .... vidisset *om* V_1 Quin *pro* Qui enim E_2 quicquam *pro* quid Rh illa *pro* illas K addere studuit Rh possit E_1 E_2 Le illam *pro* istam Rh

22 assertionem illorum Ba G assertorem illorum V_2 illorum valde Ba improbatur V_1 hoc *om* F sub *om* Ba .C. *pro* parhypate hypaton V_1 ypaton *suprascr* .C. E_2 Le R sub .C. parypate F .F. *pro* parhypate meson V_1 parhypate *suprascr* .F. E_2 Le R sub .F. parypate F meson id est .F. M totum *pro* tonum R V_2 G quirit *pro* requirit F cogimur *pro* compellimur Rh consurgere *pro* confugere Rh in *om* E_2 hac est F me obprobrium E_2 K Le M in hac antiphona K V_1 V_2 G et antiphonam Le M

23 deuteri *suprascr* id est quarti Le deuteri *om* Ba V_2 G reficit *pro* deficit E_2 deficit deuteri F Tu do-mi-ne universorum R (GG a cc c c c a G)

24 Etiam cantus triti aliquando in proprio loco deficit ut in hac comm. V_1 nequid Le V_2 nequit ut in communione Ba tuorum et cetera F K Le R operum tuorum *om* V_2 G tuorum *om* Ba E_1 Rh V_1 tuorum d<omine> E_2

25 cantaverit finalium Rh pervenire poterit V_1 perveniet et finalem locum non relinquit M perveniet. Illa et alia huiusmodi F

Ba 34r
Be 17r
E_1 19r
E_2 12r
F 36v
K 19v
Le 105r
M 86v
R 27r
Rh 36r
V_1 33v
V_2 67r
G 249

CAPITULUM XV

QUOD STULTORUM IGNORANTIA SAEPE CANTUM DEPRAVET

1 Quod autem illa et alia istiusmodi in proprio cursu cantari nequeunt, utrum ex cantorum vitio processerit, an sic a modulante primum prolata fuerint, incertum habemus. 2 Ceterum hoc certissime novimus, quod per quorundam ignorantiam multoties cantus depravatur, quemadmodum iam plures habemus depravatos quam enumerare possimus. 3 Quos revera non ita, ut nunc in ecclesiis canuntur, modulantium auctoritas protulit, sed pravae hominum voces motum animi sui sequentium recte composita pervertere perversaque in usum incorrigibilem deduxere, adeo ut iam pessimus usus pro auctoritate teneatur. 4 Siquidem imperiti cantores aliquando canendi taedio praegravati, quae elevanda erant depresserunt, 5 plerumque petulantia inducti, quae inferius erant canenda ultra legem extulerunt, ut patet in hoc graduali *Qui sedes Domine.* 6 Nam *super Cherubim,* quod in paranete diezeugmenon incipiendum est, in mese incipere

Titulum non habent Ba E_1 E_2 K M R V_2 inscisia *pro* ignorantia F saepe *om* Rh Unde praedictus cantionum evenit defectus V_1

1 autem *om* V_1 hec *pro* illa V_1 illa *om* Rh alia huiuscemodi quia stultorum inscicia cantum depravat in proprio F istiusmodi *om* V_1 cursu proprio K utrum tamen F sono *pro* vitio F vitio .... modulante *om* E_2 modulatore E_1 F M primus R prolatae G composita *pro* prolata V_1

2 Hoc autem pro certo scimus quod V_1 corrigendam *pro* quorundam F sepe *pro* multoties V_1 iam *om* F depravatores E_2 depravatos *om* V_1 dinumerari Ba

3 canunt Ba M V_2 G canitur E_2 protulit auctoritas Rh voces hominum M sui se sequentium F volunt pervertere F pervertere conati sunt M pervertit Ba usum *pro* usus F pessimus pro auctoritate teneatur usus V_1

4 cantatores Le aliquando *om* Rh taedio canendi M Rh depressere Ba G

5 et plerumque Ba V_2 G plerique Rh peculantia F canenda erant Ba deponenda *pro* inferius canenda V_1 extulere G patet *om* V_1 hoc *om* M Qui sedes *cum neumis* Qui *punctum* se *podatus* des *virga clivis* V_1

6 .d. *pro* paranete diezeugmenon V_1 paranete diezeugmenon *suprascr* .d. Ba E_1 R id est .d. Le quod in mese F .a. *pro* mese V_1 mese *suprascr* .a. Ba E_1 Le R Rh

solent, indeque fit ut cantus in lichanos hypaton contra ius exeat. [7] Item in hac Comm. *Principes persecuti sunt me* plerique non minimum errant. [8] Nam *Concupivit* quod in trite diezeugmenon incipiendum est, ipsi in .b. molli incipiunt, sicque insolitum inter .E. et .b. molle intervallum faciunt cantumque legali cursu destituunt. [9] Similiter nonnulli inconvenienter efferunt Grad. *Probasti Domine,* [10] versum namque eius *Igne me examinasti* in trite diezeugmenon incipiendum in parhypate meson inchoant, sicque legitimam cantus seriem ex toto conturbant. [11] Sed cum in hoc cantu peccetur, dum ea quae elevanda sunt deprimuntur, in aliis quibusdam nonnulli errant, dum ea quae deprimenda sunt elevare moliuntur, [12] ut in hoc ℟ *Ductus est Iesus in desertum;* cum enim *Dic ut lapides* in trite diezeugmenon sit incipiendum ipsi illud in trite hyperboleon incipiunt. [13] In hoc etiam

solent inchoare M ideoque G inde M R Rh itaque F cantus id est in M cantus necessaria in multis locis semitonia non habeat et ad vim tonum in lychanos ypaton. Item F .D. *pro* lichanos hypaton V_1 lychanos hypaton *suprascr* .B. E_1 R *suprascr* .D. Ba contratrius Rh

7 Principes .... errant *om* F Principes *cum neumis:* Prin *scandicus* ci *virga* pes *torculus suppunctis* V_1 persecuti sunt me *om* E_1 sunt me *om* M Rh V_1 me gratis R non minimum *om* V_1 minime Rh erant *pro* errant E_2

8 .c. *pro* trite diezeugmenon V_1 trite diezeugmenon *suprascr* .c. Ba R Rh id est .c. Le ipsi *om* M inter .e. et .b. vero nullum est molle Rh cantum M

9 nonnulli *om* F incongruenter Ba hoc Grad. F

10 Probasti me Domine F Probasti *cum neumis:* Pro *punctum* ba *bivirga* sti *podatus* V_1 Igne me *cum neumis* Ig *torculus liquescens* ne *podatus* me *porrectus* M examinasti *om* Ba E_1 F V_1 qui in trite diezeugmenon incipiendum est Rh .c. *pro* trite diezeugmenon V_1 trite diezeugmenon *suprascr* .c. Ba E_1 Le R Rh incipiendum esse quem F .F. *pro* parhypate meson V_1 parhypate *suprascr* .F. Ba E_1 Le R Rh parameson F paratemeson M inchoant // *fol* 17v Be conturbant. Similiter in hoc Graduale *Dirigatur* a nonnullis satis peccatur. Nam eius versum *Elevatio* in .E. incipiendum in .G. incipiunt et cantum contra regulam finiri faciunt. Sed V_1

11 cum hoc modo in F his *pro* hoc V_1 elevanda .... quae *om* K deprimunt Ba et in aliis F vero *pro* quibusdam V_1 conantur *pro* moliuntur Ba

12 ut hoc F K ℟. *om* K Du<ctus> *suprascr podatus* V_1 Ihesus Le deserto R in desertum *om* Ba F Le Rh V_1 Dic *suprascr scandidus* V_1 .♮. quadrata *pro* trite diezeugmenon V_1 trite diezeugmenon *suprascr* .c. Ba R Rh trite *corr in* paranete *suprascr* .d. Le hoc *pro* illud F illud *om* V_1 .f. *pro* trite hyperboleon V_1 hyperboleon *suprascr* .f. Ba Le R Rh incipiunt. Item in hoc Offertorio *Ave Maria.* Nam *fructus* per unisonum incipiunt ubi tonus debet esse in remissione. In E_1

℞ *Terribilis est* plerique delinquunt in eo loco ubi est *et porta coeli:* [14] elevant enim hoc subito ad acutas transilientes, cum potius circa finalem .D. sit canendum.

[15] Falluntur etiam persaepe indocti cantores in iudicandis tonis ex similibus cantuum principiis; [16] verbi gratia multi hanc ant. *Iste puer* plagi deutero adiudicant, quia in inceptione convenit cum ista ant. *In odore;* [17] est autem *Iste puer* autenti proti, *In odore* plagis deuteri. [18] Similiter et has antiphonas *Ipse praeibit, Dirupisti Domine,* cum sint mixolydii, non bene quidam hypophrygio asscribunt, [19] quia cum quibusdam antiphonis hypophrygii concordare videntur, quemadmodum *Ipse praeibit* cum ista ant. *Rorate coeli;* [20] *Dirupisti Domine* cum ista ant. *Da mercedem Domine* etc. [21] Item hae antiphonae

13 etiam *om* F Ter<ribilis> *suprascr scandicus* V_1 est *om* Ba F V_1 V_2 G est locus E_2 ubi est *om* Ba et porta *cum neumis:* et *punctum* por *cephalicus* ta *torculus* V_1

14 elevantes F enim *om* F .D. finalem V_1 canendum sit Be

15 autem *pro* etiam R indocti cantores persaepe V_1 diiudicandis Ba et *pro* ex G

16 ut verbi G verbi gratia ant. *Iste puer* multi adiudicant deutero, quia Be Iste puer *cum neumis:* I *punctum* ste *virga* pu *podatus* er *virga* V_1 puer magnus Rh plagi *om* V_1 deutero *suprascr* id est quarto Le deuteri E_2 abiudicant Ba principium eius *pro* in inceptione V_1 in *om* E_2 illa *pro* ista K ant. *om* Ba E_2 odorem G in odore *cum neumis* in *punctum* o *virga* do *podatus* re *virga* R V_1

17 autem ista a<nt.> Iste Ba Iste puer *cum neumis* Is *punctum* te *virga* pu *podatus* er *virga* R V_1 autentici V_2 G autenti *om* V_1 proti *suprascr* I Le primi F In .... sint *eras* F In odore *cum neumis* R odorem G odore ung<uentorum> est plagis M plagis *om* V_1 deuteri *suprascr* IIII Le

18 istas *pro* has M Ipse praeibit *cum neumis* Ip *virga* se *iacens* praeibit *virgae* R peribunt E_2 et Disrupisti Ba cum ista .... Dirupisti Domine *om* Rh mixolydii *suprascr* sept. Le VII V_1 id est VII E_2 id est VII toni R mixolydium G in mixolydii E_1 non bene *om* V_1 hypophrygio *suprascr* id est IIII E_2 IIII Le IIII tono R IIIIto *pro* hypophrygio V_1

19 quae *pro* quia M quia concordare videntur cum his ant. Rorate coeli. Da mercedem. Item V_1 quibusdam *om* Ba hypophrygii *suprascr* id est IIII E_2 Ipse praeibit *cum neumis* R Ipse *eras* F peribit E_2 cum ista ant. *om* Ba ista *om* M ipsa *pro* ista G illa K ant. *om* E_2 coeli *om* K coeli desuper F Rorate coeli *cum neumis* Ro *virga* ra *iacens* te coeli *virgae* R

20 Dirupisti Domine *cum neumis:* Di *punctum* rupisti Do *virgae* mi *podatus* ne *virga* R Domine *om* V_2 G ant. *om* F K Da mercedem *cum neumis:* Da *punctum* merce *virgae* dem *punctum* R Domine *om* R etc. *om* E_2 Rh

Malos male perdet et *Qui odit animam suam* et *Novit Dominus,* cum sint hypomixolydii, et hoc ipsarum diastemata et systemata apertissime testentur, nam de teleusi patet, [22] a quibusdam phrygio attribuuntur, quoniam in principio conveniunt cum istis antiphonis *Domine spes Sanctorum, Tu Bethlehem.* [23] Similiter et hae antiphonae *Ascendente Iesu, Benedicta sit, Gloriosi,* cum sint hypomixolydii, a nonnullis phrygio adaptantur. [24] Sed *Gloriosi* quidem magis hypolydio convenire videtur.

[25] Non solum autem quidam ex similibus principiis seducuntur, sed ipsi ultro pravis vocibus suis quosdam a suo cursu detorquent cantus, [26] quemadmodum istas antiphonas *Quid retribuam, Cum inducerent, Cum audisset Iob;* [27] cum enim istae sint dorii et leniter

21 Idem Ba Item de antiph. Be Item hec R Malos *cum neumis:* Ma *quilisma podatus* los *virga* V_1 male perdet *om* V_1 perdet *om* Ba V_2 G et *om* V_1 o<dit> *suprascr quilisma podatus* V_1 et qui odit animam suam *om* Ba animam suam *om* Rh G suam *om* E_1 V_2 et *om* Rh V_1 Novit, Simile, *cum neumis:* No *punctum* vit *podatus* Si *punctum* mi *podatus* le *virga* V_1 hypomixolydii *suprascr* VIII Be E_2 Le VIII vi *pro* hypomixolydii V_1 et hoc .... patet *om* V_1 earum *pro* ipsarum R diastemata *suprascr* disiunctiones sistemata *suprascr* coniunctiones Le diastema et systema Rh et *om* F testantur F teleusi *suprascr* fine Le

22 frigio *suprascr* IIII Le III° *pro* phrygio V_1 tribuuntur Ba V_2 G deputantur *pro* attribuuntur V_1 inceptione *pro* principio Ba his *pro* istis V_1 Domine *cum neumis:* Do *quilisma torculus* mi *punctum* V_1 sanctorum *om* Ba F Le Rh V_1 Bethlehem terra V_2 G et *om* Ba

23 Ascendente Iesu *cum neumis:* a *punctum* scen *virga* den *punctum podatus* te *virga* R V_1 Jhesu *clives* R in *pro* Iesu G et *pro* Iesu F Iesu *om* V_1 Benedicta sit *cum neumis:* Be *punctum* ne *virga* dic *punctum podatus* ta *virga* R V_1 sit *virga* R sit *om* F V_1 sit creatrix M Rh tu *pro* sit E_2 Gloriosi principes Ba Be E_2 M Rh V_2 Gloriosi *cum neumis:* Glori *virgae* o *punctum podatus virga* si *virga* V_1 hypomixolydii *suprascr* VIII Be E_2 sexti toni *pro* hypomixolydii V_1 frigio *suprascr* IIII E_2 III° *pro* phrygio V_1 attribuuntur M deputantur V_1 adaptantur sed non est Rh

24 Sed .... videtur *om* Rh V_1 Gloriosi principes Ba E_2 M quidam E_2 quidem *om* Ba F K M hyppolydio *suprascr* VI° E_2 id est VI° Le convenit. Ba videtur *om* Ba

25 solum *om* E_2 quidam *om* F secuntur Be seducuntur, dum quosdam V_1 ipsi *om* F suis vocibus Ba suis *om* F a suo cursu quosdam F cursu suo Ba Rh V_1

26 ut *pro* quemadmodum V_1 antiphonas istas F istos K has V_1 retribuam Domino Be K

27 enim *om* F enim primi sint et V_1 dorii *suprascr* protus Le

sint incipiendae, ipsi eas voce acriter suspensiva ad acutas sustollunt, ita ut cum istis in principio conveniant: [28] *Qui de terra est, Quando natus es.* [29] Nec mirum de principiis, cum etiam fines cantuum pervertant atque a suo statu prave canendo deflectant ut in ista ant. *Petrus autem.* [30] Nam cum cursum proti habeat idque diastemata eius atque systemata aperte demonstrent, nonnulli eam in hypate meson satis absone exire faciunt, ita canentes:

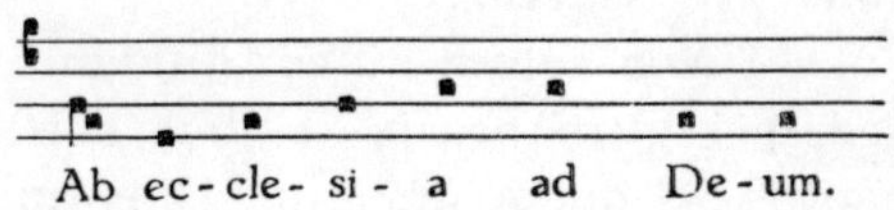
Ab ec - cle - si - a ad De - um.

cum potius hoc modo canendum sit:

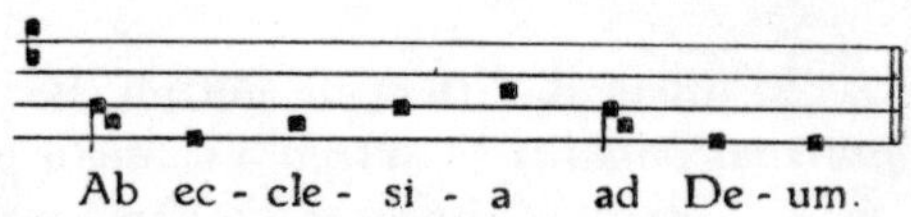
Ab ec - cle - si - a ad De - um.

incipiendae sint V_1 sint *om* Ba acriter voce F V_1 incipiunt *pro* ad acutas sustollunt V_1 ut *om* E_2 cum *om* Le ut in principiis istis conveniant Rh ut cum istis conveniant ant. V_1 conveniant in principio V_2 conveniant: *In principio* G ut in principio conveniant cum istis Ba

28 Qui de terra est *cum neumis:* Qui *punctum* de *clivis* ter *virga* ra *podatus* est *punctum* V_1 est *om* Ba F K V_2 G terra es Rh et Quando Ba Quando natus *cum neumis:* Quan *punctum* do *clivis* na *virga* tus *podatus* V_1 es *om* E_1 M est *pro* es Ba Be K R V_1

29 *Sequentia huius capituli om* V_1 in *pro* de Rh a *om* F statu suo Ba in ista *om* V_2 G in *om* E_1 ista *om* Ba Be M hac *pro* ista E_2

30 id quod *pro* idque F diastemata et systemata eius Be M diastemata atque systemata eius F eius *om* Rh diastemata *in marg* id est colon systemata *in marg* id est coma deprimenda elevantes et elevanda deprimentes E_1 aperte *om* Be M demonstrant F Le

31 etiam eam a hypate R meson .a. E_1 satis .... faciunt *om* E_1 faciunt .F. Le faciunt. *Incipit cap.* XVI M G Ab .... Deum *om* Rh *sine neumis* F V_2 *cum neumis* Ba *cum neumis in lineis* Be E_2 K R *cum notis in lineis* E_1 *cum litteris suprascr* Le

32 qui *pro* cum R hoc modo *om* Rh modo *om* E_1 canendum sit sic E_2 sit .F. Le *cum neumis in lineis* Rh

CAPITULUM XVI

QUOD DIVERSI DIVERSIS DELECTANTUR MODIS

Ba 37r
Be 18r
E_1 19v
E_2 13r
F 37r
K 20v
Le 105v
M 87r
R 28v
Rh 37v
V_1 34r
V_2 67v
G 250

1 Cum autem iam per multa exempla sit demonstratum quomodo tropi variantur 2 quomodo etiam per ineptos cantores depravantur, hoc quoque de ipsorum qualitate subnectendum videtur, quod diversi diversis delectantur. 3 Sicut enim non omnium ora eodem cibo capiuntur, sed ille quidem acrioribus, iste vero lenioribus escis iuvatur: ita profecto non omnium aures eiusdem modi sono oblectantur. 4 Alios namque morosa et curialis vagatio primi delectat, alios rauca secundi gravitas capit, alios severa et quasi indignans tertii persultatio iuvat, 5 alios adulatorius quarti sonus attrahit, alii modesta quinti petulantia ac subitaneo ad finalem casu moventur, alii lacrimosa sexti voce mulcentur, alii mimicos septimi saltus libenter audiunt, alii decentem et quasi matronalem octavi canorem diligunt. 6 Quapropter in componendis cantibus bene cautus musicus ita sibi

Titulum non habent Be E_1 K M R V_1 V_2 De qualitate modorum Ba Quod diversi diversis modis delectantur Quod diversi diversis delectantur modis F delectentur G modis delectentur Rh

1 Cum autem .... Et [11] *om* V_1 autem *om* E_2 F demonstratum sit Be Quomodo etc. id est quod non possunt cantari proprio loco. Sed si transponuntur ad affinales bene possunt cantari. Sicud visus gaudet varietate colorum et olfactus varietate odorum ac lingua varietate saporum sic auditus gaudet varietate sonorum, quia ex ipsa natura hominibus est innatum ut non omnes habeant unum appetitum. *In marg* E_1 quomodo etiam tropi Rh quomodo tropi variantur *om* K varientur Ba

2 etiam *om* F Rh cantores cantus K est *pro* videtur M delectentur E_2 Rh V_2 G diversis modis F delectantur modis E_1 delectentur modis Ba

3 enim omnium ora eodem cibo non capiunt F vero *om* Rh iuvantur Be E_2 Le R eodem sono Ba

4 namque curis morosa F primi toni E_1 delectantur F capit *corr in* rapit Le persultatio tertii G

5 quasi adulatorius Ba adulatoris F sonos F alios modesta et subito Ba finem K casu finalem M voce sexti Le habent *pro* audiunt R intonalem *pro* matronalem Ba V_2 G

6 bene *om* Ba F V_2 G musicus cantor *pro* cautus musicus F sibi ita Rh

providere debet, ut eo modo quam decentissime utatur, quo eos maximime delectari videt quibus cantum suum placere desiderat. 7 Nec mirum alicui videri debet quod diversos diversis delectari dicimus, quia ex ipsa natura hominibus est inditum, ut non omnium sensus eundem habeant appetitum. 8 Unde plerumque evenit, ut dum quod canitur isti videatur dulcissimum, ab alio dissonum iudicetur atque omnino incompositum. 9 Certe ego ipse memini, me cantiones aliquot coram quibusdam cecinisse, et quod unus summopere extollebat alii penitus displicuisse.

10 Habent autem modi speciales et inter se diversas sonorum proprietates, adeo ut diligenti musico seu etiam exercitato cantori cognitionem sui ultro ingerant. 11 Et quemadmodum aliquis mores habitusque diversarum gentium perscrutatus, cuiuscumque nationis hominem videt, docte internoscit, 12 videlicet hunc esse Graecum et hunc Germanum, illum vero Hispanum, illum autem Gallum indicans, 13 ita nimirum musicus, non autem solo nomine, audita qualibet harmonia statim cuius toni sit agnoscit; quamvis tamen hoc in aliquantis fallat. 14 Nam aliquando cantus non tantum in initio, sed etiam in

provibere Ba eo *om* Rh quibus .... debet *om* F

7 alicui videatur quod M diversis *om* Le est hominibus F Rh habent Rh appetitum habent M

8 dum *om* R cantatur G iste F dulci sonum Ba quod ab alio M alio sonum dissonum E_2 iudicetur dissonum Rh iudicetur turpe F et aliquando videatur omnibus modis incompositum M

9 Certe .... displicuisse *om* Ba ipse *om* Rh cantationes aliquas Le cantiones aliquas M cantiones aliquas me F aliquos Rh aliquot composuisse coramque Be et quod *om* F displicebat Rh Notandum quod modi ita sunt distincti ab invicem ut ex prolatione ipsorum expertus cognoscit musicus quem tonum illi cantui imponere priusquam ipsius finem perspiciat; hoc q<ando?> in aliquo <tamen?> fallit musicus pocius finem expectat ne eum temere tonum indicasse peniteat. Vel ipse musicus ex proprietate ipsius cantus potest cognoscere tonum et non solum de fine. *In marg* E_1

10 etiam *pro* autem M speciales in se et inter F modorum *om* Le sui ultro *eras* F ultro se M ingerant ultro Be

11 cuiusque Ba videt, docte *om* V_1 internoscet E_2 agnoscit V_1

12 scilicet V_1 hunc Grecum hunc M hunc videlicet Graecum esse F et hunc esse Ba et hunc hispanum illum germanum illum autem Rh Germanum vel Hispanum M illum vero Hispanum *om* Ba vero *om* V_2 G illum autem Gallum *om* M vero *pro* autem Ba V_2 G

13 nimirum *om* Ba M V_2 G tamen *pro* autem F autem *om* V_1 sole Le sit toni Ba V_1 naturaliter agnoscit M Licet *pro* quamvis Ba tamen *om* F V_1 tamen hoc *om* Ba in aliquantis hoc F aliquibus cantibus M

14 solum *pro* tantum V_1 tantum initio Be V_2 G etiam *om* E_2

medio alicuius toni cursu utitur, cui tamen in fine contradicit; quod liquet in hoc ℟ *Gaude Maria Virgo,* [15] cum enim et in principio et in medio autento deutero subserviat, in fine tamen se plagi trito dicat. [16] Cantus igitur huiusmodi monent ne quis de tonis temere iudicet, sed potius finem, in quo omne canendi iudicium pendet, providus expectet, ne, si ante tempus tonum edixerit, fine dicta eius refutante poeniteat eum non tacuisse.

[17] Ad hoc etiam considerandum est quod cantus quorundam modorum tanta aliquando videntur similitudine convenire, ut vix aut nullo modo cantor discernere possit cui tono rectius eos adaptare debeat. [18] Hoc autem in autento trito autentoque tetrardo evenire solet, et praeterea in plagalibus istorum; [19] quemadmodum in his antiphonis considerare potes: *Gloriosi principes, Pro nobis Gallus.* [20] Hae enim tam competenter hypolydio atque hypomixolydio conveniunt, ut cui potius attribui debeant haud facile discernas. [21] Item hoc ℟ *Genti*

in mediis Rh cursu *om* V_1 Gaude Maria *cum neumis:* Gau *cephalicus* de *virga* Mari *torculus* a *clivis* V_1 Virgo *om* Ba F K Le Rh V_1

15 enim *om* F Rh enim in Be R G deutero autentico Ba V_2 G III toni sit V_1 observiat K tamen in VI° finit V_1 triti Ba M trito *suprascr* VI Le addicit M

16 tamen *pro* igitur V_2 toni *pro* igitur G monet E_1 Rh V_1 monent *eras* F iudicium canendi Le providius F dicta *in marg* refutante E_1 eius dicta Be M

17 aliquando *om* Ba videntur aliquando Le nunquam nullum *pro* nullo modo G possit discernere M V_1 eos rectius Be debeat *om* V_1

18 autem in *om* M autentico trito Ba V_2 G in autentis trito et tetrardo V_1 autentico tetrardo V_2 G et autenticoque Ba et autento M praeterea *om* V_1 ipsorum M eorum Ba V_1

19 Sicut *pro* quemadmodum V_1 considerari F V_2 G potest Ba F Rh V_2 G considerare potes *om* V_1 principes terrae R principes *om* V_1 Gloriosi principes *cum neumis:* Glo *punctum* ri *virga* o *punctum podatus* si *punctum* princi *virgae* pes *punctum* R et pro F V_2 G Pro nobis Gallus *cum neumis:* Pro *punctum* no *podatus* bis *clivis* Gal *virga* lus *clivis* R Gallus *om* V_1 Gallus doluit Ba M docuit F

20 tam tam Le ypolidio *suprascr* VI ypomixolidio *suprascr* VIII Le ut.... discernas *om* V_1 discernant F

21 Itemque M Item ex hoc F

peccatrici tam lydio quam mixolydio convenire videtur. Unde apud quosdam versus eius sic cantatur:

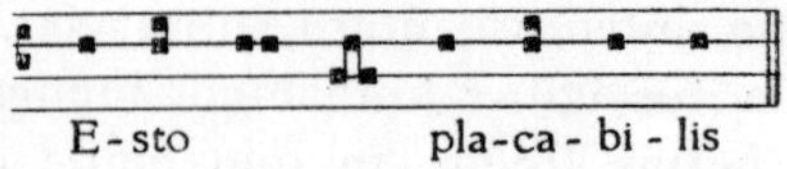

22 apud plerosque autem sic:

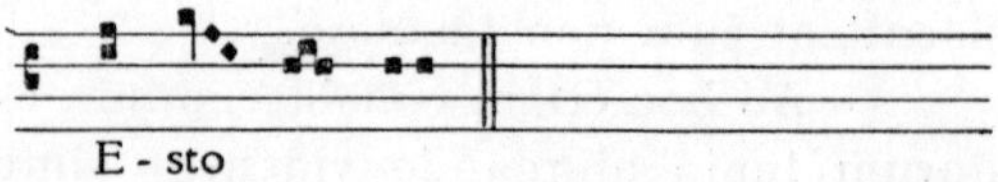

23 Introitum etiam istum *Deus in loco* quidam lydio quidam mixolydio adaptant; ego vero illos sequendos iudico qui utrumque horum lydio attribuunt. 24 Huismodi autem praedictorum troporum consonantiam Graeci, ni fallor, animadverterant, quando eis parum discreta et fere eadem vocabula imposuerunt. 25 In aliis nullam talem convenientiam reperies, excepto quod cantus proti in hypate meson, quae finalis est deuteri, aliquotiens commode pausat, ut in Alleluia *Iuravit Dominus,* et in hac communione *Principes persecuti sunt.* 26 Sunt etiam aliqui cantus tanta similitudine convenientes, ut secundum di-

lidio *suprascr* V mixolidio *suprascr* VII Le V_1 convenire inter se E_2 videtur. Secundum quosdam versum eius sic cantant M Unde .... Esto [22] *om* V_1 cantari solet E_2 canitur F usus est *pro* versus eius V_2 G *cum neumis* Ba Le M Rh *cum litteris suprascr* E_1 K R V_2 *cum litteris et neumis* Be *cum lineis sine neumis* E_2 placabilis *sine neumis* M

22 alii *pro* apud plerosque M autem *om* F Esto placabilis Ba E_2 M Rh *cum neumis* Le M Rh: E *punctum* sto *podatus subbipunctis torculus* pla *punctum* ca *podatus* bilis *puncta* Rh *cum litteris suprascr* E_1 K R E<sto> *suprascr* d d *pro* d e R *cum litteris et neumis:* E (dd) *bivirga* sto (fed) *virga clivis* Be *cum lineis sine neumis* E_2 *sine neumis* Ba F V_2

23 autem *pro* etiam Ba R Rh autem *om* F istum *om* M V_1 Dominus *pro* Deus G lydio alii mixolydio V_1 deputant *pro* adaptant Ba aptant V_1 ergo *pro* ego F autem V_1 sequendos illos Ba sequendos puto quod *Genti peccatrici* et *Deus in loco* qui E_1 lydio id est quinto tono M tribuunt Ba tribuunt lydio V_1 attribuunt. Minus *peccatrici* qui attribuunt mixolydio quia si cantus potest haberi in protho, non debet cantari in deutero, et si in deutero non in trito. E_1

24 autem *om* M autem .... troporum *om* V_1 in troporum Ba modorum *pro* troporum Rh attenderunt V_1 nisi Ba Rh animadverterat Rh animadvertunt F eos *pro* eis F imposuerunt vocabula Ba

25 *Sequentia huius capituli et capitulum* XVII *om* V_1 talem nullam V_2 G ypate *suprascr* .E. Le .e. Rh persecuti sunt *om* E_1 sunt me R sunt *om* F

26 Sic *pro* Sunt G Sed F Et aliqui Ba convenientia *pro* similitudine Be

versas emissiones diversis tonis copulari congrue possint, quemadmodum hae antiphonae *Et respicientes, Lupus rapit.* 27 Prior enim ad plagalem tetrardum posterior ad plagalem tritum respicit, si hoc modo canuntur:

8
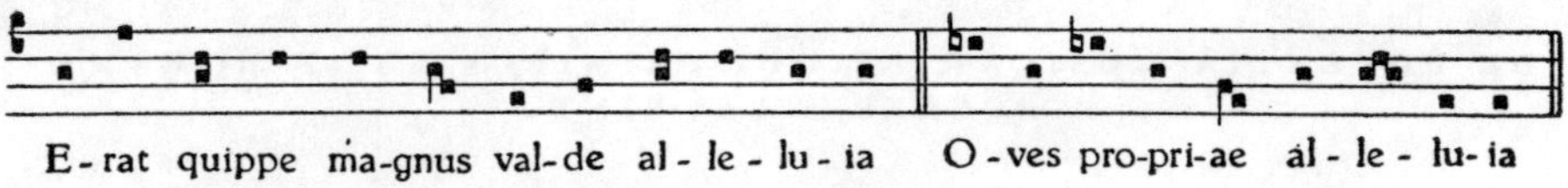
E-rat quippe ma-gnus val-de al - le - lu - ia
O-ves pro-pri-ae al - le - lu- ia

29 Phrygii autem ambae erunt si sic emittuntur

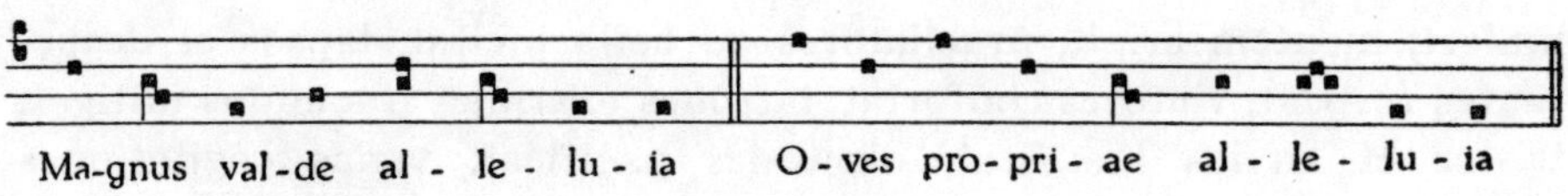
Magnus val-de al - le - lu - ia
O-ves pro-pri - ae al - le - lu - ia

congrue copulari Be K congrue *om* F

27 tetrardi Le M tritus R triti Le M sed *pro* si Ba

28 quidam *pro* quippe G *cum neumis* Ba *cum neumis in lineis* E2 K Le M R Rh *cum litteris suprascr* E1 *cum litteris et neumis* Be <E>rat .a. *pro* .c. Le

	♭b	G	♭b	G	FE	G	GaG	F	F
Be	a		a		G		-		
E1							♭b		
E2	b		b		-		b		
K					-		♭b		
Le		a		a	GF				
M	a		a				♭ba		
R									
Rh	c	a	c	a	GF				

O- ves pro- pri- ae al- le- lu-ia

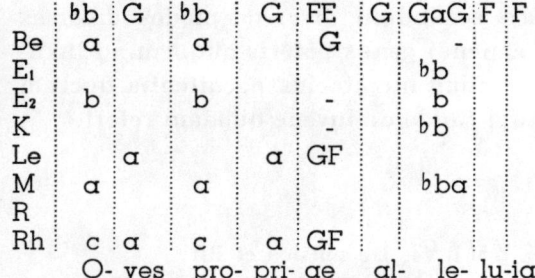

29 Phrygii .... etmittuntur *om* M autem *om* Le ambo Ba ambae *om* F canuntur *pro* emittuntur F Magnus *om* Be

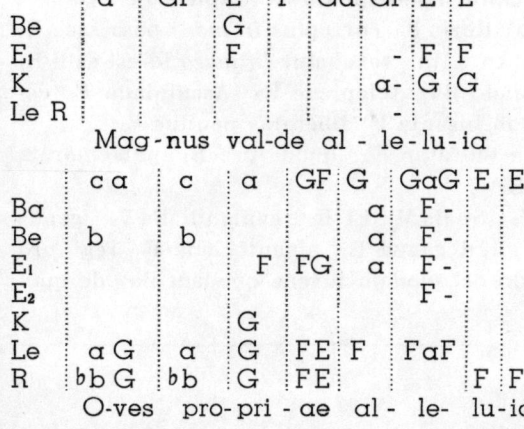

	a	GF	E	F	Ga	GF	E	E
Be			G					
E1			F			-	F	F
K						a-	G	G
Le R						-		

Mag-nus val-de al - le-lu-ia

	c a	c	a	GF	G	GaG	E	E
Ba					a	F -		
Be	b	b			a	F -		
E1			F	FG	a	F -		
E2						F -		
K			G					
Le	a G	a	G	FE	F	FaF		
R	♭b G	♭b	G	FE			F	F

O-ves pro-pri - ae al - le- lu-ia

Ba 40v
Be 19v
E_1 20v
E_2 14r
F 83r
K 22r
Le 106v
M 87v
R 30r
Rh 39r
V_2 68r
G 252

CAPITULUM XVII

DE POTENTIA MUSICAE, ET QUI PRIMITUS EA IN ROMANA ECCLESIA USI SINT

1 Sed nec hoc reticeri oportet, quod magnam vim commovendi auditorum animos musicus cantus habet, siquidem aures mulcet, mentem erigit, praeliatores ad bella incitat, lapsos et desperantes revocat, viatores confortat, latrones exarmat, iracundos mitigat, tristes et anxios laetificat, discordes pacificat, vanas cogitationes eliminat, phreneticorum rabiem temperat. 2 Unde et de Rege Saul in libro Regum legitur, quod a daemonio correptus David in cithara canente mitigabatur, cessante vero nihilominus vexabatur. 3 Item phreneticus quidam Asclepiade medico canente ab insania fertur fuisse liberatus. 4 Sed et de Pythagora memoratur, quod luxuriosum quemdam iuvenem ab immoderata libidine musica modulatione revocaverit. 5 Habet autem musica secundum diversos modos diversas potentias. Sic enim per unum canendi genus poteris aliquem ad luxuriam provocare, eundemque per aliud quantocius poenitentia ductum revocare: cuius rei experimentum Guido de iuvene quodam refert.

Titulum non habent Be E_1 E_2 K M R V_2 De musica et Rh

1 ne *pro* nec V_2 nec *om* R hoc *om* M oportuit K movendi E_1 audorum Le animos auditorum Be musicus animos cantus Rh cantus musicus Ba mentes F lapsos *om* Ba anxiatos Rh illuminat *pro* eliminat E_2 phreneticorum *in marg* qui vexabantur malo spiritu E_1 rapiem Be

2 Unde .... vexabatur *om* Ba libris R correptus *in marg* possessus E_1 a David mitigabatur in cithara canente Rh vexabatur *in marg* id est saul E_1

3 Nam *pro* Item Ba Asclepiado Ba Aclepiade E_2 Asculpiado F canente medico R fertur liberatus ab insania F liberatus penitus E_1

4 Etiam de F fertur *pro* memoratur E_2 quod ipse E_1 inmemorata *pro* immoderata R cum musica E_1

5 Sed *pro* Sic E_1 F K R Rh V_2 Si Ba M Et E_2 cantandi Ba V_2 genus canendi F ita eundemque Ba aliud genus E_1 quantociens F regi *pro* rei K Rh experientiam Ba Gwido de quodam iuvene quodam Ba de quodam iuvene F

---

2 Cf. I Reg. XVI 16-23.
5 Guido, Micrologus XIV *GS* II, 14.

6 Cum igitur in commovendis mentibus hominum tanta sit musicae potentia, merito usus eius acceptus est in sancta Ecclesia. 7 Primum autem a S. Ignatio martyre nec non et a beato Ambrosio Mediolanensium antistite usus musicae in Romana ecclesia haberi coepit. 8 Post hos beatissimus Papa Gregorius Spiritu Sancto ei, ut fertur, assidente et dictante cantum modulatus est, 9 cantumque Romanae Ecclesiae, quo per anni circulum Divinum celebratur officium, dedit. 10 Quod autem canendo laudandus sit Deus non parvam in veteri pagina auctoritatem habemus; legimus namque in libro Exodi, quod submerso Pharaone Moyses et cum eo filii Israel canticum cecinerunt Domino. 11 Sed et Psalmista, artis huius haud ignarus, in decachordo, quod est musicum instrumentum, laudes Domino cecinit, nosque ad concinendum hortatur dicens: *Cantate Domino canticum novum. Laus eius in Ecclesia Sanctorum.* 12 Nec solum naturali sono uti nos in laude Domini voluit, cum et per manufacta musicae artis instrumenta Dominum laudari commonens ait: 13 *Laudate Dominum in sono tubae, in psalterio et cythara, in tympano et choro, in chordis et organo.* 14 Cum ergo tanta huius disciplinae in veteri testamento inveniatur auctoritas, cumque eam tam religiosi viri in ecclesia sanxerunt,

6 ergo *pro* igitur G hominum vel hominibus M eius usus V_2 G est eius usus acceptus F

7 igitur *pro* autem Ba F nec .... Ambrosio *eras* Le a *om* Rh S. *pro* beato G Mediolanensi Ba antistiti *om* Ba usus in Romana ecclesia musicae V_2 G in ecclesia Romana coepit haberi E_1 M

8 beatus Ba GREGORIUS Ba R Sancto Spiritu, ut fertur, assidente F ei assidente M refertur V_2 G assistente E_1 canticum Le est *om* F

9 canticumque Le curriculum G divinum officium celebratur Ba

10 cantando R sit Deus laudandus Ba Dominus G testamento *pro* pagina Be F similitudinem *pro* auctoritatem Ba cum eo *om* Ba V_2 G cecinere G concineat F

11 quod .... instrumentum *om* Ba instrumentum musicum G canendum M Laus .... Sanctorum *om* Ba F

12 solum naturali solum sono voluit in laude dei si et Ba uti nos laude Domini naturali sono F ut *pro* uti M Dei E_2 laudare K eum *pro* Dominum Ba Rh

13 tubae, laudate eum Ba in cithara et psalterio, vel in Rh cithara etc. Be in tympano et choro *om* Ba in tympano .... organo *om* Be

14 tanta *om* Be G tanta auctoritas huius F et *pro* cumque M in sanctam ecclesiam F sanxerunt atque tam efficax M

cum denique efficax, ut dictum est, ad mentes hominum commovendas sit eius potentia, quem huius scientiae sanum pigeat? [15] Quis ei non toto affectu studiosus adhaereat? [16] Verum quia non solum praefati sacri cantus officiales in Sancta Ecclesia modulati sunt, sed et alii quidam non longe ante nostra tempora cantuum compositores extitere, quid nos quoque cantum vetet contexere non video. [17] Nam etsi novae modulationes nunc in Ecclesia non sunt necessariae, possumus tamen in rhythmis et lugubribus poetarum versibus decantandis ingenia nostra exercere. [18] Quoniam autem modulandi licentiam vicissim et petimus et damus, congruum videtur ut de cantu componendo praecepta supponamus.

denique *corr* tam Le ut diximus E_2 ad commovendas, ut dictum est, V_2 G ad commovendas Ba Rh hominum mentes Ba eius sit potentia M eius *pro* huius Ba sanum *in marg* id est imbutum E_1 artem pigeat? M

15 Quis .... exercere *om* M Quis scilicet ei F ei toto .... non adhaereat? Be ei *om* E_1 E_2 studiosus affectu F studiosius Ba

16 Verum *in marg* Sed E_1 quia non solum *om* F sancti *pro* sacri E_1 E_2 effinalis *pro* officiales F Ecclesia Sancta Le et *om* F tempora nostra E_2 extitere compositores Le extiterunt Be Rh quod *pro* quid Ba E_2 G qui nos quartum <..?..> componere indicant. Nam F cantum quoque E_1 vetet cantum E_2

17 si *pro* etsi Ba nec *pro* nunc F possimus V_2 G et in lugalibus F versibus poetarum Le V_2 G decantandis *om* Ba nostra exercere ingenia Ba nostra *om* F

18 licentia F vicissim *in marg* id est invicem E_1 vicissim petimus Rh et petimus damus F est *pro* videtur M exempla subiiciamus Be subdamus F Rh

CAPITULUM XVIII

PRAECEPTA DE CANTU COMPONENDO

Ba 42v
Be 20v
E_1 21r
E_2 14v
F 83r
K 23r
Le 107r
M 88r
R 31r
Rh 40r
V_1 34v
V_2 68r
G 253

1 Primum igitur praeceptum modulandi subnectimus, ut secundum sensum verborum cantus varietur. 2 Quis autem canendi modus cuilibet materiae conveniat, prius docuimus, cum diversos diversis delectari diximus: 3 quosdam enim curialitati, quosdam lasciviae, quosdam etiam tristitiae aptos monstravimus. 4 Sicut autem laudem desideranti poetae studendum est ut facta dictis exaequet neve eius, quem describit, fortunis absona dicat, 5 sic laudis avido modulatori annitendum est uti ita proprie cantum componat, ut quod verba sonant cantus exprimere videatur. 6 Itaque si iuvenum rogatu cantum componere volueris, iuvenilis sit ille et lascivus; sin vero senum, morosus sit et severitatem exprimens. 7 Quemadmodum enim

Titulum non habent Be E_2 K M R V_2 De moderamine cantuum V_1

1 modulandi praeceptum E_2 Primum.... lacrimabilem [8] *om* V_1 motus *pro* modus F varietur *in marg* id est quod verba sonant cantus exprimere videatur E_1

2 cuilibet *om* F quosdam *in marg* cantus. Ut *cum Rex glorie,* hic convenit cantus cum verbis; verba sunt letitie, similiter cantus leticiam exprimit. E_1

3 enim *om* F curialatati G etiam *om* Ba

4 enim *pro* autem Rh laudes F laudem poetae desideranti laudi Be desideranti illi poetae E_1 est *om* E_2 exaequentur F exaequet *in marg* id est concordare faciat E_1 eius fortunis quem describit absona Be describat E_1 descripsit F fortunae F fortuna Rh fortunis *in marg* id est carmen quod discordet fortunis nature componat E_1 absona dicat *in marg* id est discordare E_1 dicat *om* Rh

5 laudis modulatori M annitendum *in marg* id est studendum. Si senibus iocose, iuvenibus serose scribitur epistola subiacere notatur, quia dicit Guido ut rerum eventus sic E_1 animadvertendum G advertendum F componat *suprascr* vel ex R proponat V_2 G verbum sonet Rh

6 cantum rogatu F componere cantum Be velis E_1 K voluerit Le iuvenalis K V_1 ille sit Be F K Le ille *om* E_2 M fiat *pro* sit Rh autem *pro* vero V_2 G severus *pro* severitatem exprimens V_1

7 Quemadmodum.... lacrimabilem *om* M ideo *pro* enim F

comoediarum scriptor, si partes iuvenis seni vel luxuriosi avaro mandaverit, derisui subiacet, quales apud Flaccum Plautus et Dorsennus inducuntur, 8 ita reprehendi potest modulator, si in tristi materia salientem modum adduxerit, vel in laeta lacrimabilem. 9 Providendum igitur est musico, ut ita cantum moderetur, ut in adversis deprimatur et in prosperis exaltetur. 10 Hoc autem non adeo praecipimus ut semper necesse sit fieri, sed quando fit, ornatui esse dicimus. 11 Habemus tamen de his quae diximus aliqua exempla. Siquidem antiphonae in Resurrectione Domini exultationem in ipso sono praetendere videntur, ut sunt hae: 12 *Sedit Angelus, Cum Rex Gloriae, Christus resurgens.* 13 Ista autem ant. *Rex autem David* non tantum in verbis sed etiam in cantu moerorem sonare videtur. 14 Sed et in auctoribus quaerimoniae per hypolydium, quia is miserabilem sonum habet, frequentissime decantantur.

15 Illud praeterea laudis cupido modulatori iniungimus, ne in una neuma nimium eam inculcando oberret, ut quanta opera peritus poeta vitare contendit vitium illud, quod Graeci dicunt ὁμοιώπτωτον,

mandaverint F subiacet derisui F Dossensus E_1 Dossennus R Dossennius Ba Colisennus Rh Colosensius F Clossemius Be Colsensus V_2 Olosennus Le introducuntur Be inveniuntur F

8 modulator *om* Ba

9 Providendum est etiam M ergo E_1 G est igitur E_2 F igitur *om* V_1 uti cantum ita Le M moduletur F et *om* V_1 exaltatur E_2 extollatur Be elevetur M

10 non *om* F ideo Be F M adeo *om* E_2 precepimus Be semper hoc M ornatu F ornatius Rh diximus *pro* dicimus F

11 quae diximus *om* V_1 dicimus *pro* diximus Rh hae ant. V_1 in Resurrectione .... sunt hae *om* V_1 exaltationem E_2 eult <..?..> K exultatiorem G sono *om* F videntur praetendere Rh ut sunt .... resurgens *om* G

12 *Cum Rex gloriae, Sedit Angelus, Christus* M Sedit Angelus *cum neumis:* Se *iacens* dit *podatus* an *torculus* <?> ge *punctum podatus subbipunctis* lus *podatus virga* Ba resurgens exaltationem praetendere videntur. V_1

13 Sed ista ant. Rex Rh Illa *pro* Ista V_1 autem *om* M Ista autem ant. *om* F tam *pro* tantum M vocibus *pro* verbis F quam *pro* sed etiam M et *pro* etiam E_2 videtur. Itaque si *vide supra* 6 V_1

14 Sed .... decantantur *om* V_1 et *om* M Rh V_2 G ab *pro* in E_1 hypolydium *suprascr* VI Le *in marg* per VI modum E_1 his *pro* is E_2 is modus E_1 miserabiliorem E_1 habet sonum E_2 decantatur Ba E_1

15 Illud .... posteriori quod *om* M in laude praeterea F cupido *om* F iniungimus *in marg* praecipimus E_1 saepius *pro* nimium Ba eam *om* Le ut quanta .... diximus [18] *om* V_1 illud vitium F dicuntur Le dant *pro* dicunt F omeoptoton Ba

id est similium casuum, [16] tanto nisu cantuum compositor vitium quod apud musicos ὁμοιόφθογγον, id est similium sonorum appellatur, evitare studeat. [17] Sed de priore vitio grammatici sive etiam rhetores videant. [18] Nos autem de posteriori, quod musicis vitandum esse diximus, exemplum damus in hoc ℟: *Ecce odor filii mei.* [19] Nam in eo loco ubi est *Crescere te faciat Deus meus* vitiosa est unius neumae inculcatio. [20] Similiter in Tractu illo *Qui habitat* vitiosa est unius podati crebra repercussio in eo loco ubi est *et refugium meum Deus meus.* [21] Si autem interdum aliquae decentes neumae semel repetantur, non vituperamus, ut in fine ℟ *Qui cum audissent,* ubi est *laudantes clementiam,* [22] itemque in fine ℟ *Sint lumbi vestri,* ubi est *a nuptiis.* [23] Sciendum etiam quod in principalibus ad finem cantum paulatim ducere laus est, in collateralibus vero ad finem cantum praecipitare decet.

16 vitium illud Ba omeoptongon Ba similium similium Le cantare *pro* evitare Ba G levitare F studeat *om* Ba V_2 G

17 priori E_1 Le R Rh sive *om* Ba et *pro* etiam Ba etiam *om* Be rhetorici E_1 E_2 F Le K videantur G

18 autem quod posterioribus quidem musicis F posteriora V_2 Musicis etiam vitandum est ne in una neuma nimium eam inculcando oberret sicut in ℟ M vitandus K esse *om* Rh dicimus F De his exemplum habemus in illo ℟ V_1 demus E_2 ut hoc V_2 G ut ℟ Ba filii mei *om* Ba E_2 Rh V_1 V_2 mei *om* E_1 F M

19 Nam *om* E_2 ubi dicit F Deus meus *om* E_2

20 et *pro* Similiter M ℟ *pro* Tractu G in tractu in illo E_2 illo *om* V_1 Qui habitat *cum neumis:* Qui *virga* ha *podatus subbipunctis* bi *podatus* M habitat in adiutorio Be F K Le R in unius F percussio E_1 K Le hoc *pro* eo V_1 ubi est *om* Ba E_2 V_1 V_2 G Deus meus *om* Ba V_1 V_2 G meus *om* Be K R

21 repetuntur M fine huius Le R audisset E_2 Le laudentes R laudare F

22 itemque .... nuptiis *om* Be et *pro* itemque Ba M in fine ℟ *om* M Sint lumbi *cum neumis:* Sint *virga climacus* lum *podatus* bi *virga* Ba vestri *om* Ba Rh vestri praecincti Le ad nupcias F

23 Sciendum est etiam M autem *pro* etiam Ba V_2 G quod in autentis laus est cantum ad finem paulatim ducere, in plagalibus vero V_1 ducere *corr* deducere Le ducere paulatim Ba deducere paulatim K cantum *om* Rh praecipitari E_2 Le decet precipitare V_1

Ba 44v
Be 21v
E_1 21v
E_2 15r
F 83v
K 24r
Le 107v
M 88r
R 31v
Rh 41r
V_1 34v
V_2 68v
G 254

CAPITULUM XIX

QUAE SIT OPTIMA MODULANDI FORMA

1 Optima autem modulandi forma haec est, si ibi cantus pausationem finalis recipit ,ubi sensus verborum distinctionem facit. 2 Quod considerare potes in hac ant. *Cum esset desponsata.* Hoc autem praeceptum non bene inspexit, qui versiculos illos modulatus est quorum initium est *Homo quidam erat dives valde.* 3 Nam iste idem versiculus nusquam in recta distinctione finalem contingit. 4 Sed et hoc harmoniam non minimum exornat, si in cantibus discipulorum id observetur ut finalem saepe repetant circaque illam versentur, et in quarta rarissime pausent, in quinto vero nullo modo. 5 Sed et si quintam aliquando contigerint, raptim et quasi formidando eam contingentes properanter recurrant, ut in hac ant. *Ait Petrus.* 6 In cantibus autem magistrorum id providendum est, ut in acutis maxime versentur, et postquam in quinta a finali bis vel ter pausaverint, finalem revisant rursusque ad superiores festinando se transferant; 7 quia sicut subiugalium est maxime in gravibus, ita autentorum

Titulum non habent Be E_1 K M R V_2 De optima modulationis forma V_1

1 forma modulandi F haec *om* V_1 haec et si M finalis *om* V_1

2 ut in hac V_1 considerari F R potest F in hac potes E_1 desponsata et in ymno Aurea luce V_1 autem *om* M V_1 praeceptum *om* Ba illos versiculos Homo .... composuit V_1 illos *om* Le Ant. *Homo* E_2 erat dives valde
D E Ga a a a
om Ba dives valde *om* E_2 valde *om* M Rh V_1 V_2 G Homo quidam erat
c d cba a
dives valde K R

3 Nam .... contingit *om* V_1 iste *om* M idem *om* F K attingit Ba

4 Sed et *om* V_1 etiam *pro* et Le et *om* Be non minimum *in marg* id est multum E_1 satis *pro* non minimum V_1 plagalium *pro* discipulorum V_1 hoc *pro* id V_1 circaque illam versentur *om* Be illa G saepe versentur E_2 rarissime superius pulsent M vero *om* Be Rh

5 Si et si V_2 aliquando quintam F eam contingentes *om* V_1 contigerit E_1 F V_2 contingens V_2 contingenere properantes Rh Petrus princ<ipibus> M Ait Petrus *cum neumis:* a *punctum* it *podatus virga* Pe *virga torculus* trus *virga* E_2 A *podatus* it *virga* V_1

6 vero *pro* autem F autentorum *pro* magistrorum V_1 id *om* V_1 est *om* Be Le a finali in Vam F in quinta *om* E_2 finalibus V_1 finales *pro* finalem Rh revisent Be requirant Ba M V_2 G repetant V_1 se *om* E_2

7 et *pro* quia Rh subiugalibus convenit in gravibus, ita autentis con-

maxime in acutis conversari. [8] Huius vero praecepti exemplum habes in hac ant. *Muneribus datis.* [9] Observandum etiam de diapente ut in melodia subiugalium a finali nunquam ad superiores saliat; diatessaron vero supra et infra libere fiat. [10] Quarti tamen cantus per diapente competentius quam per diatessaron cadit et resurgit. [11] Nec mirum, cum et magistri huius harmonia saepius et melius ad sextam quam ad quintam intendatur et remittatur. [12] Notandum quoque, quod cum in cantibus autentorum pulchrum sit eos a finali crebro per diapente deponi et elevari, in tertio id inconcinnius est, sed in quinto decentissimum. [13] In quo et hoc ornatui est, si plerumque cantus eius a finali per ditonum et semiditonum surgat, ut patet in hac ant. *Paganorum.* [14] Hoc autem praeceptum de utrisque breviter damus, ut cantus subiugalium et infra finalem et supra quintam rarissime contingat: [15] infra propter nimiam gravitatem, supra propter nimiam sonoritatem, ne autento attribuatur. [16] Cantus vero principalium, nisi sit quinti, ad proximam finali deponatur; ad octavam autem tam quintus quam alii principales potenter ascendant, sed nonam vel decimam rarissime contingant; quod te haec figura luculentissime docet.

versari in acutis Rh maxime est Be est maxime *om* V_1 audentorum E_2 autentorum est Ba maxime *om* V_1 versari F versari in acutis V_1

8 ut *pro* Huius .... habes V_1 vero *om* E_2 exempla Rh exemplum *om* Ba habemus F Muneribus datis *cum neumis:* Mu *torculus* ne *clivis* ri *virga* bus *podatus* datis *virgae* Ba E_2 Mu *punctum podatus* ne *clivis* ri *virga* V_1

9 est etiam F M Rh de *om* F cum *pro* ut F melodiis M plagalium *pro* subiugalium V_1

10 per diapente *del* V_1 competentior G per *om* V_1 et cadit et Ba surgit Rh

11 Nec .... remittatur *om* V_1 cum magistri F eius *pro* huius E_2 harmonie Be

12 autem *pro* quoque Ba cum *om* Ba E_1 F M V_2 G in .... statim [19] *abscissum est in* V_1 plurimum *pro* pulchrum Ba M V_2 G sit ornatus eos crebro per diapente elevari et deponi Ba tertio tono — quinto tono M

13 cantus V^1 eius E_1 et semiditonum *om* Rh ut in hac patet ant. M hac *om* V_2 G Paganorum multitudo Ba Be F M Paganorum multitudo *cum neumis:* Pa *punctum* ganorum multitu *virgae* do *iacens* Ba

14 De utrisque breviter exemplum damus Ba damus breviter F dicamus E_1 raro M

15 tribuatur Ba E_2 M V_2 G

16 si non sit G proximam a finali E_2 Le Rh vero *pro* autem M alii ceteri Rh sed .... docet *om* F vel decimam *om* Ba raro M te *om* M Rh luculenter V_2 G lucidissime M lucide Ba edocet Ba V_2 G edocebit Be docet quae praescripta est Rh

Ba	46v
Be	22v
E_1	22r
E_2	15r
F	84r
K	25r
Le	108r
M	88v
R	32v
Rh	41r
V_2	68v
G	255

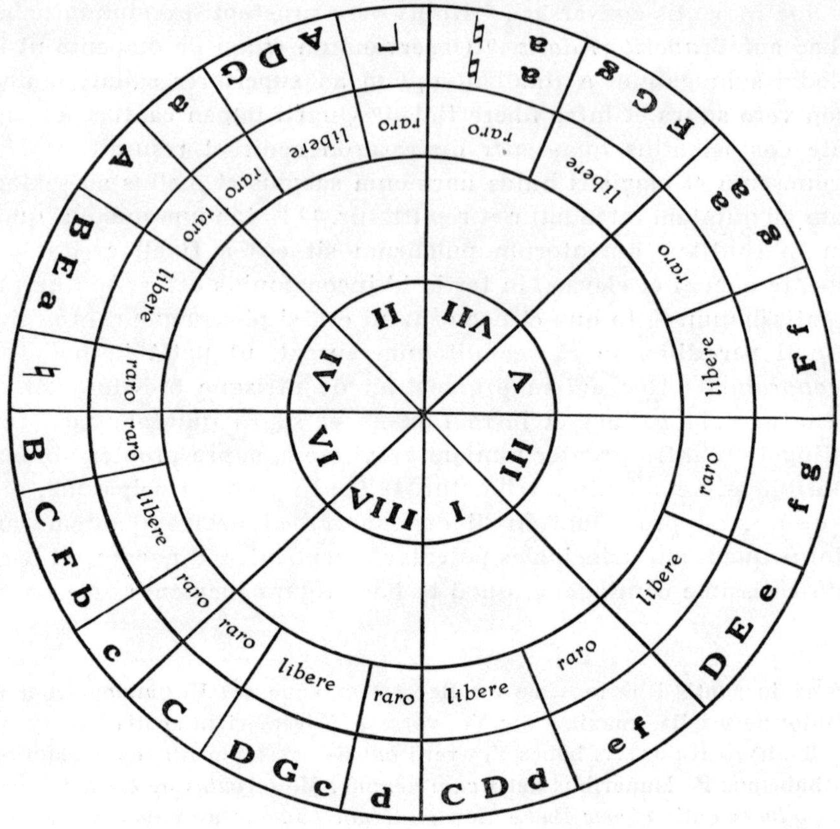

17 *In figura* Formula modorum E_1 Formula quattuor modorum F
Continet ista rota modulandi carmina tota Le

sub I Protus F auctentus prothus E_1 raro .A. libere .D d. M

sub III Deuterus F autentus deuterus E_1 raro .B. M libere .E e. E_1 M raro .E f. F .f. M

sub V Tritus F autentus tritus E_1 raro .C. M libere .C F f. E_2 .F G f. F raro .g. M .g a. Ba

sub VII Tetrardus F autentus tetrardus E_1 raro .D. M libere .G g. M .F G. Rh raro .a ♮. Ba .$\genfrac{}{}{0pt}{}{a\ b\ ♮}{a\ b\ ♮}$. E_1 .$\genfrac{}{}{0pt}{}{a\ b}{a\ b}$. F .a. M

sub II Plagis proti F plagis prothus E_1 libere .A B D C. Ba .A D E. F .a d G. R raro .a b. Le .A. R

sub IV Plagis deuteri F plagis deuterus E_1 libere .b e a. R raro .b. F .b ♮. E_1 .♮ c. Le

sub VI Plagis triti F plagis tritus E_1 raro .G. M libere .C F c. Be .C Γ b. F .F b fa. M .E F b. R raro .d. Be

sub VIII Plagis tetrardi F plagis tetrardus E_1 raro .C. *om* E_2 libere .D G d. Be .G C d. M .F G c. R raro .e. M .e f. Be

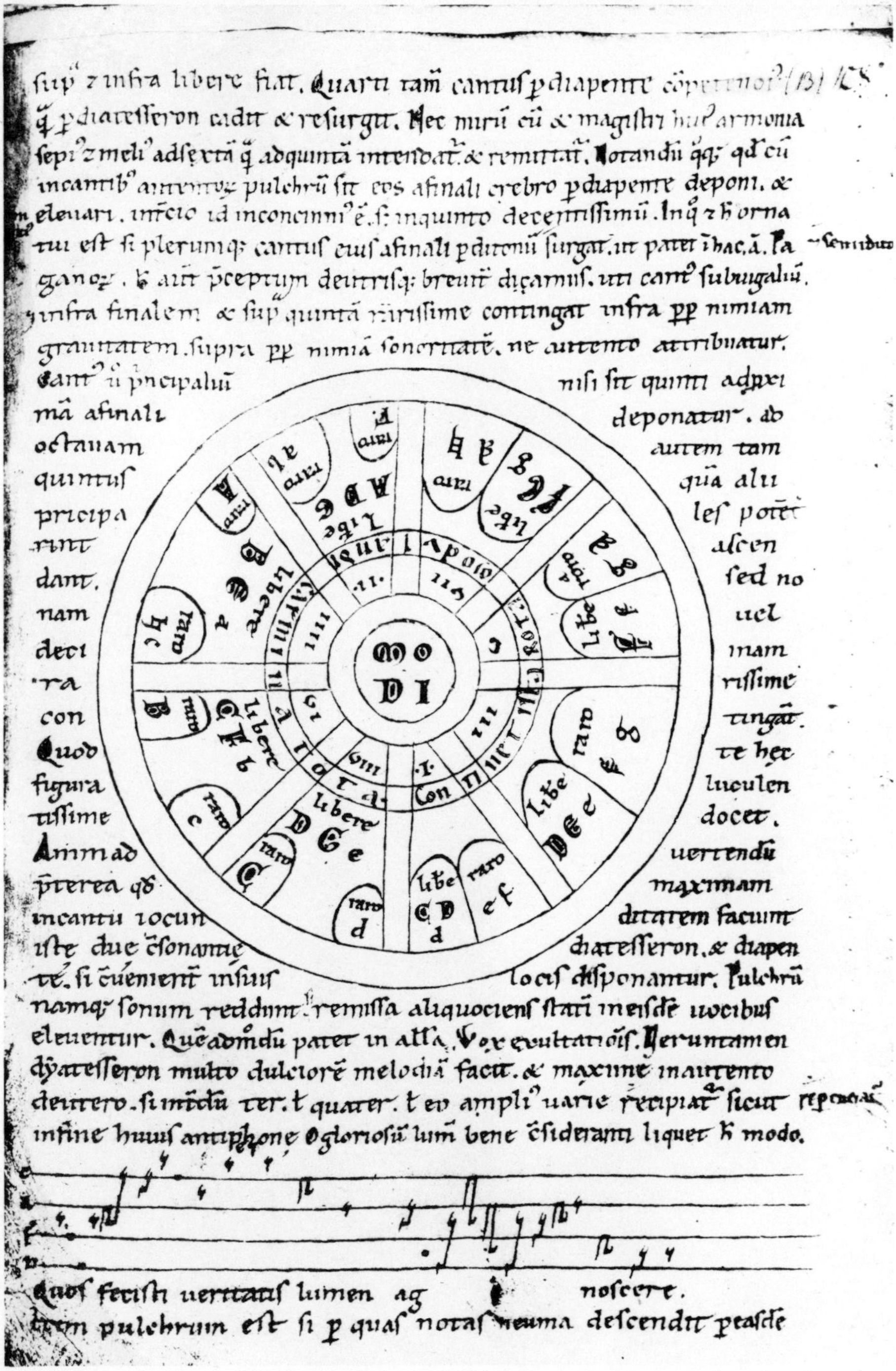

9. Leipzig, Univ. Libr. 79 (12th cent.), fol. 108 r

[18] Animadvertendum praeterea quod maximam in cantu iocunditatem faciunt istae duae consonantiae diatessaron et diapente, si convenienter in suis locis disponantur; [19] pulchrum namque sonum reddunt si remissa aliquotiens statim in eisdem vocibus elevantur; quemadmodum patet in *Alleluia Vox exultationis*. [20] Verumtamen diatessaron multo dulciorem melodiam facit, et maxime in autento deutero, si interdum ter vel quater vel eo amplius varie repercutiatur,

18 Qualiter per vocales cantus possunt componi. Quid utilitatis conferant neumae a Guidone inventae. Animadvertendum F Animadvertendum est quod M est praeterea quod F praeterea *om* Rh iocunditatem in cantu Rh due iste Ba in *om* R locis *om* F disponentur E_2

19 sonum namque R reddent F remisse E_2 eleventur E_1 K Le ut *pro* quemadmodum Ba V_1 patet *om* V_1 antiphona *pro* alleluia G exultationis et salutis R Vox exultationis *cum neumis* Ba E_2 Vox *punctum bistropha porrectus* exul *virga torculus, podatus subbipunctis punctum* Ba Vox *punctum bistropha clivis virga* ex *virga* ul *torculus* ta *podatus subbipunctis* ti *torculus resupinus* o *podatus* E_2 exultationis. Quod etiam corrigitur si exultationis tono deponitur. Verumtamen V_1

20 Nec dubium quin *pro* Verumtamen M ulciorem F et *om* V_1 repercutiantur M

sicut in fine huius antiphonae *O gloriosum lumen;* 21 bene consideranti liquet hoc modo:

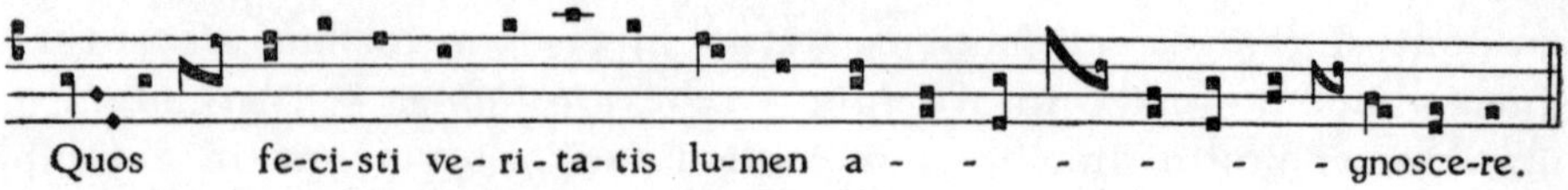

22 Item pulchrum est si per quas notas neuma descendat, per easdem statim ascendat, ut hic:

ut *pro* sicut V1 huius *om* M lumen omnium R lumen *om* V1 O gloriosum lumen *cum neumis:* O *iacens* glo *virga* ri *punctum* o *quilisma* sum *virga* lu *podatus* men *iacens* Ba

21 bene consideranti *om* V1 hoc modo liquet M *cum neumis* Ba *cum neumis in lineis* Be E2 K Le M R Rh *cum notis in lineis* E1 Quos .... lumen *sine neumis* M

	GFD	G aGc	bc	d	c	b	d	e	d	cb	a
Be					b					bc	
E1											
E2											
K				ac							
Le											
M	[										]
R	E	bc									
Rh		b	cd		dc	c					
	Quos		fe-	ci-	sti	ve-	ri-	ta-	tis	lu-	men

	GaEF DG	cGaEF	DGFG	a Ga	F E	DE E
Be	-	-				
E1	FE	FE		aa -	FF	
E2				-		
K					-	- - -
Le	-	-				
M	- E	- - - - - -	- -	-		
R	E	F -	- -			
Rh	-	-		aa -		
	ag -	-	- -	-	- nosce-	re

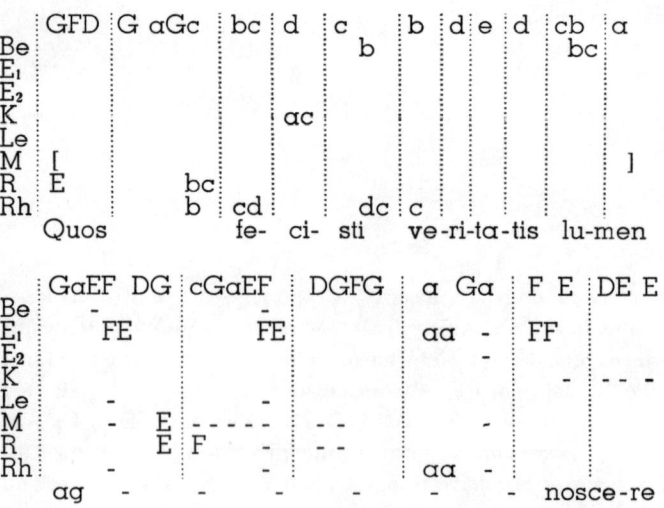

super Quos *clivis clivis podatus pro* G F D G *super* ag<noscere> *torculus pressus minor virga clivis torculus pressus minor punctum quilisma torculus resupinus* Ba

22 est *om* E2 quae *pro* quas V1 notas *om* Rh V1 neuma *om* M descendit Ba E1 F K Le M V1 eadem vestigia V1 ascendit R

23

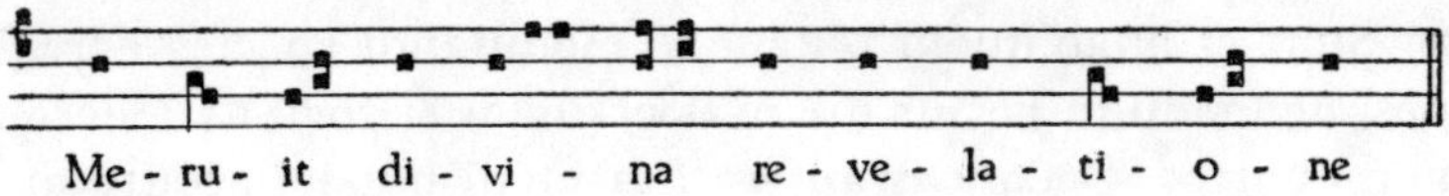

24 Item decentissimus in cantu sonus est, si diatessaron interdum ita varietur, ut semiditonus vel ditonus nunc praecedat, nunc subsequatur, ut in hoc exemplo manifestum est:

23 *cum neumis* Ba M *cum neumis in lineis* E_2 *cum litteris suprascr* Be E_1 R V_2 *sine neumis vel litteris* F K Le Rh V_1 divina revelatione *sine neumis vel litteris* M V_2

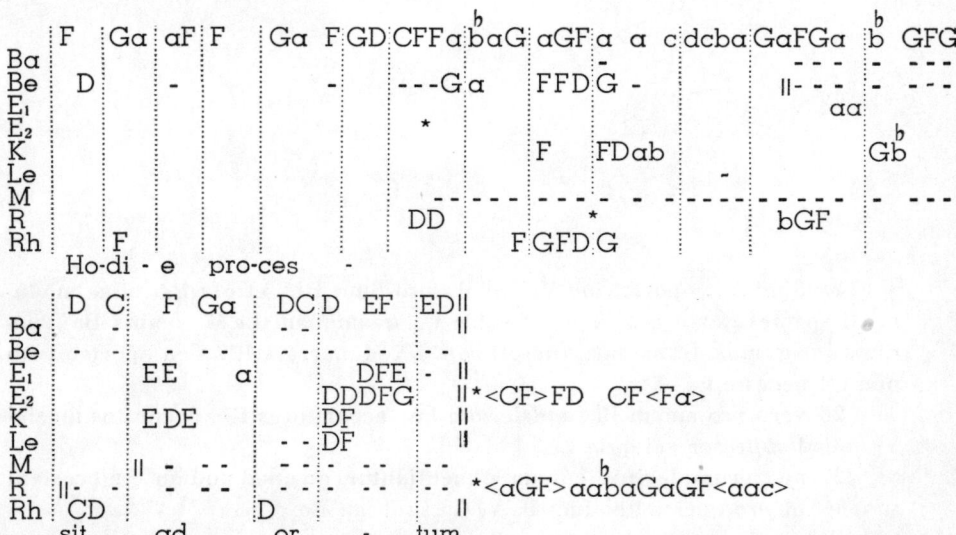

	a	GF	FGa	a	acc	acba	a	a	a	GF	FGa	a
Be						G				- -	- - -	-
E_1						- c						
E_2		-										
	Me-	ru -	it	di-	vi	-na	re-	ve-	la-	ti -	o -	ne.

super <di>vi<na> *podatus* Ba

24 decentissimum est in cantu si V_1 est sonus Be sonus est in cantu F ditonus praecedat [nunc *eras*] F ut in fine huius Responsorii Solem iusticie. Hodie V_1 in *om* Be V_2 G manifestum est exemplo Be patet *pro* manifestum est E_2 *cum neumis* Ba M *cum neumis in lineis* Be E_2 K Le R Rh *cum notis in lineis* E_1 *spatium sine neumis* V_2

	F	Ga	aF	F	Ga F	GD	CFFa	b♭aG	aGF	a a c	dcba	GaFGa	b♭ GFG
Ba										-		- - - -	- - - -
Be	D		-		-		- - - G	a	FFD	G -		||- - -	- - - -
E_1												aa	
E_2							*						
K									F	FDab			Gb♭
Le											-		
M							- -	- - -	- - -	- - -	- - - -	- - - - -	- - - -
R							DD			*		bGF	
Rh		F						F	GFD	G			
	Ho-	di	- e	pro-	ces	-							

	D C	F Ga	DC	D EF	ED||
Ba	-		- -		||
Be	- -	- - -	- - -	- - -	- -
E_1		EE a		DFE	- ||
E_2				DDDFG	|| *<CF>FD CF<Fa>
K		EDE		DF	||
Le			- -	DF	||
M		|| - - -	- - -	- - -	- -
R	||- -	- - -	- - -	- - -	- - *<aGF>aab♭aGaGF<aac>
Rh	CD		D		||
	sit	ad	or	-	tum

[25] Sunt et aliae quam plurimae modulandi species egregiae, quas omnes, ne taedium potius quam doctrinam lectoribus ingeramus, enarrare non oportet. [26] Cantus autem huismodi musici accuratos vocant, quod in eorum compositione cura adhibeatur. [27] Hos etiam metricos per similitudinem appellant, quod more metrorum certis legibus dimetiantur, quemadmodum sunt Ambrosiani.

25 Sunt .... oportet *om* V_1 Stella *pro* Sunt Rh et *om* E_2 aliae modulandi species quam plurimae egregiae G quamquam Le M omnis Ba taedium ingeramus, transimus. *Incipit cap.* XX M narrare Rh non oportebit Rh non est necesse E_2

26 vero *pro* autem Ba musici *om* Ba accuritores E_2 accuratos musici V_1 quod *suprascr* vel quia Le

27 metrorum legitus cursus dimentiantur quemadmodum Ambrosiani sunt F ut *pro* quemadmodum Ba V_2 G sunt *om* Be

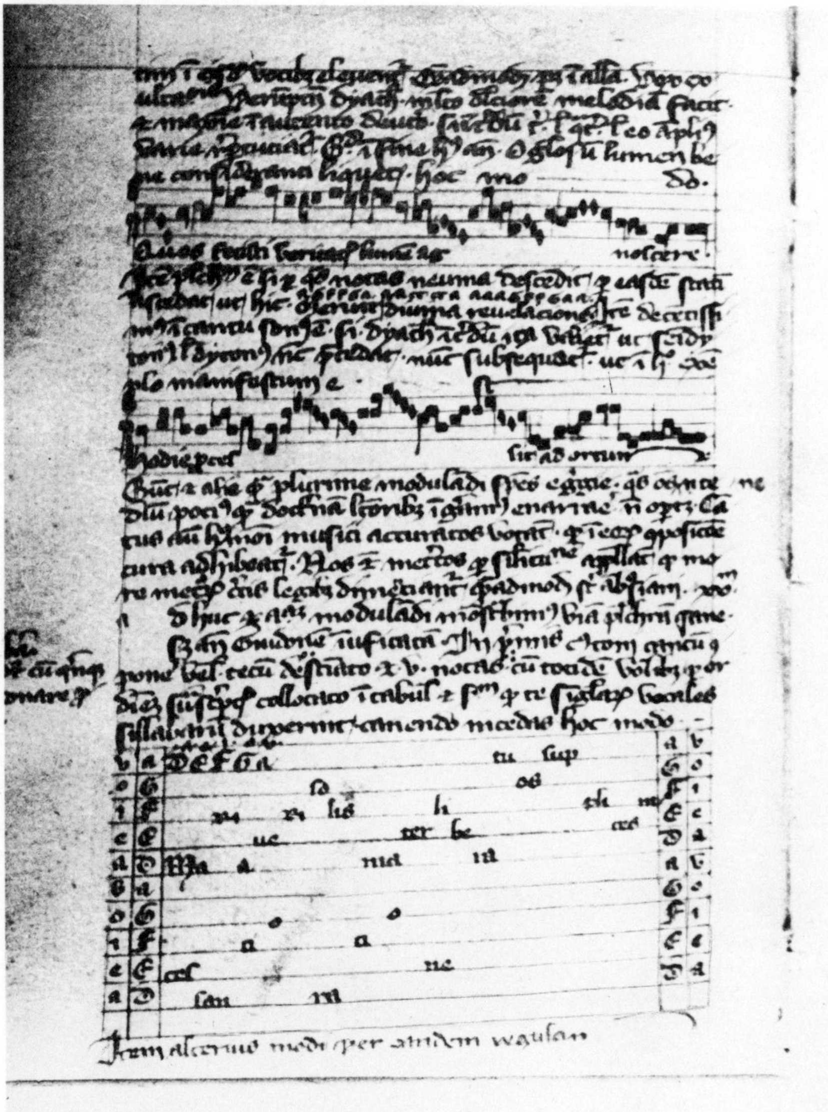

10. Erfurt, Amplon. 93 (14th cent.), fol. 22 v

CAPITULUM XX

QUALITER PER VOCALES CANTUS POSSUNT COMPONI

Ba 47r
Be 23r
E_1 22v
E_2 16r
F 84r
K 26r
Le 108v
M 89r
R 33r
Rh 43r
V_2 69r
G 256

1 Adhuc et aliam modulandi monstramus viam pulchram sane, sed ante Guidonem inusitatam. 2 Imprimis cuius toni cantum componere velis tecum destinato; et quinque notas cum totidem vocalibus per ordinem suprascriptis collocato in tabulis, 3 et secundum quod te singularum vocales syllabarum duxerint, canendo rite incedas hoc modo:

a e i o u
D E F G a

4

u	a													tu	a	u
o	G						so								G	o
i	F		ri			ri		lis			li				F	i
e	E				ve					ter		be			E	e
a	D	Ma		a					Ma				ra		D	a

u	a		sup												a	u
o	G	os								o			o		G	o
i	F			pli		in			ti			ti			F	i
e	E				ces		ces							ne	E	e
a	D							san			ra				D	a

Capitulum XX *totum om* V_1 *Titulum non habent* Be E_1 E_2 F K M R Rh V_2

1 Adhuc etiam aliam modulandi formam, sed ante Ba Quandam tamen modulandi viam demonstramus, sed M et *om* K viam monstramus F monstrabimus E_1 R autem *pro* ante Le

2 Etiam primum cuius toni tamen componere F Inprimis in cuius G totum *pro* tecum Rh destinato *in marg* id est delibera E_1 quia *pro* et Le tonis *pro* notas G notas *in marg* quia quicquid dicitur cum quinque vocalibus sonare probatur E_1 totidem *suprascr* quinque K supradictis collocatis M collato F V_2 G in tabulis *om* M

3 secundum et R voces *pro* vocales Ba syllabarum duxerint V_2 G syllabarum *om* F rite *om* E_1 F

4 *exemplum primum om* M *Lineas et litt in marg* om Le .a.e.i.o.u. *om* F Maria.... flagitantibus te *om* F [oratio]ne .D.a. K

5 Item alterius modi per eandam regulam:

u	c													tus			sus			u	c
o	♮														nos	tros				o	♮
i	a				tis			i		ti			mi					ci		i	a
e	G		cer			tes	De				ne	ge							pe	e	G
a	F	Sa		an					Mar											a	F

u	c			dul												bus		u	c
o	♮																	o	♮
i	a		in			ti		im					gi		ti			i	a
e	G	et			gen				pe		semper						te	e	G
a	F						am			tra		fla		tan				a	F

6 Quoniam autem ista, quam dedimus, modulandi regula nimis stricta videtur, qualiter laxiorem atque liberiorem componendi viam tibi parare possis, edocebimus. 7 Dispone sex vel octo, vel etiam plures si libeat, per ordinem notas, eisque vocales dupliciter adscribas, ita

5 .D.E.F.G.a. *pro* .F.G.a.♮.c. E_1 .F.G.a.♮.c. *om* Be E_2 Rh *cum neumis* (*puncta et virgae*) *sine litt* M *Sequentia huius cap om* Ba

6 diximus *pro* dedimus F regulam Le R regula modulandi F minus *pro* nimis G videretur M V_2 G videtur, quia solummodo cantus currit per quinque notas, qualiter E_1 atque liberiorem *om* Le possis tibi comparare Rh tu *pro* tibi G possis parare E_2 V_2 G possimus F possis *om* Le edocebimus, id est monstrabimus aliam regulam E_1

7 sex tibi octo, vel M VII vel VIII F septem *pro* octo E_2 si plures libeat F

scilicet ut unicuique notae duas seriatim attribuas hoc modo:

```
8 i o u a e i o u
  F G a b c d e f
  o u a e i o u a
```

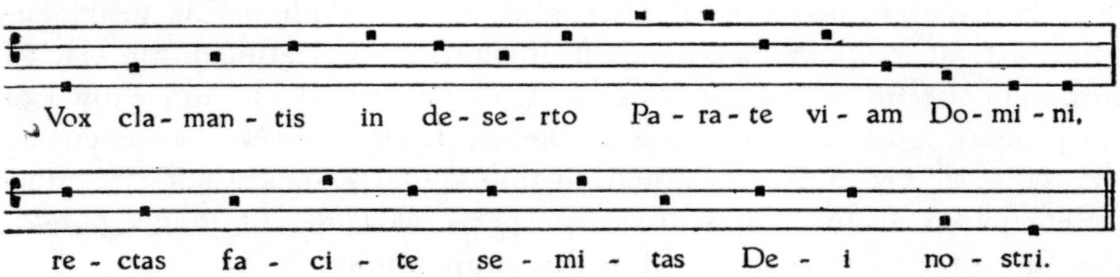

notas *pro* notae F seriatim *cum glossa in marg* ordinabiliter E_1 attribuas vocales E_1

```
                                e i o u a
    8 litt om Rh  .F....f. om M  a e i o u M  F G a b d e f V2  Domino G
```

8 *litt om* Rh .F....f. *om* M (e i o u a / a e i o u) M F G a b d e f V_2 Domino G *cum neumis in lineis* E_2 K Le R *cum litt et neumis* V_2 *cum notis in lineis* E_1

```
         D  E DF      ED    G F    E       D  a      G F      E     D     b  a G   F ED
Gamma Principium meum fiat per Christum vivum qui dat michi auxilium
```

cum neumis in lineis Rh

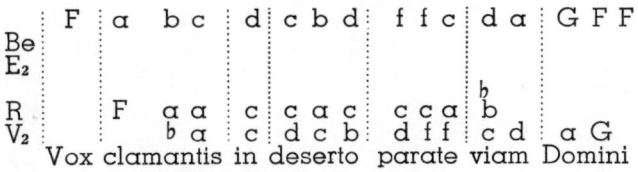

```
   :  F  :  a   b c  :  d : c b d :  f f c : d a  : G F F
Be :     :           :    :       :        :      :
E2 :     :           :    :       :        :      :
   :     :           :    :       :        : b    :
R  :     :  F   a a  :  c : c a c :  c c a : b    :
V2 :     :      b a  :  c : d c b :  d f f : c d  : a G
     Vox clamantis in deserto  parate viam Domini

   :  c  a  : b dc : c  db  : c c : G F
Be :        :      :        :   d :   G
E2 :        : b    :     b  :     :
   :        :      :        :     :
R  :  b     :      :        :     :
V2 :        : b    :     b  :     :
     rectas facite semitas Dei nostri
```

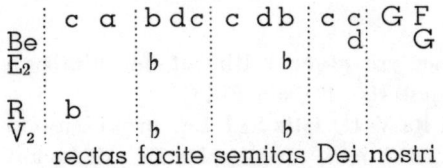

```
      b     b           b     b          b  b  b         b                b
dG   ba    b c   dcd cbc   bc GFG   b abcbFcdc   F  ab   FGFcF F   cbc      fa
Vox  clamantis  in   de  -  serto    para  -  - te  viam   Do - mini   rec  -  tas
b     b b       b  b  b
ab dc bcb   c F bab cbc    ed .... (del)
fa - ci - te  semitas  Dei  nostri    Le
```

9 Vide autem ne te ista, quam praemisimus, vocalium dispositio ad hoc inducat, ut eas semper necessario ita disponendas existimes: 10 sicut enim pictoribus atque poetis licet incipere quod volunt, sic nimirum sic modulanti per vocales aequa potestas est pro velle sui eas in principio disponere; 11 itemque quemadmodum illis providendum est, ut id quod inceperunt perficiant, ita isti studendum est, ut ordinem inceptum finetenus deducat. 12 Verbi gratia: Cum enim ego in praemisso cantu parhypate meson .o. .i. attribuerim, tu ibidem .e. .i. vel .a. .o. vel .a. .u. vel quidquid tale volueris, locare poteris, dummodo persistas in ordine quem inceperis. 13 Quod ut magis pateat, melum alterius modi exempli gratia supponimus:

9 ponendas E_2 estimes M

10 lectoribus *pro* pictoribus Be ac *pro* atque K Rh at E_2 nimirum modulanti Be F M modulandi Rh est potestas F suo F K G

11 itemque *om* M ut id *om* F isti ita V_2 G istis E_2 F Le providendum *pro* studendum F finetenus *in marg* ad finem. anastrophe E_1 deducant E_2 F Le

12 enim *om* F Le K M R Rh ergo *pro* ego F ego *om* M parhypatemeson *suprascr* .f. R id est .f. Le mihi *pro* .o. .i. F .a. .e. *pro* .a. .o. F quid F Rh quo *pro* quem F coeperis M

13 melius *pro* magis F metrum *pro* melum Rh exemplum supposuimus F supponimus cum vocalibus M

14 **e i o u a e i o**
C D E F G a b c
i o u a e i o u

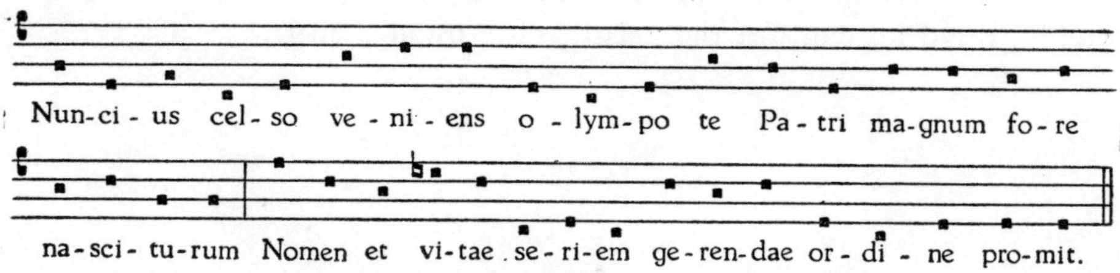

14 *litt om* **F**

i e i u a e i o	
C D E F G a b c	
e i o e u a e i Le	

o	**c**	**u**	
i	**b**	**o**	
e	**a**	**i**	
a	**G**	**e**	
u	**F**	**a**	
o	**E**	**u**	
i	**D**	**a**	
e	**C**	**i**	**R**

<eiou> u <eio> E2
***cum neumis in lineis* Be E2 K Le R Rh V2 nomen .... promit *om* F nomen .... promit *sine neumis* Le ordine promit *sine neumis* V2 promis G**

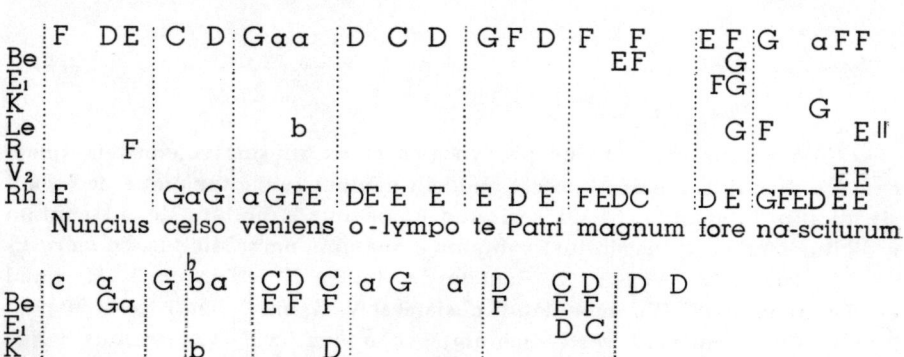

	F DE	C D	Gaa	D C D	GFD	F F	EF	G aFF
Be						EF	G	
E1							FG	
K								G
Le			b				G	F E ǁ
R	F							
V2								EE
Rh	E	GaG	aGFE	DE E E	E D E	FEDC	DE	GFEDEE

Nuncius celso veniens o-lympo te Patri magnum fore na-sciturum

	c a	G	b ba	CD C	aG a	D CD	D D
Be	Ga			EF F		F EF	
E1						DC	
K			b	D			
R	b						
V2				DC D	ǁ		
Rh	GacaG	ac	aG	aGFG	GFE Da	aGFE DF	E E

no-men et vitae seriem gerendae or- dine promit

15 Possent tamen vocales tali modo etiam triplicari vel quadruplicari, nisi quod tunc nimia confusio obsisteret modulanti. 16 Cum itaque, ut ostensum est, cantus per vocales componatur, sitque manifestum ex vocalibus constare quaecumque dicuntur, rectissime ait Guido, quod ad cantum redigatur omne quod dicitur.

Cum cantus componatur per vocales et ex substantia constant quaecumque dicuntur. Manifestum est quod in cantum reducitur omne deo quod sic dicitur in mundo. Sicud scribitur omne quod dicitur, sic ad cantum redigitur omne quod scribitur; cantatur omne quia omne dicitur. *In marg* E_1

15 Posset Le Possunt E_2 autem *pro* tamen R etiam *om* E_2 M quod *om* Le modulandi Rh modulandi obsisteret V_2 G modulandi fieret M

16 Cum itaque .... rectissime *om* M Cumque ita F Cum cantus itaque ut ostensum est, cantus E_1 ostendum G componantur R dicuntur quaecumque F rectissime enim ait E_1 ut ait M redigatur id est post reducitur. E_1

CAPITULUM XXI

QUID UTILITATIS AFFERANT NEUMAE A GUIDONE INVENTAE

Ba 48r
Be 24r
E_1 23v
E_2 17r
F 84v
K 25r
Le 109r
M 89v
R 34v
Rh 44r
V_1 35v
V_2 69r
G 257

1 Ne forte moveat lectorem quod in primo capitulo ei iniunximus, ut cantare per musicas assuesceret neumas, et de eis tractare hucusque distulimus, attendat quod hoc non ab re fecimus: 2 nisi enim prius sciret musice canere, exempla passim ob diversas causas introducta nullatenus posset intelligere. 3 Cur autem a Guidone inventae sint huiusmodi neumae, non statim oportuit dici, cum earum causa et utilitas per ea, quae iam praemissa sunt, satis possit percipi. 4 Cum enim in usualibus neumis intervalla discerni non valeant, cantusque, qui per eas discuntur, stabili memoriae commendari nequeant, ideoque in cantibus plurimae falsitates subrepant. 5 Hae autem omnia intervalla distincte demonstrent, usque adeo, ut et errorem penitus excludant, et oblivionem canendi, si semel perfecte sint cognitae, non admittant: 6 quis non magnam in eis utilitatem esse videat? 7 Qualiter

Titulum non habent Be E_1 F K M R V_2 Cap. XX M Rh conferant Ba De musicis et irregularibus [*suprascr* id est usualibus] neumis, et quot modis musice fiant a quibusque sint invente. V_1

1 Ne .... intelligere *om* V_1 nec primo forte F forte vero moveat Ba E_2 V_2 G iniunximus ei E_1 musicas neumas K M neumas notas Rh notas *pro* neumas Ba et *om* Ba his *pro* eis Le Rh usque huc tractare distulimus Ba hoc *om* Ba V_2 G ob rem F ab re non M

2 id *pro* enim F prius *om* Ba musice sciret Ba F passim *om* Ba

3 huiusmodi inventae Ba a .... neumae *del* V_1 inventae scilicet virgula, clivis, podatus etc. sint E_1 etc. *in marg* id est IX modi quibus omnis melodia contexitur E_1 sint inventae Be eiusmodi E_2 dici .... alias cantuum [27] *abscissum est in* V_1 et *om* F iam *om* Ba sunt *om* M satis *om* F experiri Ba V_2 G percipi possit F

4 usu alibus Le usu aliis Rh discernere E_2 non *om* Be dicuntur V_2 G commendare E_2 in cantu Ba plurimae *om* M obrepant Ba V_2 G subrepant falsitatis M

5 intervalla omnia M omnia *om* K distincte *om* K usque adeo *om* M ut errorem F K V_2 G ut er errorem Rh penitus *om* Be oblivionem non admittant canendi, si .... cognitae non admittant E_1 perfecti Ba cognitae sint F amittant F

6 quis *om* F magnam utilitatem in eis E_1 E_2 magna in eis utilitas F videatur E_1 Be F

autem irregulares neumae errorem potius quam scientiam generent in virgulis et clinibus atque podatis considerari perfacile est, [8] quoniam quidem et aequaliter omnes disponuntur, et nullus elevationis vel depositionis modus per eas exprimitur. [9] Unde fit, ut unusquisque tales neumas pro libitu suo exaltet aut deprimat, et ubi tu semiditonum vel diatessaron sonas, alius ibidem ditonum vel diapente faciat, et si adhuc tertius adsit, ab utrisque disconveniat. [10] Dicit namque unus: Hoc modo magister Trudo me docuit; [11] subiungit alius: Ego autem sic a magistro Albino didici; ad hoc tertius: Certe magister Salomon longe aliter cantat. [12] Et ne te longis morer ambagibus, raro tres in uno cantu concordant, ne dum mille, [13] quia nimirum dum quisque suum praefert magistrum, tot fiunt diversificationes canendi quot sunt in mundo magistri.

[14] Ut autem manifeste videas quod in illegalibus neumis saepe per ignorantiam cantus depravatur, exemplum tibi sit ant. *Collegerunt.* [15] Plerique enim clinem in prima syllaba et penultima plus iusto deprimunt, videlicet diapente facientes et sequentem neumam tono inferius incipientes; [16] cum constet quod a .Γ. usque ad lichanos hy-

7 potius errorem V_2 G generant F et in clinibus Ba M V_2 G clivibus Le considerare E_1 R consideranti K

8 deponis *pro* depositionis K per eas *om* Ba

9 vel *pro* aut M et *pro* aut F ut uti Ba E_1 tu *om* F K tu dicis Ba semitonium *pro* semiditonum Le M Rh ditonum Be aut *pro* vel M socias *pro* sonas M sonas *om* Ba semiditonum *pro* ditonum Be

10 Dicat G Dicit.... ambagibus *om* M unus hoc modo: Magister G huiusmodi me magister Ba hoc modo canit magister F Troido Rh

11 subiunxit E_1 Rh alius et dicit: E_1 autem *om* K a magistro Albino sic E_2 Rh Albumo F adhuc *pro* ad hoc E_1

12 Et sic raro tres M te *om* Ba longius in ambagibus morer F ambagibus id est curtumlocutionibus E_1 tres vel in uno F concordant cantu M ne dum mille *om* Ba

13 nam *pro* quia M nimirum *om* Ba M unusquisque Ba Rh profert F Rh V_2 G praefert suum magistrum E_2 R diversitates Rh diversationes V_2 divisationes Ba G

14 videas manifeste M Rh legalibus Ba M Rh V_2 G illegalibus id est inusitatis cantibus neumis E_1 depravetur G ista ant. M ant. *om* F

15 etenim Be E_1 E_2 F namque *pro* enim M penultimam M penultima iuste F facientes.... diapente *om* Rh

16 constat G .G. *pro* .Γ. G .Γ. superius usque M hypaton .D. G *supra-*

paton diapente est, et sub .Γ. nulla consistit nota, et praeterea quod nullus subiugalis sextam infra finalem contingere debet. [17] Nonnulli etiam cantum eiusdem antiphonae in alio loco confundunt, dum in ea voce *concilium* inchoant, per quam *Pharisei* emittunt, [18] et antepenultimam eiusdem dictionis inferius incipiunt quam primam emittant. [19] Qui autem concedere mavult veritati regulae quam pravo usui

scr .D. V_2 .d. Le diapente sit Be non consistit aliqua nota K consistat Be Le nota consistit Rh nulla subiugalis F subiugalium Be infra contingere finalem debet F debeat Ba G

17 cantum etiam Rh eiusdem scilicet *Collegerunt* ant. E_1 constituunt *pro* confundunt Rh confundunt in alio loco K voce nullum concilium F remittunt G emittunt *om* Ba

18 etiam *pro* et E_2 antepenultimam syllabam, quae est *ei* eiusdem dictionis, scilicet *concilium,* inferius incipiunt quam primam, scilicet *con* emittant. E_1 eius dictionis Ba V_2 dictionis eius G incipiunt inferius E_2 primum Le primunt F

19 autem *om* Rh mavult concedere Be volunt Ba E_2 V_2 G nolunt M veritatis K Le regulae mavult veritati F adherre Ba adhaerere *om* F

incorrigibiliter adhaerere, [20] eum canere convenit hoc modo:

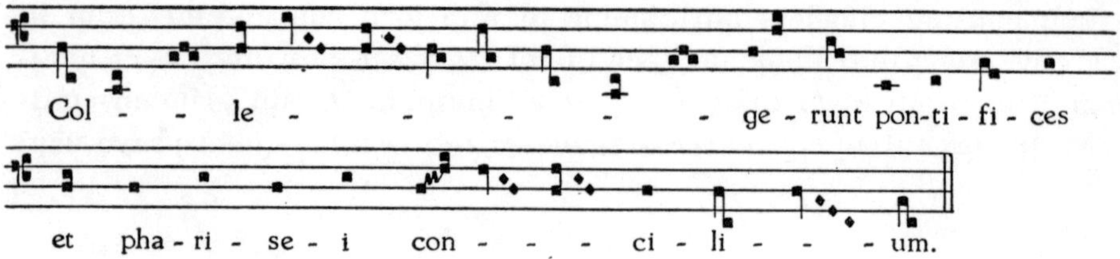

20 eos M convenit canere Ba E_2 convenit id est debet E_1 hoc modo convenit M hoc modo ant. E_2 *Cum neumis* Ba *cum neumis in lineis* Be E_2 K Le M R Rh V_2 *cum notis in lineis* E_1 Pharisei concilium *om* R <Phari>-sei concilium *om* Rh concilium et dicebant Ba V_2 G

	DAΓACDC	DF	GED	D FED	DCFC	DAΓA	CDC	D FG	ED
Ba					- - - -	- - - -	- - -	- - -	
Be									
E_1									
E_2	[				]		[		]
K		D	F						F
Le		D	F						F
M				-					
R		DE	F	DE		AB		DE	
V_2	-B	CD	EF	C D DCC	DC	B - AB	-	DE -	
Rh	αEDEFαG	α	cdcbα	-cb α	αGbG	αEDE	GαG	α cd	bα
	Col -	le	-	-	-	-	ge	-	runt

	Γ	A	C B	C	DE	D E D E	DEFGFED	DFED	D	DADCBA	CA ||
Ba			-		-			-		-	
Be		Γ			-						||
E_1		ΓCB	-	D	-						||
E_2					[			]			||
K		Γ			-		-			B	||
Le			-						-	||	
M			-			C D	- -	-	CC		||
R					F	||					
V_2	A	B				C D	-	E	C		
Rh	E	G	Gα	α	α-	Gα ||					
	ponti	-	fi - ces	et	pharisei		con	-	ci - li	-	um.

DC FEDFD CDEF ED DA ΓA
et di ce bant Ba V_2 *sed* ce *quilisma clivis* Ba Col - le Be E_1 M

[21] Sed et in communione *Beatus servus* levis error habetur, qui per unum podatum incongrue prolatum efficitur. [22] Hunc autem quidam sic corrigunt, quod *Dominus* a trite diezeugmenon in mese cadere faciunt, et *invenerit* in parhypate meson incipiunt et *super omnia* in lichanos meson; [23] alii autem ita emendant quod *invenerit* iuxta usum incipiunt, et penultimam eius in mese inchoantes in lichanos meson emittunt, [24] et ultimam in hypate meson, incipientes in parhypate meson exire faciunt, *super omnia* secundum priores corrigunt. [25] Mihi autem facilior correctio videtur, si ultima syllaba *invenerit* in lichanos meson per unisonum cantetur, quod et Guarino et Stephano in musica subtilibus placet.

[26] Sed si quis obiiciat deesse in quibusdam locis semitonia, dicimus non esse ibi necessaria semitonia, ubi ipsi videtur. [27] Saepe etenim ex cantorum ineptia evenit, quod inter alias cantuum depravationes semitonia proferunt ubi proferre non debent, et interdum negligunt ubi negligere non debent. [28] Iam vero manifestum est quod durae hominum voces et incompositae semitonia quam maxime devitant; qui autem flexibiles habent voces, semitoniis plurimum gaudent, [29] eo

21 et *om* F Le Rh in hac comm. Le in comm. etiam Be Beatus servus *cum neumis:* Be *punctum podatus* a *podatus* tus *virga* ser *clivis quilisma* vus *virga* Ba qui primum F efferunt F

22 Sic *om* E_2 Dominus *cum neumis:* Do *bivirga* minus *virgae* R in trite Be diezeugmenon .c. G *suprascr* .c. Ba Le R mese .a. Ġ .A. R *suprascr* .a. E_2 Le *suprascr* .♮. Ba faciunt cadere F et invenerit *om* F et .... incipiunt *om* Rh <in>ve<nerit> *suprascr torculus* Le parhypate meson .F. G *suprascr* .F. E_2 Le R in .F. cipiunt M super omnia *cum neumis:* su *punctum* per *virga* om *virga* nia *puncta* Le omnia .G.a.c.♮.a.G. in E_1 in *om* F

23 autem *om* Be E_1 E_2 K Le R Rh sic *pro* ita Ba ita emendant *om* F invenerint F eius ut in mense inchoantes F mese .a. G *suprascr* .a. Le R in mese *om* Ba lacanos meson Rh lichanos *suprascr* .G. Ba E_2 Le R emittunt .... lichanos meson *om* G emittunt .... parhypate meson *om* M

24 hypate meson *suprascr* .e. parhypate meson *suprascr* .F. Le R

25 videntur E_1 quod et .... placet *om* M et Stephano et Gwarino Ba Steffano K gwarino E_2 Garino F Gaurino Le

26 Sed et si Ba Sed *om* Rh deesse *om* R in *suprascr* ibi Le dicimus .... semitonia *om* F ibi non esse R non ibi esse Ba necessaria ibi E_1 E_2 ipsis Be K Le Rh V_2 G ubi videntur esse F

27 saepe etiam id ex F enim Ba Rh evenit *in marg* pervenit Le venit F in alias F depravationes etiam Ba deberent Le negligi M negligentur F proferre *pro* negligere non V_1

28 et incompositae *om* M compositae Ba flebiles F voces habent M plurimum *om* V_1

usque ut etiam ibi aliquotiens semitonia depromant, ubi depromenda non sunt, quemadmodum patet in multis quarti toni antiphonis, ut in his: [30] *Custodiebant, Ex Egypto, Sion renovaberis.* [31] Simili modo quidam delinquunt in ℟. *Conclusit vias meas,* semitonia sonantes ubi non sunt, videlicet in illis dictionibus *Inimicus insidiator.* [32] Idem ℟ plerique in fine confundunt, quia *animae meae,* quod in mese est incipiendum, in nete diezeugmenon incipiunt. [33] Sed de cantibus per irregulares neumas depravatis in sequenti capitulo latius disseremus.

Ba 51r
Be 25v
E_1 24r
E_2 17v
F 85r
K 27r
Le 110r
M 90r
R 35v
Rh 45r
V_1 36r
V_2 69v
G 259

[34] Solent autem nonnulli neumas illas quibusdam notis resarcire, per quas cantorem videntur non docere, sed duplicato errore impedire. [35] Nam cum in neumis nulla sit certitudo, notae suprascriptae non minorem praetendunt dubitationem, [36] praesertim cum per eas multae dictiones diversarum significationum incipiant, ideoque ignoretur quid

29 adeo *pro* eo usque V_1 ibi etiam V_2 G aliquotiens *om* V_1 proferant *pro* depromant Ba semitonia proferant aliquotiens proferenda Be depromanda E_2 sunt ut in his quarti V_1 patet *om* E_1 antiphonis quarti toni F

30 Custodiebant t<estimonia> M Custodiebant *cum neumis:* Cu *virga* sto *punctum* di *virga* Ba E_2 R e *podatus* bant *virga* Ba E_2 Egypto vo<cavi> M Ex Egypto *cum neumis:* Ex *virga* E *virga* gyp *podatus* to *virga* Ba E_2 R Sion renovaberis *cum neumis:* Si *podatus* Ba E_2 R on *virga* re *podatus* no *clivis* vaberis *virgae* Ba E_2 renovaberis *om* R

31 quidam delinquunt *om* M ut in ℟ F Conclusit *cum neumis:* Con *virga* Ba M *punctum* E_2 clu *quilisma* Ba E_2 *scandicus* M sit *virga* Ba E_2 M vias meas *om* Ba E_2 Rh V_1 meas *om* F M sunt id est inimicus V_1 In unicus *pro* inimicus G

32 Itemque in fine ℟ plerique delinquunt Ba confundunt in fine Be F fine male concludunt Rh suae *pro* meae F mese .a. G *suprascr* .a. Le M R .a. *pro* mese V_1 incipiendum est Be E_2 nete diezeugmenon .e. G *suprascr* .e. Le R .e. *pro* nete diezeugmenon V_1 trite diezeugmenon Ba incipiunt. De ℟. *Viri impij* curandum est ut in eo loco emendetur, id est ut uno tono in *cogitationibus* a priore dictione elevetur. V_1

33 Sed .... disseremus *om* V_1 Sed de musicis et irregularibus neumis depravatis Rh quibusdam *in marg* id est usualibus E_1 capite G

34 neumas *suprascr* id est cantus E_1 resarcire quibusdam notis F reparare M videntur cantorem F

35 tum *pro* cum F cum *om* E_2 in *om* M neumis *in marg* id est cantibus. Propter diversitatem usuales note sumit <?> que errorem tocius cantus perficiunt E_1 notae usuales E_1 supradictae F M dubitationem praetendunt F

36 praesertim per eas cum usuales notas multae E_1 multae a dictiones E_2 ignoretur *corr* ignoratur Le

significent. [37] Sed et si eis tribuatur aliqua certa significatio, non tamen per hoc extirpatur omnis dubitatio, dum cantor adhuc manet incertus de modo intensionis et remissionis; [38] siquidem .c. diversarum dictionum principium est, veluti cito, caute, clamose; similiter .l. ut leva, leniter, lascive, lugubriter; [39] simili modo .s. quemadmodum sursum, suaviter, subito, sustenta, similiter, etc. [40] Hoc autem de musicis et regularibus neumis breviter intimare possumus, quod musicae tam vero tamque levi cantorem tramite ducunt, ut etiam si velit, errare non possit; [41] et postquam quivis, seu magnus, seu pusillus, quattuor historias, vel totidem officia per eas a praecentore didicerit, totum antiphonarium et graduale absque magistro addiscere poterit. [42] Irregulares vero, ut ostensum est, dubietatem gignunt et errorem, nec tantulam utilitatem cantori conferre valent, [43] ut postquam per eas totum graduale usque ad unum officium, et ut amplius dicam, usque ad unam commnionem a magistro didicerit, illam unam communionem, quae restat, per se canere sciat. [44] Liquet ergo, quod qui istas amplectitur, amator est erroris ac falsitatis; qui autem musicis adhaeret neumis, tenere vult semitam certitudinis et veritatis.

37 et *om* Ba R aliqua *om* M omnis extirpatur F intensionis et remissionis modo V_1

38 siquidem diversarum dictionum .c. est principium Be .C. Le significationum *pro* dictionum Ba clamose, cito, caute Ba cave *pro* caute E_1 caute *om* F

39 similiter *pro* simili modo M .S. K ut V_1 surdum Ba sustentant F simili modo *pro* similiter F similiter, etc. *om* K

40 musicis neumis K de regularibus Le irregularibus K M R hoc breviter Rh musica V_2 G musicae *om* Be musicae neumae F notae M tam *om* Ba vero tamque *om* F levi tramite ducat cantorem V_2 G tramite id est limite E_1 tramite cantorem M V_1 musice ducat Ba ducant F

41 quivis magnus F sive magnus Be R V_1 sive pusillus Be R parvus *pro* pusillus Rh magistro *pro* praecentore E_2 praecentore *in marg* id est a magistro E_1 antiphonarium totum V_2 G vel *pro* et E_1 sine *pro* absque F poterit addiscere E_1 potuerit F

42 irregulares *in marg* id est usuales E_1 errorem cantori potius conferunt *pro* ut .... valent V_1 errores Ba V_2 G tantam K *in marg* id est tantam E_1 cantorem Ba valent ferre M

43 officium vel Ba et .... dicam *om* Ba communionem vel unam antiphonam V_1 didiceret Le R a magistro .... communionem *om* F communionem vel illam unam antiphonam V_1 cantare Be canere per se Ba M V_2 G canere nesciat F K V_1

44 quod *om* F istas usuales E_1 amplectitur istas Ba et *pro* ac K falsitatis et erroris F musicis vult adhaerere F tenet *pro* tenere vult F

[45] Sciendum praeterea, quod tribus modis musicae neumae fiunt: uno modo per notas in monochordo dispositas, quo veteres musici usi sunt; [46] secundo modo per intervallorum designationes, quod neumandi genus Hermannus Contractus reperisse dicitur, fit autem hoc modo: [47] .E. vocum aequalitatem designat; .S. semitonium notat; .τ. tonum demonstrat; .τ. iunctum cum .S. semiditonum ostendit hoc modo: .$\overset{s}{\tau}$.; [48] .τ. duplicatum ditonum declarat ita: .$\overset{\tau}{\tau}$.; .D. capitalis diatessaron praetendit, .Δ. diapente demonstrat, cui si adiungas .S. semitonium cum diapente notat hac figura .$\overset{s}{\Delta}$.; [49] sin autem .τ. apponas tonum cum diapente designat hoc modo: .$\overset{\tau}{\Delta}$.; sed et si diapason signare volueris .Δ. et .D. capitalem coniungas ita .$\overset{D}{\Delta}$. [50] Horum autem signorum unumquodque absque puncto intensionem notat, cum puncto remissionem. [51] Et haec quidem omnia plenissime docet cantilena illa ab ipso Hermanno, ut fertur, composita: *.E. voces unisonas aequat* etc., nisi quod diapason intensionem non facit.

[52] Tertius neumandi modus est a Guidone inventus. [53] Hic sit per virgas, clines, quilismata, puncta, podatos, caeterasque huiusmodi

45 Sciendum est V_1 notae *pro* neumae M monochordo *in marg* id est per litteras E_1 positas Ba dispositas, quibus veteres utebantur musici Be quo *in marg* id est pro quibus E_1

46 modo *om* V_1 per *om* E_2 significationes *pro* designationes F genus neumandi V_1 HERIMANNUS Ba heremandus Be repperisse Le invenisse F dicitur reperisse E_2 fit .... facit [51] *om* V_1

47 .e. R designat vocum aequalitatem M .T.^{s} iunctum M semitonium *pro* semiditonum Le tonum cum semitonium Rh hoc modo .... ditonum *om* G .TS. K .$\overset{s}{T}$. Le .T^s. R $\overset{s}{\tau}$ *om* F

48 .$\overset{\tau}{\tau}$. duplicatum ditonum declarat; .D. M hoc modo *pro* ita E_2 capitalem Rh notat *pro* demonstrat Ba cui autem si F coniungas F semiditonum *pro* semitonium Be hanc figuram Le *Pro* Δ *semper habent* .Λ. Ba R .δ. E_1 F Le Rh

49 sin autem .... $\overset{\tau}{\Delta}$ *om* Be F diapente hoc modo .$\overset{\tau}{\Delta}$. designat M sed *om* G designare Be G signa Ba volueris .... notat *om* Ba .$\overset{D}{\Delta}$. *pro* .Δ. et .D. M capitale F M adiunge M ita .$\overset{D}{\Delta}$. *om* M

50 quodque Be unumquodque intensionem notat cum puncto, absque puncto remissionem F

51 Et .... non facit *om* M quidem *om* Ba illa *om* G Herimanno Ba K Le R V_2 ipso *om* R ut fertur *om* E_1 F quod de diapason E_1 E_2 K mentionem *pro* intensionem F

52 modus neumandi M modus est neumandi Ba neumandi *om* V_1 est *om* Le inventus est M Rh fit *pro* sit K R V_1

53 virgas, clines, quilismata, puncta, podatos *cum neumis suprascr* E_1 Le quilismata *eras* F podatus, puncta Ba huiuscemodi Be E_1 Le M Rh

notulas suo ordine dispositas, quas etiam meta in margine apposita multum facit expeditas. [54] Per hunc itaque modum quisquis celeriter et proficue ad canendum musice introduci desiderat, tribus insudandum laboris esse sciat. [55] Primus quippe labor est, ut quae vel quot syllabae cuique voci attributae sint, diligenter consideretur. [56] Deinde nihilominus studendum est, ut quae voces in linea vel spatio constitutae sint, recte perpendatur. [57] Tertius autem labor cantionis est, ne cantorem vocum varia dispositio ducat in errorem, qui hoc modo facile evitari poterit, [58] si diligentius animadvertatur, quod .F. unaquaeque minio, et .C. unaquaeque croco signatur. [59] Secundum quinque semitonia in quinque locis colores disponuntur. [60] Quidam tamen si color desit, pro minio punctum in principio lineae ponunt. [61] Idcirco autem has duas, scilicet .F. et .C., vel etiam colores quibus signantur, tantopere observari praecipimus, [62] quoniam per eas aliae notae reguntur, eisque de loco motis caeterae pariter moventur. [63] Sed si his neumis colores vel notae non aderunt, tales sunt neumae qualis puteus sine fune.

posita *pro* apposita M Rh

54 et *pro* Per F et proficue *om* V_1 tribus *om* Ba tribus laboribus esse sciat insudandum M laboribus insudandum F esse laboribus Be E_2 K Rh V_1 V_2 esse *om* E_1

55 itaque *pro* quippe F quod vel quae Ba deputatae *pro* attributae V_1 sit attributae M consideret G considerari oportet F

56 Ac deinde Ba nihilominus *om* Ba V_1 voces quae *observatio corr* deest vel qui M vel in Be E_2 R Rh V_1 constitutae .... errorem *om* Le sint constitutae M sunt F V_2 G perpendantur F

57 vero *pro* autem V_2 G autem *om* Ba M est cantionis Ba F V_2 G est *om* E_2 varia vocum Ba F K vocum *om* Be in errorem inducat Ba vitari Rh vitare M evitare R curare F evitatur si V_1

58 omnia advertantur F quod facile M unaquaeque .F. V_1 littera *pro* .F. G unaquaque R unaquaeque .c. F unaquaeque .C. V_1

59 Secundum .... disponuntur *om* Ba V_2 G secundum enim K disponantur R

60 Quidam .... ponunt *om* V_1 autem *pro* tamen Ba desit *om* Le lineae *om* F

61 autem *om* F Le Rh V_2 facit *pro* scilicet Le .F. scilicet Ba litteram scilicet et .C. G scilicet *om* E_2 F M Rh notantur *pro* signantur Ba V_2 G tanto opere K servari F observatur quoniam V_1

62 eisque scilicet .F. et .c. E_1 eiusque M et eis Ba locis E_1 motis *om* F

63 absque *pro* sine Be

Ba 53v
Be 27r
E_1 25r
E_2 18v
F 85v
K 28v
Le 110v
M 90v
R 37r
V_1 36v
V_2 70r
G 260

CAPITULUM XXII

DE PRAVO USU ABIICIENDO, ET SUPERFLUIS QUORUNDAM MODORUM DIFFERENTIIS

1 Libet modo quorundam cantuum recordari, qui per irregulares neumas iamdudum sunt depravati, utque pravus usus et in his et in aliis omnibus corruptus hucusque servatus abiiciatur, magnopere hortari. 2 Cum enim constet quod unus Dominus una fide, uno baptismate, et omnino morum unitate oblectatur, quis non credat quod idem ex multiplici cantorum discordia, quam non inviti neque ignorantes, sed voluntarie constrepunt, offendatur? 3 Nos ergo, qui rectam canendi viam nutu Dei novimus, errorem non decuit pati, nec multum curandum fuit, si quidam insulsi cantores in vitiis pertinaces locum non dent veritati, dum id efficere possimus, ut aliqui sanae mentis errorem deserant, ultro emendati. 4 Tanta autem in corrigendis cantibus mediocritate usi sumus, ut et pro paucitate sui taedium lectoribus non ingerant, et in emendatione non multum ab usitato tramite discedant.

5 Sciendum sane, quod quidquid vitiose canitur, aut in principio aut in medio aut in fine pervertitur. 6 In principio quippe cantus

Capitula sequentia om Incipit dialogus in musicam Rh *Titulum non habent* Be E_1 E_2 K M R V_2 Cap. XXI M De cantibus per irregulares neumas depravatis. V_1 quorundam tonorum abitiendis Ba

1 modo *om* V_1 quaedam memorari cantuum M corruptis Be K M observatus Be hortari libet E_1

2 ideo *pro* enim F constet quod unus *om* G unus *om* Ba V_2 fides F omnino *om* V_1 oblectetur Ba delectatur F delectetur G quod idem Deus offendatur ex .... offendatur E_1 strepunt Ba constrepunt *in marg* id est proferunt E_1

3 Nos .... tramite discedant *om* V_1 viam canendi F R nutu *in marg* id est voluntate E_1 errores F neque F R fuit curandum F cantatores V_2 pertinaces *in marg* id est audaces E_1 veritati non dent F possumus Le

4 desiderant *pro* deserant Le desunt F ut pro K M ingerat M

5 sciendum tamen est F canitur vitiose M et *pro* aut E_1

6 namque *pro* quippe V_1 interdum cantus F G

interdum depravatur, cum vel in propria nota non inchoatur, vel in sua nota inchoatus per incompositam proferentis vocem nimium deprimitur aut elevatur. 7 In medio quoque vel in fine per incongruum elevationis vel depositionis sonum cantus plerumque corrumpitur; de singulis exempla subdamus. 8 Diversi hoc ℟. *Ego pro te rogavi* in diversis locis incipiunt: 9 quidam videlicet in hypate meson, quidam in lichanos meson, nonnulli in mese, et in medio errorem videntes, cantum falsitatis arguunt eumque emendare contendunt. 10 Verumtamen si in paramese principium sumit, absque impedimento ad finalem suam legitime decurrit hoc modo:

11

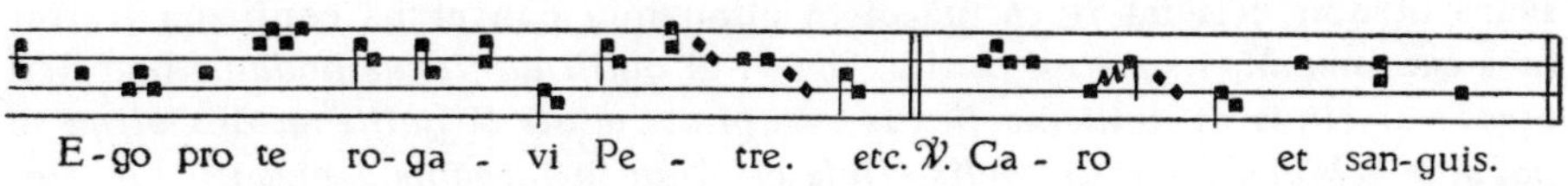
E-go pro te ro-ga - vi Pe - tre. etc. ℣. Ca - ro et san-guis.

pervertitur *pro* depravatur Be F prima *pro* propria F inchoantur Le vel *om* M vel cum in sua nota inchoatur sed per F inchoatus *om* K nimium *om* V_1

7 in fine cantus plerumque per incongruum E_2 per *om* G incognitionem *pro* incongruum F plerumque cantus Be cantus *om* Ba V_2 G de *om* Be de .... subdamus *om* V_1 exemplum demus Ba

8 Diverse M rogavi *om* Ba F V_1

9 videlicet *om* Le M V_1 quidam in .E., in .G., alij in .a. incipiunt, et V_1 hypate meson *suprascr* .E. E_1 E_2 Le R V_2 G *suprascr* .F. Ba lichanos meson *suprascr* .G. Ba E_1 Le V_2 G *suprascr* .g. R mese *suprascr* .a. Ba E_1 E_2 Le R V_2 G et *om* E_2 contempnunt M

10 principium in paramese F paramese *suprascr* .♮. Ba E_1 E_2 Le R V_2 G .♮. *pro* paramese V_1 ypatemese *pro* paramese *suprascr* .E. M sumat E_2 currit F huiusmodi decurrit M hoc modo .... sanguis *om* V_1 G rogavi .... sanguis *om* F

11 *cum neumis* Ba *cum neumis in lineis* Be E_2 K Le M R V_2 *cum notis in lineis* E_1

	b	aba	b	dede	dc	dbcd	aG	dcdedc	ccbaba
Ba									-
Be								b	ca
E_2									cb c
K									- c -
Le								♭ fe	
M	E	GaG	a	cdcd	cb	cbbc	GFaG	cbcdcb	bbaGaG
R	F	GaG	FG	cdcd	cb	cabc	GF	cbcdcb	bb - - - -
	E	go	pro	te	ro-ga	-	vi	Pe -	tre

[12] Item in medio cantus error invenitur, ut in ℟ *Bethlehem civitas,* quod in duobus locis emendari convenit, [13] ita scilicet ut in ultima syllaba *dominator* in parhypate meson incipiatur, et *in terra* in paranete diezeugmenon principium sumat, hoc modo:

Petre ut non deficiat fides tua et tu aliquando conversus confirma fratres tuos *cum neumis usque ad* confir<ma>: ut *quilisma flexus podatus* non defi *virgae* ci *clivis* at *quilisma flexus resupinus clivis* fi *quilisma* des *virga* tu *podatus* a *bivirga subbipunctis clivis* et *virga* tu *torculus* a *virga* li *torculus resupinus* quan *torculus* do *torculus resupinus* con *clivis* ver *podatus subbipunctis* sus *quilisma* con *podatus* fir *punctum-torculus resupinus-quilisma flexus* Ba

	cdcc	abcbaaG	c	bc	a	
Ba	d	-				
Be		-		-		
E_1		-				
E_2	d					
K			a Gc			
Le		- - - - - -	abca	a-	aF	a a a aG
M	·-					non re-ve-la <vit>
R	aG--	- - - -	GabaG	ab	G	
V_2		cdedcd -	e	de	d	
	Ca	ro	et	san	guis	

12 Item *om* V_1 invenitur, sicut in introitu *Populus Syon* depraehenditur, qui ut leviter corrigatur *Gentes* diatessaron inferius in .G. incipiatur. Similiter Offert. *Ave Maria* corrigitur, si ultima syllaba Benedictus (*cum neumis:* Be *clivis* ne *torculus* di *torculus resupinus* ctus *podatus clivis*) in .F. incipitur. Item Responsorium *Alleluia audivimus* recte finitur, si *adorabimus* in eo loco incipitur ubi prior dictio finitur. Item Responsorium *Elisabeth* corrigitur, si in utroque due sillabe, id est *apparuit* et *Zacharie* ad .F. exenduntur. Illud Responsorium *Factum est* recte cantatur si *Helyseus* a finali incipiatur. Item [20] V_1 quemadmodum *pro* ut Be Bethleem civitas *cum neumis:* Beth *podatus* le *podatus* em *virga* ci *podatus* vi *virga* tas *torculus* M quem *pro* quod K Le R emendare Be emendati F

13 scilicet *om* F ut ultima E_1 E_2 F dominator in terra nostra E_2 <domi>nator *cum neumis:* na *torculus resupinus* tor *torculus quilisma* Le parhypate .... terra *om* E_2 parhypate meson *suprascr* .F. Ba E_1 M R V_2 G et *om* Le paranete diezeugmenon *suprascr* .d. E_1 Le R V_2 hoc modo .... usque *om* G hoc modo .... nostra *om* M

14

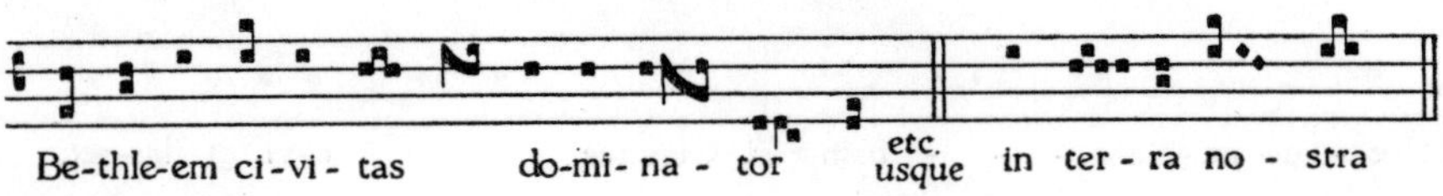

15 Sed et in fine cantus a quibusdam erratur, ut in ℟ *Mane surgens Iacob.* 16 Hoc enim cum verissime quarti sit toni, quidam imperiti in lichanos meson emittunt, et tamen ei versum quarti toni incompetenter adiungunt, cum potius hoc modo canendum sit:

14 civitas Dei F *cum neumis* Ba *cum neumis in lineis* Be E_2 K Le R V_2 *cum notis in lineis* E_1 <domina>tor .... nostra *sine neumis* Ba

	G c	b c	d	d f	d	cdc	d c d	c	c	c c a c	F F e	FG ‖
Ba							- - -		‖			
Be							c -					‖
E_1		-		e			-					‖
E_2		d					- - -			-		‖
K		-	bcd				- - -					‖
R			cd				- b			b	GaG	Ga ‖
VB		c b c	c				- - -			- b	GGF	‖
	Beth	le	em	ci	vi	tas		do	mi	na	tor	

	d	c d c c	b c	d f d c	d f d ‖
Be				c - -	‖
E_1		d e -	cbccbc	c	‖
K				-	c d - ‖
R			c b	‖	
V_2		-	c d	e d	e ‖
	In	ter	ra	no	stra

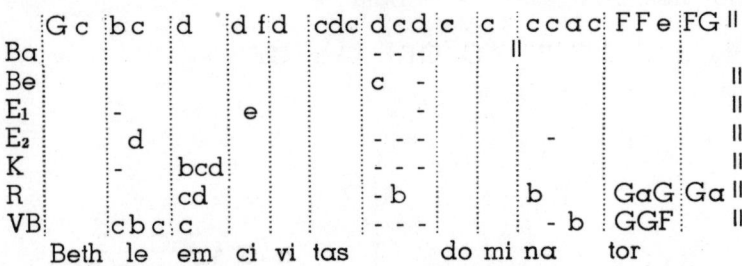

15 Sic et in fine M sic in fine G Sed etiam E_2 Et sed E_1 a quibusdam in fine cantus Be erratur *corr in* errant Le ut *om* F Mane *cum neumis:* Ma *virga podatus* ne *virga* M

16 Hoc .... evigilasset *om* M enim *om* E_2 sit quarti Be E_2 F V_2 G imperiti *om* K lichanos meson *suprascr* .G. E_1 Le R V_2 usum *pro* versum G cum potius .... evigilasset *om* G sit canendum Ba V_2

17

18 Quidam etiam hanc ant. *Pater manifestavi* cum sit hypolydii, in lichanos hypaton emittunt, dorioque eam attribuunt. 19 Quod vitium illi leviter devitant, qui *alleluia* in parhypate meson per unisonum cantant. 20 Item plerique indocti delinquunt in hac ant. *Simile est regnum coelorum decem virginibus,* dum eam in parhypate hypaton

17 Cumque evigilasset *om* Ba evigilasset *om* Be evigilassem Le *cum neumis in lineis* Be E_2 K Le R V_2 *cum notis in lineis* E_1

	F	G	a	G	a	F	D	F	E	F	G	G	F	G	a	G	F	G	F	E
Be																				
E_1																		-		
E_2																				
K										EF					a			D		
Le															a					
R															a			-		
V_2					G		E						-	-	-	-	-	-	GFEDF	
	Et	e	-			go		ne-sci-				e			-		-		bam	

	a	G	F	G	a	G	a	G	E	F	E	G	G	G	F		G	a	G	F	||	
Be									F		F					||						
E_1																						
E_2									F										||			
K											F					||					||	
Le											F					||						
R									-														
V_2							-	-	-	-	-								a	G		FGaG aG
	Cum	que										e-vi	-	gi-			las	-	set			Ia - cob

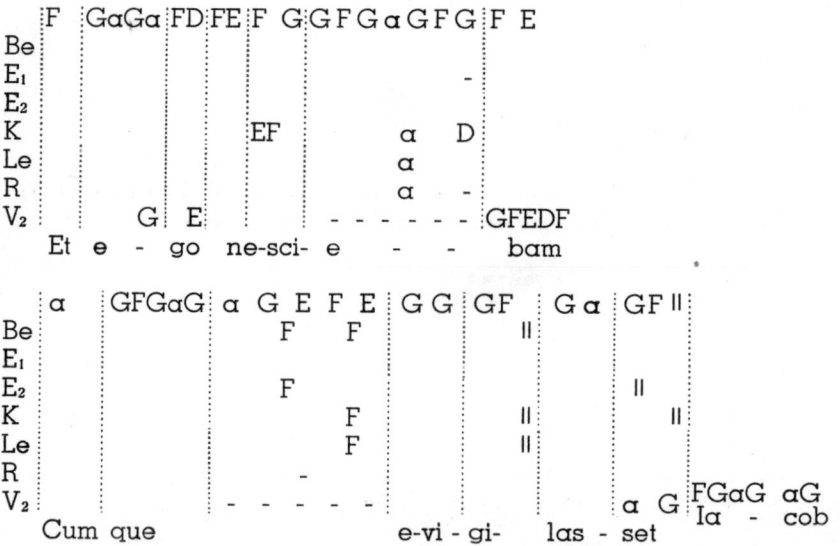

18 autem *pro* etiam Ba in hac ant. F manifestavi nomen tuum E_2 cumque sit F hypolydii *suprascr* VI Le id est VI toni R lichanos hypaton *suprascr* .D. E_1 Le V_2 G et Dorio M Dorio *suprascr* id est I primo tono R tribuunt Ba M

19 evitant Ba alleluia *om* G eam *pro* alleluia F parhypate meson *suprascr* .F. E_1 E_2 Le V_2 unison tenendo cantent M cantant ad te vado Alleluya E_1

20 Itemque plerique R indocti *om* Be indocti in .... coelorum delinquunt V_1 hac *om* V_1 V_2 G coeli G decem virginibus *om* F V_1 virginibus *om* V_2 G Simile *cum neumis:* Si *scandicus* mile *virgae* M parhypate hypaton *suprascr* .C. E_1 E_2 V_2 G parhypate meson Le M *suprascr* .F. Le .C. *pro* parhypate hypaton V_1

exire faciunt, *alleluia* cantare nolentes, [21] quasi magnum sit nefas, si post Pentecosten in antiphona vel in aliis cantibus *alleluia* proferatur. [22] Eadem culpa illos redarguit, qui offertorium *Posuisti Domine* in mese emittunt et *alleluia* relinquunt. [23] Notandum autem quod, sicut supra diximus, is saepe cantum depravat, qui eum non in voce congrua, sed secundum suam opinionem inchoat, ut patet in hac communione *Scapulis suis*. [24] Hanc enim quoniam quidam in lichanos meson incipiunt, defectum pati conspicantur eamque corrigendam arbitrantur. [25] Sed si in parhypate meson incipitur, absque errore ad finalem revertitur, et emendatione non indiget. [26] Sciendum praeterea quod, sicut superius ostendimus, sunt aliqui cantus, qui in proprio cursu deficiunt, sed in affinibus absque impedimento decurrunt, [27] ut introitus iste *Exaudi Domine vocem meam qua clamavi ad te, alleluia,* etc., et communio *Dicit Andreas* in affinibus canenda est secundum illos qui eam hypolydio asscribunt. [28] Secundum illos vero qui eam

alte *pro* alleluia G

21 nefas sit M V_1 nephas magnum sit F in .... cantibus *om* V_1 antiphonis Be E_2 M vel aliis Ba E_2 Le R V_2 G alte *pro* alleluia G cantetur *pro* proferatur V_1

22 Simili modo illi delinquunt qui off. V_1 culpa *om* R qui *om* F offertorium *om* Be in offertorio F mese *suprascr* .a. E_1 Le R V_2 G in .a. finientes alleluia dimittunt V_1

23 autem *om* M R quod *om* Ba sicut supra diximus *om* M V_1 sicut *om* F is *om* V_1 iste cantum E_1 hiis cantum saepe F non *om* F in *om* G congrua voce Be opinionem suam F inchoant Le

24 enim *om* Be E_2 enim quoniam *om* V_1 lichanos meson *suprascr* .G. Ba E_1 Le R G .G. *pro* lichanos meson V_1 incipi conspicantur V_1 eam pati Be conspiciuntur F eam *pro* eamque E_2 eamque .... arbitrantur *om* M

25 At *pro* Sed V_1 parhypate meson *suprascr* .F. Ba E_1 Le R .F. *pro* parhypate meson V_1 easque *pro* absque R finem Le et .... indiget *om* V_1 emendationem M indigetur R

26 Sciendum .... ostendimus *om* M sicut *om* Be F Sicut .... sunt *om* V_1 supra Be supra diximus F qui *om* V_1 si in affinibus incipiuntur absque V_1 finalibus *pro* affinibus F

27 iste *om* V_1 Domine *om* F vocem .... etc. *om* V_1 qua .... etc. *om* G ad te .... etc. *om* F et reliqua *pro* etc. G etc. *om* Ba E_2 K M Andreas et multi alij cantus tam secundi toni quam quarti et sexti V_1 in affinibus .... cogitationibus [35] *om* V_1 affinalibus F canenda *om* Ba canendum esse. Secundum F in hypolydio R hypolydio *suprascr* VI Le id est VIo M hypolydio .... vero qui eam *om* G

28 vero illos Be vero eos F

plagali tetrardo attribuunt, in proprio cursu bene cantatur. [29] Sunt item aliqui cantus, qui nec in proprio cursu nec in affinibus cantari possunt. [30] De quibus tale praeceptum damus ut ad proprium cursum corrigantur. [31] Si autem multum sunt confusi et in affinibus facilius possunt emendari, eo dirigantur, quemadmodum illud offertorium:

32

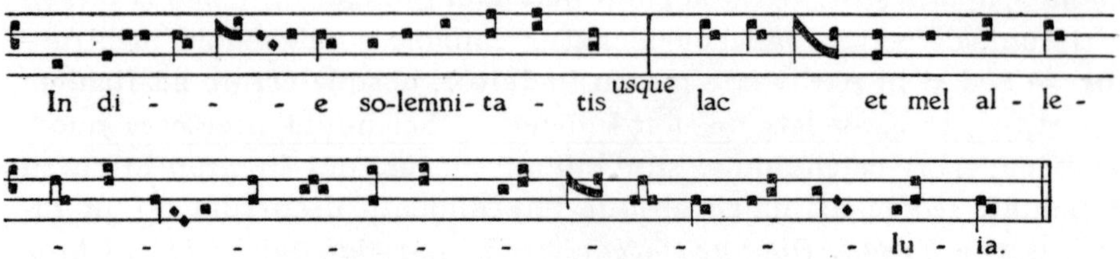

Ba 57r
Be 28v
E_1 26r
E_2 19v
F 86r
K 30r
Le 111v
R 38v
V_2 70r
G 261

[33] Providendum est etiam de ℟ *Hic qui advenit,* ut in mese principium sumat et in eodem loco habens incipiatur, et in paranete diezeug-

tribuunt F

29 Item sunt Ba E_2 item *om* F cursu proprio F affinalibus F

30 damus praeceptum F M corrigantur cursum M

31 sint *pro* sunt G in *om* Be E_1 finalibus F poterunt Ba Be E_2 F Le poterint cantari vel M istud Be E_1 F K in hoc offertorio Le offertorium *om* E_1

32

	G	aac	cb	dcdcbc	cb	b c	d	cede	bc
Ba		-		- - - - - -	c				
Be				cc bab		- -	-	- - - -	- -
E_1						d		fgfgb	d
E_2		-		- -		d		egeeg	-d
Le			-	- -	c			edf -	-
R						a b	c		
V_2							c	-	
	In	di	-		e	so-lem-ni-ta			tis

	ccc	cede	c
Ba			
E_1	- - -	- - - -	-
V_2			
	ve	-	strae

	dcdc	dac	ac	c	cd	dc	cacd	aGFG	acbcb	adcdbcd	cbc	acaaG	abc	baG	Gac
Ba									- -					-	
Be	- a	♭b			e		-			-	-	b -	bc		cbc
E_1		b		cc			ǁ								
E_2		c	dde	d	-e	ed	ede-		G -			ba	ca		cacG
Le	- -	b								-					
R		b					ǁ								
V_2	- -	♭b								-		ba	ca		cacG
	lac		et	mel	al-	le	-								lu

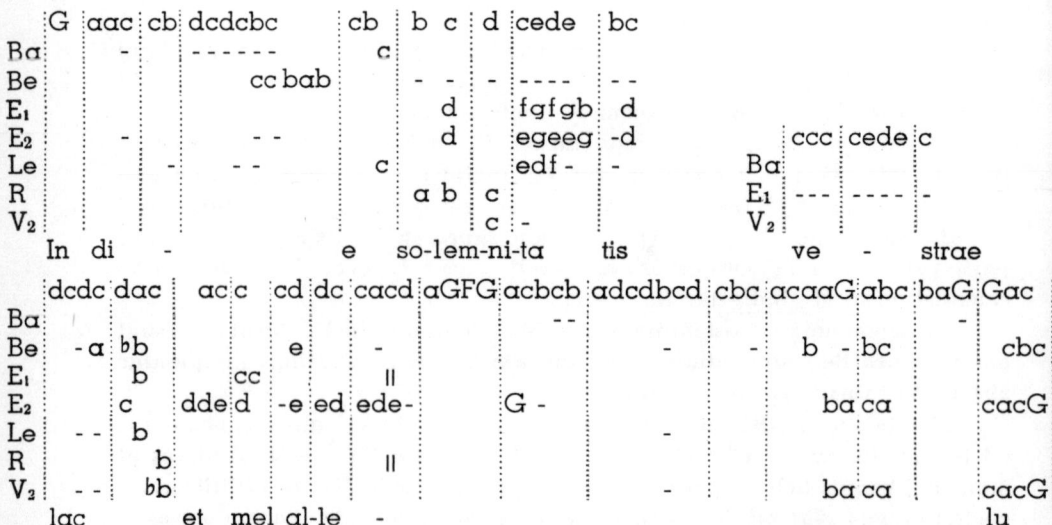

33 est *om* E_1 F Le ut *om* Le mese *suprascr* .a. Ba Le R V_2 G et .... incipiatur *om* M loco *om* Ba incipiatur paranete E_2 paranete *suprascr* .d. Le R V_2 G finiatur *pro* emittatur M

menon emittatur. 34 Sed et de ℟ *Viri impii* curandum est, ut emendetur in eo loco ubi est *et rei facti sunt,* ita:

35

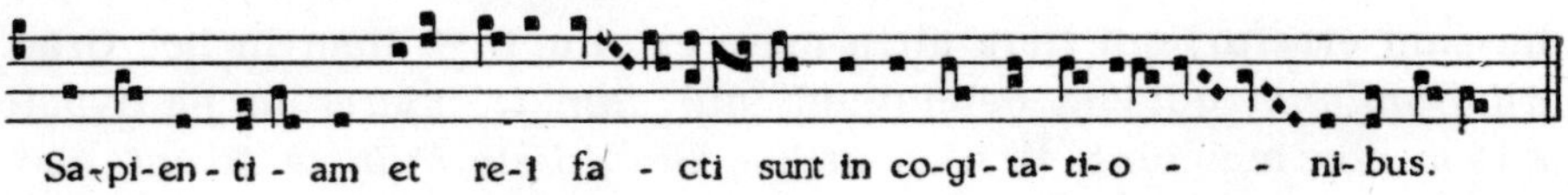

36 Hoc etiam ℟ *Domine ne in ira* emendatione indiget in medio.

34 Sic *pro* Sed G Sed scilicet de E_2 impii dixerunt M hoc *pro* eo Ba M V_2 G ubi .... sunt *om* V_2 G et rei .... ita *om* K R ita .... cogitationibus *om* F

35 Sapientiam .... cogitationibus *om* Be M *Tantum lineas habet* Be *cum neumis* Ba *cum neumis in lineis* E_2 K Le R V_2 *cum notis in lineis* E_1

	F	GF	D	DEFD	D	bcd	dc	d	dcbaca	G c	bab	ca
E_1				F						ab		
E_2										aa		
K						G				aa		
Le							d		b			b
R						c -			acba	ab		
V_2						c				ab		
	Sa - pi - en - ti - am					et	re - i		fa -	cti		sunt

	a	a	aF	Ga	aG	aaG	aGF	GFED	D	D FGF FE	‖
E_1			Gb	aG		- - -		- - - -		E	‖
E_2					‖						
K											‖
Le											‖
R									‖		
V_2								‖			
Ba										DE ‖	
	in	co -	gi -	ta -	ti -	o	-	-	ni	bus.	

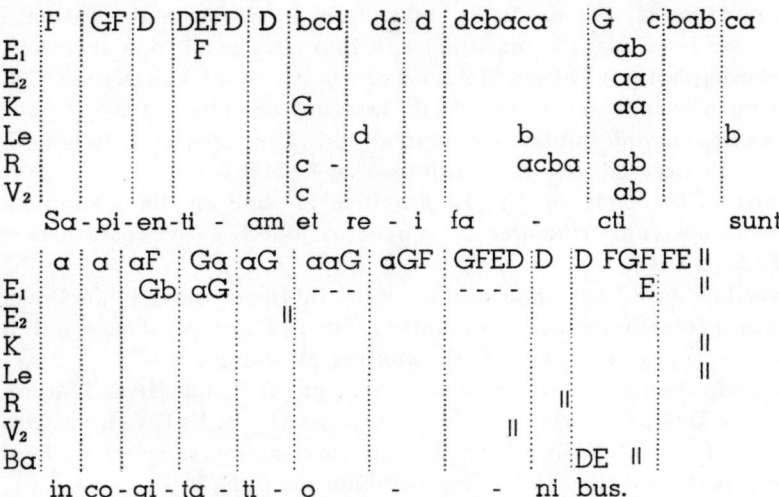

36 Hoc etiam *om* V_1 Similiter et hoc F ira tua arguas me F ita emendatur si *miserere* [*cum neumis* mi *punctum* se *virga* re *scandicus* re *virga*] in .G. inchoatur. Item V_1

37 Nam *Miserere* quod pravus usus in lichanos hypaton incipit, in lichanos meson incipiendum est. 38 Item hoc ℟ *Egregie Dei martyr* quidam corrumpunt, qui *Dei* in trite diezeugmenon non emittunt et *Ecce* non leniter efferunt. 39 Item in hoc ℟ *Aegypte noli flere* a quibusdam erratur, qui *flere* ultra mese extollunt. 40 Item in hoc Grad. *Ad Dominum* quidam delinquunt, qui *dum tribularer* in parhypate meson non incipiunt. 41 Item in hoc Grad. *Esto mihi in Deum,* nonnulli conturbantur, qui *protectorem* in lichanos meson non inchoant. 42 Considera etiam quod in offert. *Confirma hoc Deus, Confirma* ultra mese non est extollendum, *Deus* autem in parhypate meson incipiendum. 43 Sed et in Offert. *Oravi Deum meum* in duobus locis emendatione indiget, scilicet in principio et ubi est *super,* ut hic patet:

37 Miserere mihi quidam pravus F proprius *pro* pravus G usus *om* Ba lichanos hypaton *suprascr* .D. Le V_2 G *suprascr* .d. R incipitur E_2 incipit, auditur, sed in mese incipiendum est M in .B.E.G.E. incipiendum est E_1 incipit, et in Ba lichanos meson *suprascr* .G. Le R V_2 G

38 In *pro* Item M hoc *om* Ba V_1 martyr *om* F martyr male canitur si ecce [*cum neumis* ec *virga* ce *quilisma subbipunctis*] in .d. non incipitur. Item V_1 corrumpunt qui Dei *om* M quod *pro* qui G quid V_2 Dei *om* V_2 G trite diezeugmenon *suprascr* .c. Le R V_2 G asserunt *pro* efferunt K

39 Item *Egypte noli* quidam corrumpunt qui *flere* super .a. extollunt V_1 hoc *om* Ba noli flere *om* Ba mese *suprascr* .a. Le M R V_2 G

40 Item .... inchoant *om* V_1 Et *pro* Item M hoc *om* Ba Dominum dum F Dominum cum tribularer M quod *pro* qui G parhypate meson *suprascr* .F. Le R V_2 G

41 Item hoc E_2 K Le R hoc *om* M mihi in Deum *om* Ba in Deum *om* F Deum protectorem Le M conturbant Be E_1 F Le quod *pro* qui G lichanos meson *suprascr* .G. Le R V_2 G non *om* M incipiunt F

42 Item offertorium V_1 et *pro* etiam F quod *om* F Con[firma] *suprascr* .D. Ba hoc Deus, Confirma *om* V_1 mese *suprascr* .a. Le R V_2 G .a. *pro* mese V_1 esse *pro* est Ba V_2 G est *om* K parhypate meson *suprascr* .F. Le R V_2 G .F. *pro* parhypate meson V_1 incipiendum est E_1 E_2 M

43 Sed .... sanctuarium *om* V_1 et in *om* Ba K in *om* Be E_1 E_2 F R Dominum *pro* Deum G Deum meum *om* F meum *om* E_1 K in principio *om* F ut patet hic E_1 ut hic patet *om* F ut .... usque *om* M ut .... Sanctuarium *om* G

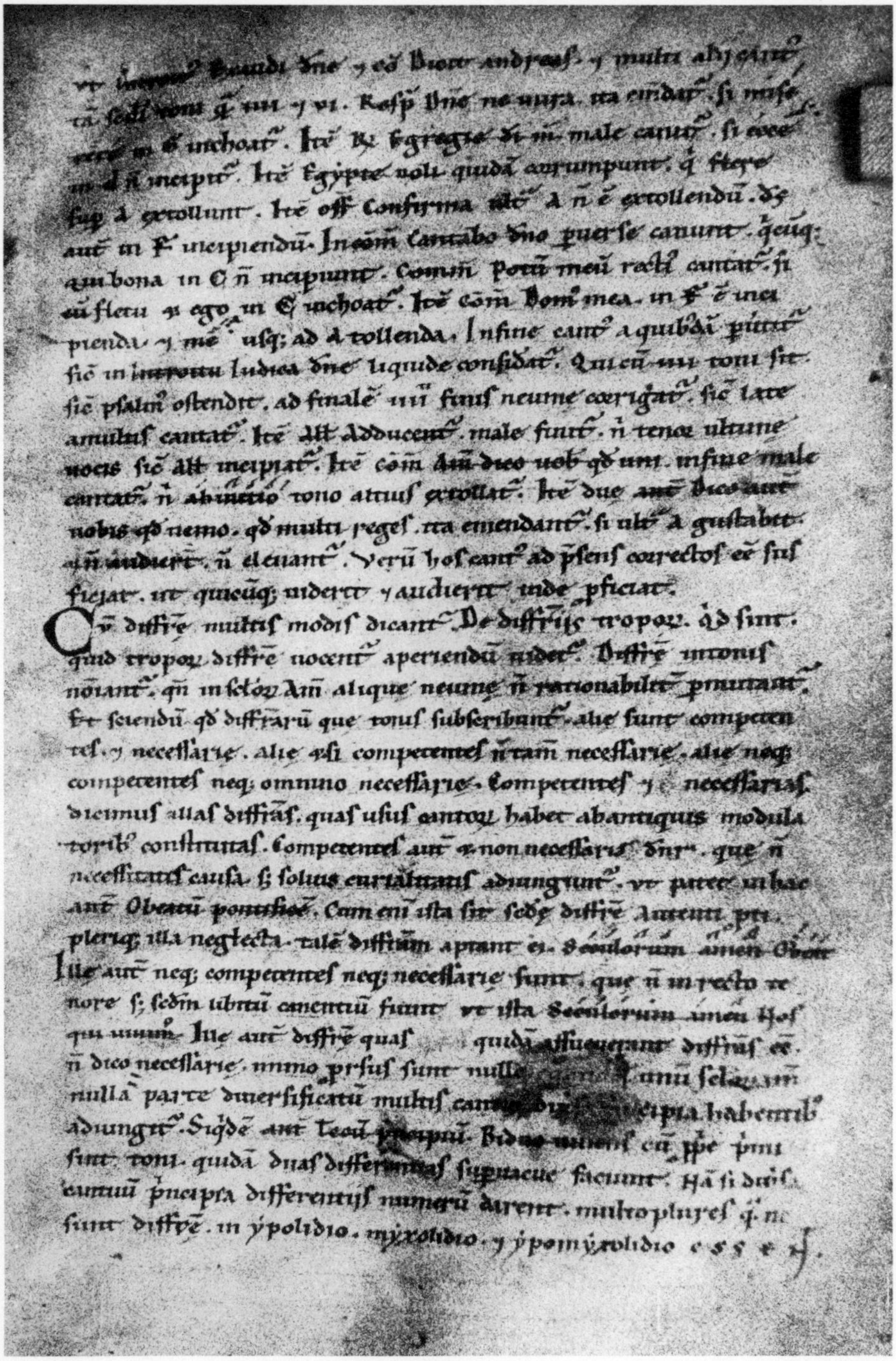

11. Vienna, Nat. Bibl. lat. 2502 (12th cent.), fol. 37 r

44

45 **In Communione etiam *Cantabo Domino* perverse cantant quicumque *Qui bona* in parhypate hypaton non incipiunt.** 46 **Sed in Communione etiam *Potum meum* rectius cantatur, si *cum fletu* atque *et ego* in**

44 Deum meum *om* Be meum *om* Ba usque *om* Be Sanctuarium *om* E1 *cum neumis* Ba *cum neumis in lineis* Be E2 K Le R *cum notis in lineis* E1

	DFD	FFF	DGF	FFF	FC	DFDC	DFDF	F	FFGa	aG	G	DDF ||
Ba				-	ED		-					
Be						ED		F	||			
E1			E	-	D							- ||
E2				--								- E ||
K									E			||
Le									-			- ||
R								||				
	O	ra		-				vi	De	- um	me-um	

	acc	ccc	Ga	EF	G	aGa	ccc	aG		Ga
Ba		-								||
Be		b-								||
E1	-	-	||							
E2									FG	||
K	ed-	---	bc				---	a		||
Le	-		G||							
R							aaa			FG ||
	su	-	per	sanctu-a			-	ri	-	um

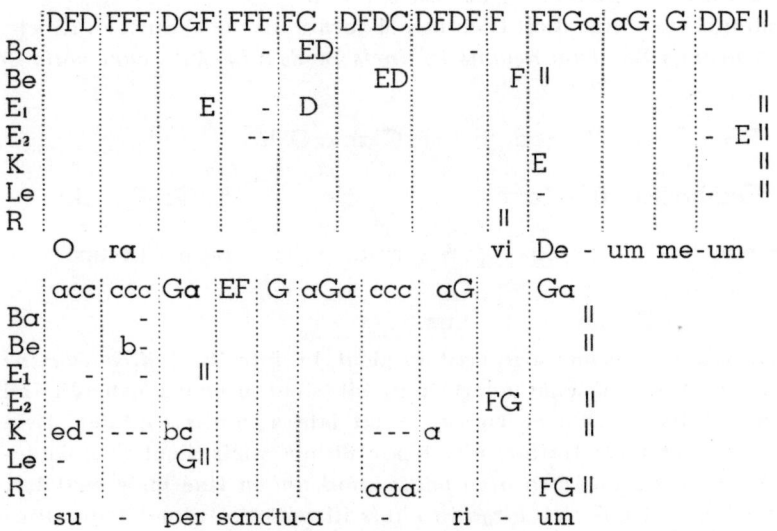

45 etiam *om* V1 etiam perverse K canunt Ba V1 quod *pro* quicumque V2 G quicumque *corr in* qui K Qui *om* Ba V2 G parhypate *suprascr* .C. Ba Le R V2 G .C. *pro* parhypate hypaton V1 hypaton *suprascr* .т. Ba non *om* F

46 Sed et in Ba Le Sed etiam in Be E2 Sed et Communio E1 V2 Sed Communio G Communio Potum V1 rectius cantant sicut fletu Le cantatur in comm. F atque *om* V1 et *om* F M parhypate *suprascr* .C. Ba Le R V2 G

parhypate hypaton inchoantur. 47 Item Comm. *Domus mea* sic est incipienda:

48

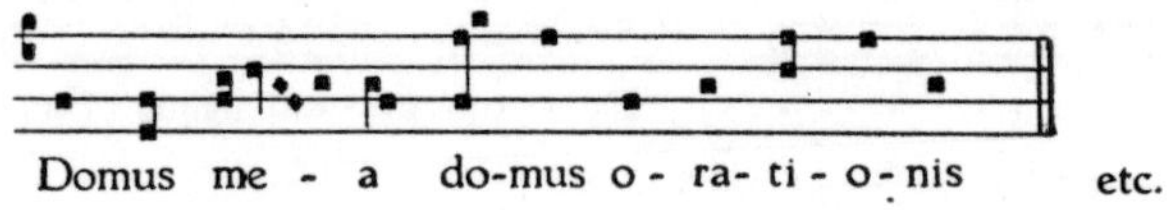

49 Verum hos pauculos cantus ad praesens correctos esse sufficiat. 50 Post hac in tonario etiam aliquos qui memoriae occurrerint, emen-

.C. *pro* parhypate hypaton V_1 inchoatur Ba F M V_1

47 Similiter *pro* Item F Item comm. *Domus mea* in .F. est incipienda et *me* [*suprascr scandicus* .a. *subbipunctis*] usque ad .a. tollenda V_1 sic est incipienda *om* .F. incipienda est E_2 est *om* V_2 G

48 orationis vocabitur dicit Dominus M orationis vocabitur etc. E_2 etc. *om* E_1 *cum neumis* Ba *cum neumis in lineis* Be E_2 K Le M R *cum notis in lineis* E_1

	Do-	mus	me -	a	do -	mus	o-ra-	ti-	o-nis	vo-	ca -	bi-	tur
E_1	F	DF	FG aGFG	GF	Fcd	c	F G	ac	c G ‖				
									a - ‖				
M	G	FG	Ga♭baGa	♭bG	Gccd					a	aGa	F	Ga
E_2													♭b

	di-	cit		Do-	mi	-	nus.
M	a	GaG	a♭baG	F	FG	aGFG	GF

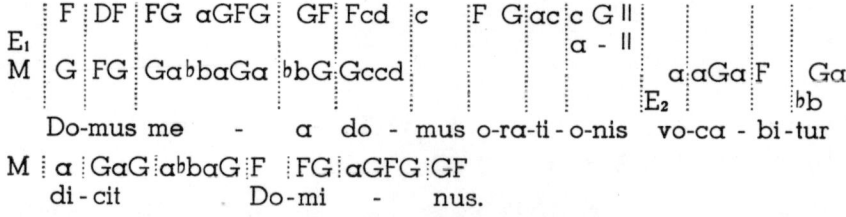

In fine cantus a quibusdam pervertitur, sicut in introitu *Iudica Domine* liquide consideratur. Qui cum quarti toni sit sicut psalmus ostendit, ad finalem quarti finis neumae corrigatur, sicut late a multis cantatur. Item Alleluia *Adducentur* male finitur, nisi tenor ultime vocis sicut alleluia incipiatur. Item Communio *Amen dico vobis quod uni* in fine male cantatur, nisi *ab initio* [*cum neumis:* ab *virga* in *clivis* iti *podati* o *virga*] tono altius extollatur. Item duae antiphonae *Dico autem vobis quod nemo, quod multi reges* ita emendantur, si ultra .a. *gustabit* et *non audierunt* non elevantur. Verum V_1

49 istos Be versiculos *pro* pauculos G pauculos *om* V_1 sufficiat, ut quicumque viderit et audierit inde proficiat V_1

50 Post .... tractandum est *om* V_1 haec *pro* hac M G hoc F etiam in tonaria lege aliquos quos memoriae M aliquas Ba occurrunt G emendemus F

dabimus. [51] Nunc autem antequam ad exemplificandos tropos veniamus, de superfluis ipsorum differentiis tractandum est. [52] Sed quoniam differentiae multis modis dicuntur, quid troporum differentias vocemus, primitus aperiendum est.

[53] Differentias in tonis nominamus, quando in *saeculorum amen* aliquae neumae rationabiliter permittantur. [54] Et sciendum est quod differentiarum, quae tonis subscribuntur, aliae sunt competentes et necessariae, [55] aliae etsi competentes non tamen necessariae, aliae neque competentes neque necessariae, immo prorsus nullae. [56] Competentes et necessarias dicimus illas differentias quas usus cantorum habet ab antiquis modulatoribus constitutas. [57] Competentes autem et non necessariae dicuntur quae non necessitatis causa, sed solius curialitatis adiunguntur, quemadmodum patet in hac Ant. *O beatum pontificem.* [58] Cum enim ista sit secundae differentiae autenti proti, plerique illa neglecta talem ei differentiam adaptant:

[59]

Sae - cu - lo - rum A - men. O be - a - tum pon - ti - fi - cem.

51 autem quam exemplificandos ad tropos F

52 De differentiis troporum, quid sint. Cum differentiae V_1 multimodis V_2 G dicantur V_1 differentias troporum M differentiae vocentur aperiendum videtur V_1 vocemus *om* F

53 Differentiae in tonis nominantur V_1 Saecula saeculorum G aliquando *pro* aliquae F neumae cantus Be non rationabiliter V_1 rationabiliter *om* K

54 est *om* E_1 E_2 K Le R V_1 est quae in tonis subscribuntur differentiarum aliae F quaedam *pro* quae Ba tonis .... sunt *om* Ba asscribuntur E_2

55 etsi sunt Ba tamen non M Aliae vero neque competentes nec M aliae competentes neque G nec .... nec Be neque necessariae neque competentes Le neque omnino necessariae V_1 immo .... nullae *om* V_1

56 Competentes autem et E_1 et non necessarias F habet cantorum M ab *om* F

57 autem *om* F et *om* G dicimus M curialitatis causa F ut *pro*
adf ff fe d fdcd d aa a g f gff dfd ,
quemadmodum V_1 O beatum pontifi - cem. Saeculorum a - men K

58 Cum enim .... pontificem *om* K ideo *pro* enim F sit ista E_2 secundae sit F primae *pro* secundae M plerique neglectae illam F aliam sibi *pro* talem ei M ei *om* E_2 aptant ei V_1

59 Saeculorum Amen *cum litteris suprascr* Ba Be E_1 R *cum neumis* E_2 Le V_1 O beatum pontificem *cum litt suprascr* Be E_1 R *cum neumis* E_2 V_1

60 Illae autem neque competentes neque necessariae sunt, quae non in recto tenore sed secundum libitum canentium adaptantur, ut ista:

61

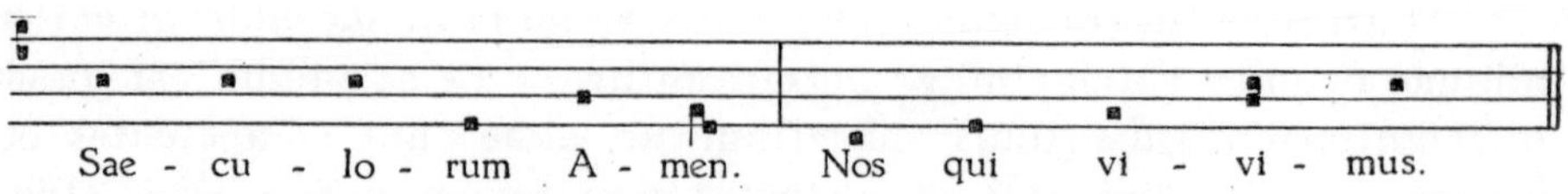
Sae - cu - lo - rum A - men. Nos qui vi - vi - mus.

62 Sed et illae differentiae, quas quidam differentias esse asseverant, non dico non necessariae, immo prorsus nullae sunt, 63 cum videlicet unum *saeculorum amen* nulla parte consequenter diversificatum, multis cantibus diversa principia habentibus adiungitur. 64 Siquidem ex his antiphonis *Tecum principium, Biduo vivens* cum proprie primi sint toni, quidam duas differentias supervacue faciunt. 65 Nam si

	a	a	aG	FG	GF	DFD	CDF		F	FE	D	FD	CD	D
Ba				EF	Ga	- G ‖								
E_1			-	GF	FGGaGF					ED	F	G‖		
R					D									
	Sae-	cu-	lo-	rum	A -	men	O	be-	a-	tum	pon-	ti-	fi -	cem

A *podatus* men *climacus subbipunctis* Le Saeculorum .... pontificem *om* M <beat>um pontificem *om* V_1

60 enim *pro* autem E_2 autem *om* M nec .... nec Be neque necessariae sunt neque competentes Ba nec necessariae M in *om* Ba M canore *pro* tenore F cantuum *pro* canentium K Le fiunt *pro* adaptantur V_1 ut ista .... etc *om* E_2 etc *om* Be F K M

61 Saeculorum Amen *cum litt suprascr* Be E_1 K R *cum neumis* E_2 M V_1 Nos qui vivimus *cum litt suprascr* Be E_1 R *cum neumis* E_2

	G	G	G	D	F	ED	C	D	E	GF	G
Be						F					
E_1									F		
	Sea-	cu-	lo-	rum	A-	men.	Nos	qui	vi -	vi -	mus

62 Illae autem V_1 asserunt F assueverant differentias esse V_1 non dico necessariae Ba Le V_1 imo G sunt nullae V_1

63 competenter *pro* consequenter Be consequenter *om* V_1 diversicatum E_1

64 Siquidem antiphonae V_1 et Biduo Ba V_2 G sint primi toni Ba E_2 toni sint V_2 G sit toni F quidam *om* Ba supervacue differentias K supervacue *om* Ba

diversa principia cantuum differentiis numerum darent, multo plures essent differentiae in hypolydio, mixolydio et hypomixolydio quam nunc sunt. [66] Quae omnia in tonario satis patebunt. [67] Volumus autem lectorem scire quod de illis tantum differentiis tractaturi sumus, quas competentes et necessarias diximus; [68] alias autem, quoniam superfluas reputamus, relinquimus. [69] Nec praetereundum est quod in ferialibus antiphonis, in quibus minime convenit, plurimum delinquitur, quarum quaedam non recte emittuntur, quaedam incongruis differentiis reguntur, quaedam utroque illegalitatis modo efferuntur. [70] Quem multiplicem errorem is perspicue videt qui tonorum vel modicam notitiam habet. [71] Sunt autem huiusmodi antiphonae a rusticanis et incultis clericis per indiscretam vulgarium neumarum considerationem depravatae, [72] quemadmodum patet in Ant. *Facti sumus.* [73] Haec enim adeo perversa est, ut cum *saeculorum amen* quod ei adaptari solet in monochordo, nullatenus cantari valeat, alterutro deficiente. [74] Ut autem ista depravatio manifestius videatur, praemissam antiphonam irregularibus neumis notatam simul cum *saeculorum amen* supponimus:

65 cantuum principia V_1 plures multo Le quam nunc sunt differentiae in ypolidio, myxolidio et ypomyxolidio essent V_1 differentiae essent M et *om* E_1 E_2 F K Le M R nunc *om* F sint Be E_1 K Le R *Hic finit lectio cod* V_1

66 satis in tonario Le

67 tamen *pro* autem Ba illis differentiis tantum F tantum .... necessarias *om* G alias autem .... relinquimus *om* M

68 quas *pro* quoniam F sunt *pro* reputamus Ba

69 est *om* Ba E_1 E_2 K Le M multum *pro* plurimum R delinquunt Ba quare *pro* quarum F utramque *pro* utroque V_2 utroque modo inlegalitatis Be illegalibus modis F feruntur F

70 duplicem Be perspicue is videt Ba videt is perspicue Be prospicue F modorum *pro* modicam Ba habet notitiam Le

71 ab huiusmodi M antiphonae *om* M incultis hominibus certa vulgarium F consideratione F R

72 in hac Ant. Be E_2 F M Facti sumus sicut F sicut consolati M

Be E_1 ⋮ c ⋮ b ⋮ c ⋮ ba
R ⋮ ⋮ ⋮ cb ⋮
Fa-cti su-mus

73 adeo ita Ba cum *om* Be E_1 aptari Ba adaptare Be solet adaptare E_2 queat *pro* valeat Be

74 ista autem M manifestius appareat K simul *om* Be F supponamus cum e u o u a e F Saeculorum .... consolati *om* E_1 Facti .... consolati *om* F

75

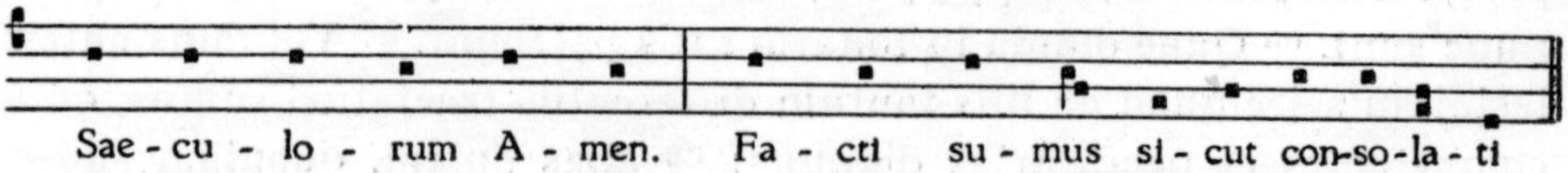
Sae - cu - lo - rum A - men. Fa - cti su - mus si - cut con-so - la - ti

76 **Est autem certissime autenti triti in parhypate meson emittenda.** 77 **Possent et aliae in hunc modum corruptae facili satis mutatione emendari,** 78 **si, ut ait Berno, vitiosa consuetudo ab ore canentium ullo modo posset evelli.**

75 *cum neumis* Ba K M R V₂ *cum neumis in lineis* E₂

	a	a	a	G	a	G	a	G	a	GF	E	F	G	G	EF	D
K					aG									FE	D-	
M															-	
R														EF	D-	

Sae-cu-lo-rum A-men Fac-ti sumus si-cut con-so-la-ti

76 triti *om* F triti *corr* proti Le trite E_2 et in E_1 E_2 Le M parhypate meson *suprascr* .F. Ba V_2 *suprascr* .E. G parhypate meson *corr in* lychanos hypaton *suprascr* .D. Le

77 Possent alia F corrupta F corruptae satis emendari K emendatione mutatae F

78 sicut ait F Le M si vitiosa M canentium .... alienos sono *del* R ullo *om* E_1

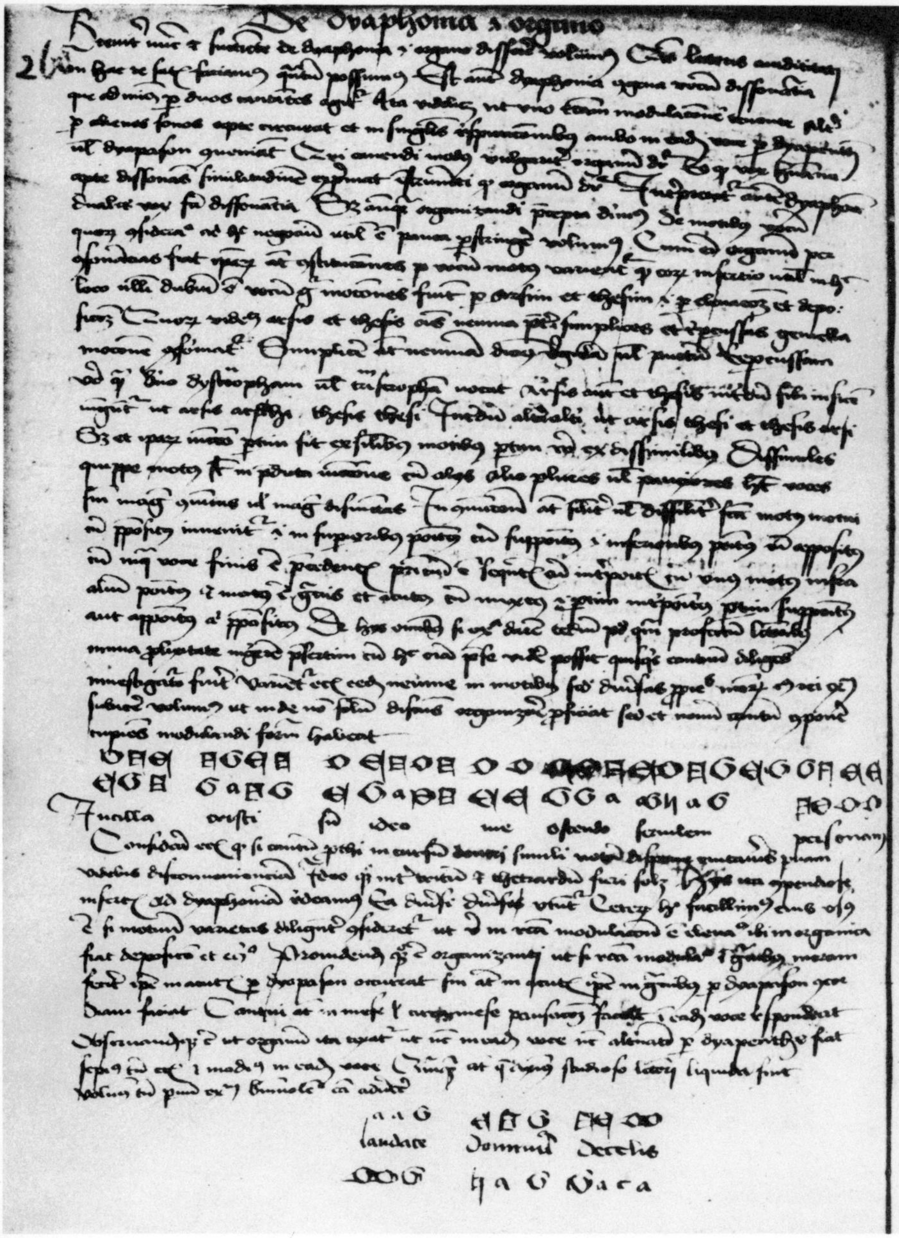

12. Regensburg, Libr. Proske ms. 98 Th. 4° (written in 1471), p. 260

CAPITULUM XXIII

DE DIAPHONIA, ID EST ORGANO

Ba 60r
Be 30r
E_1 26v
E_2 21r
F 86v
K 31v
Le 112v
M 91v
R 40r
Ra 260v
V_2 70v
G 263

1 Breviter nunc et succincte de diaphonia disserere volumus, quatenus lectoris aviditati in hac quoque re satisfaciamus quantum possumus. 2 Est ergo diaphonia congrua vocum dissonantia, quae ad minus per duos cantantes agitur, ita scilicet ut altero rectam modulationem tenente, alter per alienos sonos apte circueat, et in singulis respirationibus ambo in eadem voce vel per diapason conveniant. 3 Qui canendi modus vulgariter organum dicitur, eo quod vox humana apte dissonans similitudinem exprimat instrumenti quod organum vocatur. 4 Interpretatur autem diaphonia dualis vox sive dissonantia. 5 Sed antequam organizandi praecepta demus, de motibus vocum, quorum consideratio ad hoc negotium utilis est, pauca perstringere volumus. 6 Cum enim organum per consonantias fiat, ipsarum autem constitutiones per motus vocum varientur, quod eorum insertio hoc in loco utilis sit, nulli dubium est. 7 Fiunt igitur vocum motiones per arsin et thesin, id est per elevationem et depositionem.

Titulum non habent Be E_1 E_2 K M R V_2 Capitulum XXII M et *pro* id est Ba

1 nunc *om* F diaphonia id est organo Ra dissere Le volumus disserere E_2 aviditate illi huic quoque satisfaciamus F quoque *om* Ra

2 autem *pro* ergo M Ra per duos *om* F et ita scilicet E_1 videlicet *pro* scilicet Ra ita scilicet *om* M uno *pro* altero Ra alius *pro* alter Ra alios *pro* alienos F recte *pro* apte E_2 circumeat Ba in eodem sono vel F per *om* F Le diapente vel diapason Ra

3 modus canendi R vulgabitur Le una voce *pro* vox humana F exprimatur Ba dicitur *pro* vocatur Ba E_2 Ra

4 sonus *pro* vox M vel *pro* sive G

5 praecepta organizandi Be diceremus <?> *pro* demus Ra moribus *pro* motibus Le opus *pro* negotium Be F pauca *om* M volumus. Sed sicut diaphonia est dualis sonus per aptam dissonantiam, ita symphonia est apta consonantia vocum vel modorum M

6 recte *pro* enim F per motus vocum varientur constitutiones M vocum motus Ra vocum *om* Ba eorum est insertio Le insertio utilis in hoc loco nulli Ra in hoc loco M est *pro* sit E_2 sit *om* Be nonnulli *pro* nulli E_2

7 Vocum igitur motiones fiunt Ra ergo *pro* igitur Ba F autem V_2 G et per thesin M Nota Thesin *in marg* E_1 thessis *semper habet* R

[8] Quorum videlicet arsis et thesis omnis neuma praeter simplices et repercussas gemella motione conformatur. [9] Simplicem autem neumam dicimus virgulam vel punctum, repercussam vero quam Berno distropham vel tristropham vocat. [10] Arsis autem et thesis interdum sibimet iunguntur, ut arsis arsi, thesis thesi; interdum altera alteri, ut arsis thesi, thesis arsi. [11] Sed et ipsa iunctio partim fit ex similibus motibus, partim ex dissimilibus. [12] Dissimiles quippe motus sunt in praedicta iunctione, cum alius alio plures vel pauciores habet voces, sive magis coniunctas, sive magis disiunctas. [13] In coniunctione autem similiter vel dissimiliter facta motus motui tum praepositus invenitur, id est in superioribus positus; [14] tum suppositus, id est in inferioribus positus; tum appositus, cum in qua voce finis est praecedentis principium sequentis est; tum interpositus, cum unus motus infra alium positus et minus est gravis, et minus est acutus; [15] tum mixtus, id est partim interpositus, partim suppositus, aut praepositus, aut appositus. [16] De his omnibus si exempla darem, taedium potius lectori quam proficuum nimia prolixitate ingererem, [17] praesertim cum haec omnia per se videre possit quisquis cantuum diligens investigator fuerit.

8 praeter et simplices et Ba conformantur F

9 dicimus *om* E_2 quam *om* K tristropham vel distropham Le distropham tristropham *cum neumis suprascr* Ba R

10 Arsis et thesis autem E_1 et *om* F thesis *del* Ba sibi inficem Ra arsis arsi et Ba F interdum .... thesis arsi *om* E_2 M alteri altera K arsis thesi et thesis Be Ra arsis thesis et e converso Ba thesis arsi *om* V_2 G

11 Sed ipsa Ba K M V_2 G ipsarum Ra partim dissimilibus E_1

12 sunt motus M fiunt *pro* sunt G *verba ab* magis coniunctas *usque ad* partim suppositus *illeg* R disiunctas sive magis coniunctas E_2 coniunctas vel Ra

13 acta *pro* facta F invenitur *om* K invenitur, ut in G inferioribus *pro* superioribus K

14 tum suppositus .... positus *om* F id est inferioribus Ra est finis F est sequentis Ra <est> *eras* sequentis Ba est subsequentis Be est consequentis G gravis est K et minus acutus Be K Le M gravis et acutus Ra

15 permixtus E_1 E_2 sit positus *pro* interpositus F impositus Be interpositus et M partim suppositus *om* K aut appositus aut praepositus Ra

16 omnibus exempla dare F potius quam proficuum lectoribus Ra magis *pro* potius Be ingerere F

17 videre per se M diligens cantuum R scrutator *pro* investigator E_2

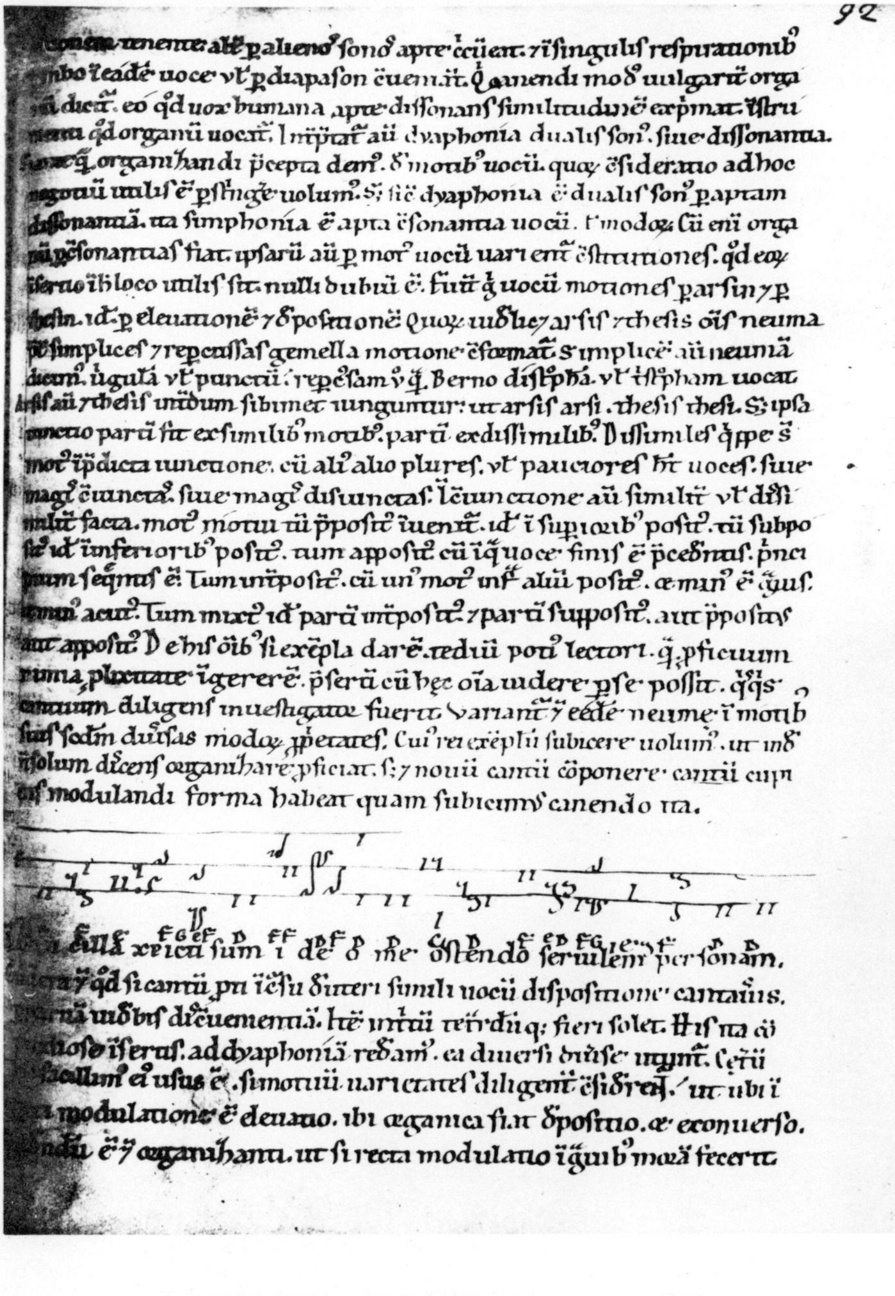

13. Munich, (Clm) 2599 (13th cent.), fol. 92 r

18 Variantur etiam eaedem neumae in motibus suis secundum diversas modorum proprietates. 19 Cuius rei exemplum subiicere volumus, ut inde non solum discens organizare proficiat, sed et novum cantum componere cupiens modulandi formulam habeat.

20 D FE FG EF D EF DF D D C DF F ED FG FG FE D D
Ancilla Christi sum i- de- o me ostendo ser-vi-lem personam
E GF Ga FG E Ga DF E E E Ga a aG Fa Ga GF E E

21 Considera etiam, quodsi cantum proti in cursu deuteri simili vocum dispositione cantaveris, perparvam videbis disconvenientiam. 22 Idem inter tritum tetrardumque fieri solet. 23 His ita compendiose insertis ad diaphoniam redeamus. Ea diversi diverse utuntur. 24 Caeterum hic facillimus eius usus est, si motuum varietas diligenter con-

18 autem *pro* etiam Ba etiam *om* V_2 G etiam in eaedem F eadem G suis *om* Ra proprietates modorum Ra

19 rei <igitur?> exemplum F subiicere *om* F mudulandi forma habeat quam subicimus canendo ita M formam *pro* formulam Ba formulam habeat *om* F

20 Ancilla .... personam *om* F servilam E_1 *Cum litteris tantum suprascr et cum neumis in lineis* M *Cf tab photogr* 13

Be		FG								
E_1										G
E_2				D						
K									F	
Le										
M				F				-	E -	-
R								-		
Ra								-		GF E E
<in modo dorio seu cursu proti>	D F E	FG EF	D	EF	DF	D	D	C DF F	EDFGFG	FE D D
	Ancilla	Christi	sum,	i -	de-	o	me	ostendo	servi-lem	per-so-nam
<in modo phrygio seu cursu deutero>	E G F	Ga FG	E	Ga	DF	E	E	E Ga a	aGFaGa	GF E E
Be	G G D									
E_1			D							a
E_2			D			G		D		
K			F							
Le	G E D	aG GF		aG	FD		G	aGG	GaaGaG	FG
R										
Ra					E			G -	G♭ aG - -	Fe D D

21 Considera quod etiam si cantum F cursum E_2 Ra parvam Ra

22 Item Ba Be F M V_2 Ideoque Ra tritum et tetrardumque K tritum et tetrardum Ra tetrardum Ba

23 ad ad K

24 usus eius est Ba Be F eius est usus E_2 varietates considerentur Ba E_1 M

sideretur; 25 ut ubi in recta modulatione est elevatio, ibi in organica fiat depositio et e converso. 26 Providendum quoque est organizanti, ut si recta modulatio in gravibus moram fecerit, ipse in acutis canenti per diapason occurrat; 27 sin vero in acutis, ipse in gravibus per diapason concordiam faciat; 28 cantui autem in mese vel circa mese pausationes facienti in eadem voce respondeat.

29 Observandumque est ut organum ita texatur, ut nunc in eadem voce, nunc per diapason alternatim fiat, saepius tamen et commodius in eadem voce. 30 Quamquam autem quae diximus studioso lectori liquida sint, volumus tamen parvum exemplum benevolentiae causa adducere.

31 a aG EFG FE D D
Laudate Dominum de coelis
D FG ƀ a G Ga c d

32 Animadvertere etiam debes, quod quamvis ego in simplicibus motibus simplex organum posuerim, cuilibet tamen organizanti simplices motus duplicare vel triplicare, vel quovis modo competenter

25 ubi recta F elevatio est Be ibi *om* Ba ibi organica M dispositio Le

26 Providendumque quoque Le Providendum est etiam M quoque *om* R F Providendum est *Hic finit codex* R moram in gravibus Be ipse acutis F canendi E_1 canendo Ba V_2 G canenti *om* Ra occurrat per diapason F

27 si Ba F K Le autem *pro* vero Ra ipse *om* F per diapason *om* E_1 moram fecerit E_1

28 cantu Be cantui *suprascr* dis Ba mese *suprascr* .a. Ba pausationem Ba Ra respondeant F

29 Observandum Le G observandum quoque E_2 observandum est etiam M texatur, nunc G voce per diapason E_1 altera alteri *pro* alternatim F alternatim per diapason Ra tamen saepius F tamen *om* E_1 E_2 incommodius Ba commodius cum in E_1 E_2

30 autem *om* F sint liquida F M tamen volumus Be adducere.... coelis *om* F adducere, ita canendo principali et organali voce M

31 Laudate.... coelis *om* E_2 *sine litteris* V_2 *cum litteris tantum suprascr* Ba *cum litteris suprascr et cum neumis in lineis* M *Cf tab photogr* 14

a E D D
da Ra *Do* F *coe* E_1 *lis* Ra
D b F a

32 organizandi E_1 triplicare vult, vel V_2 triplicare si vult, vel Ba competenter *om* Be

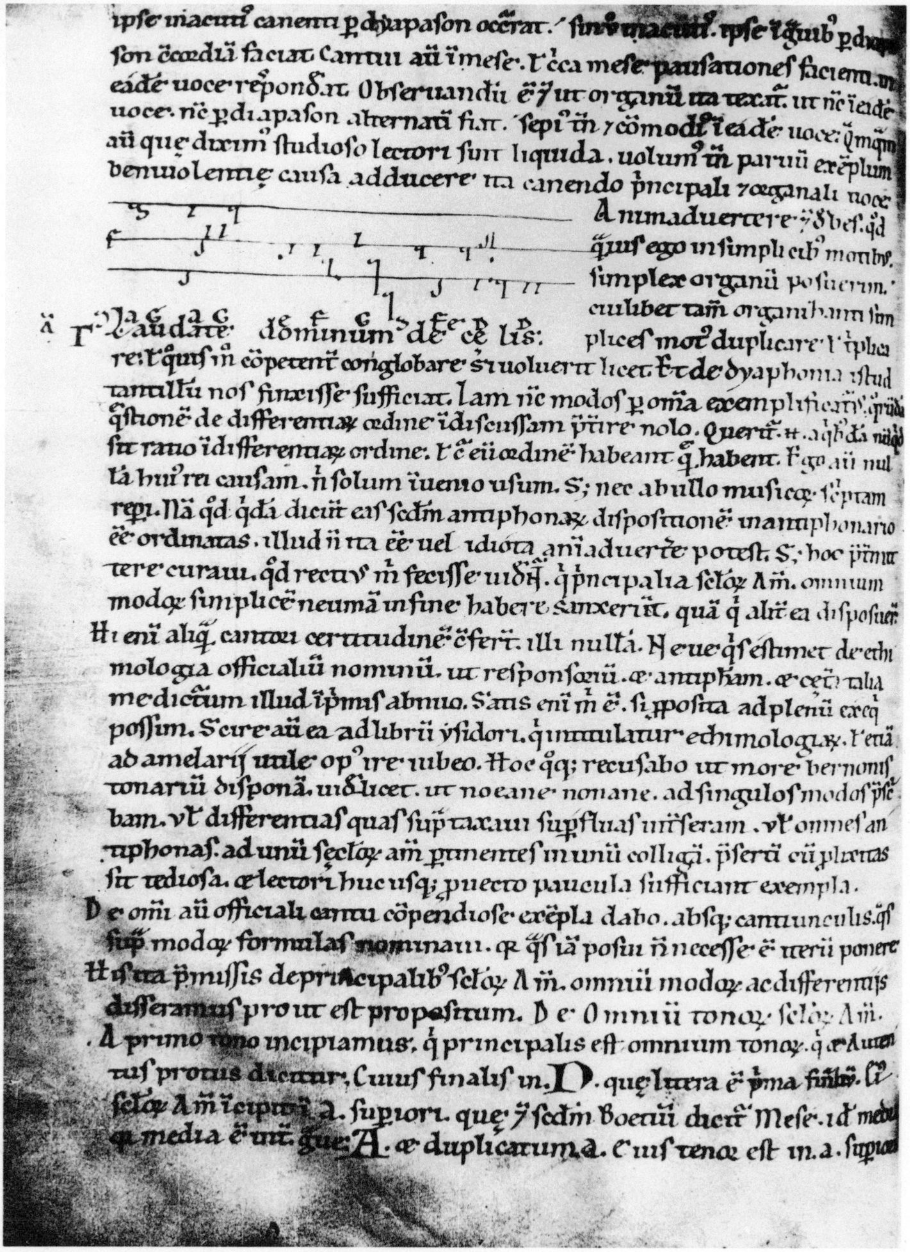

14. Munich, (Clm) 2599 (13th cent.), fol. 92 v

conglobare si voluerit licet. [33] Et de diaphonia istud tantillum nos dixisse sufficiat.

[34] Iam nunc modos per omnia exemplificaturus, questionem quorundam de differentiarum ordine indiscussam praeterire nolo. [35] Quaeritur enim a quibusdam numquid ratio sit in differentiarum ordine, [36] videlicet cur eum ordinem habeant quem habent. [37] Ego autem nullam huius rei causam nisi solum usum invenio, sed nec ab ullo musicorum scriptam repperi. [38] Nam quod quidam dicunt eas secundum antiphonarum dispositionem in antiphonario esse ordinatas, illud non ita esse vel idiota animadvertere potest. [39] Sed nec hoc praetermittere curavi, quod rectius mihi fecisse videntur, qui principalia *Saeculorum amen* omnium modorum simplicem neumam in fine habere sanxerunt, quam qui aliter ea disposuerunt. [40] Hi enim aliquam cantori certitudinem conferunt, illi nullam. [41] Neve quis existimet de etymologia officialium nominum, ut est responsorum et antiphonarum etc. talia me dicturum, illud imprimis abnuo. [42] Satis enim mihi est, si proposita ad plenum exequi possim. [43] Scire autem ea cupientem ad librum Isidori, qui intitulatur Etymologiarum, vel etiam ad Amalarii

licet. Laudate .... coelis *ut supra* E_2 licet. *Hic finit lectio cod* Ra

33 Hoc de E_1 hoc *pro* istud F istud tantillum *om* E_1 titallum Le dixisse nos Be nos *om* Ba finxisse *pro* dixisse M

34 XXIIII De modis et eorum differentiis G exemplificaturos F Le sit ratio M quorundam quaestionum M induscussam .... ordine *om* G

35 numquid ratio *eras* F numquod Ba numquae V_2 quaenam Le qualiter sit in differentiarum ordine E_2 in ordine differentiarum F

36 vel M eo ordine F habent (f. proponam) G

37 huius *om* E_1 usum reperi invenio Ba invenio usum M si nec ulla musicorum scriptura reperi F ab ulla musicorum scriptura E_2

38 antiphonarii *pro* antiphonarum E_1 ita non esse F advertere Ba V_2 G

39 Sed *om* G et *pro* nec Ba E_2 F K V_2 nec *om* E_1 M hoc *om* Ba viderentur Ba principia *pro* principalia F habere *om* F quamquam aliter eam F

40 tamen *pro* enim E_2 certitudinem cantori E_1 certitudinem cantorem E_2 conferunt certitudinem F nunquam *pro* nullam Ba V_2 G

41 Per leve quis F estimet M est *om* M responsorium K M antiphona K Le antiphonas Ba antiphonam M etc. talia *om* Ba <di>cturum *eras* F abnuo illud imprimis F

42 posita F possum F K

43 autem *om* V_2 G ea *om* E_2 F cupientem *om* M etiam Amalarii E_1 E_2 Malarii F

utile opus ire iubeo. 44 Hoc quoque recusabo, ut more Bernonis tonarium disponam; videlicet ut nonannoeane ad singulos modos praescribam, 45 vel differentias quas supra taxavi superfluas interseram, vel omnes antiphonas ad unum *Saeculorum amen* pertinentes in unum colligam, 46 praesertim cum prolixitas sit taediosa, et lectori hucusque provecto paucula exempla sufficiant. 47 De omni autem officiali cantu compendiose exempla dabo absque cantiunculis quas supra modorum formulas nominavi; quia quas iam posui, non necesse est iterum ponere. 48 His ita praemissis de principalibus *Saeculorum amen* omnium modorum ac differentiis, prout propositum est, disseramus.

utile hoc opus F opus iubeto Le

44 recausabo Le nonan. noe. ane. Ba Enonoane E_1 nononnoeane E_2 noanan noeane F noannoeane K noeane nonane M praestrepam *pro* praescribam F

45 tractavi Be et omnes F et *pro* in F

46 probitas *pro* prolixitas F taediosa sit ut lectori K sit odiosa Ba sit et odiosa, et F lectoribus usque paucula provecto exempla F usque huc V_2 G provecto *om* Be sufficiant exempla M

47 autem *om* F cantie *pro* cantu Le intimavi *pro* nominavi Be quas quia F

48 His ita quia praemis *Hic incipit Tonarium* F ac de differentiis Ba Be E_1 K disseramus prout est propositum M Explicit tractatus Iohannis de arte musica V_2 G Incipit tonarius eiusdem V_2 G

Tonarius Johannis

E_1 33r
E_2 22v
F 87r
K 35r
Le 114r

CAPITULUM XXIV

DE PRIMO TONO

1 Primi igitur toni principale saeculorum amen regit antiphonas in lichanoshypaton exordium habentes et in parhypatemeson. 2 et in lichanosmeson hoc modo:

3

De primo modo et eius discipulo cum differentiis. F

1 Primi igitur *om* E_2 modi *pro* toni E_1 principale *om* E_1 lichanoshypaton *suprascr* .D. E_1 Le *Litteras tonorum fere semper habet* E_1 *sed in apparatu non indicavi.* habentes in F in *om* Le

2 in *om* Le modo *om* E_1

3 e u o u a e *cum neumis ita semper* Le *Lineas et neumas semper om* F K *plerumque om* E_1 *Genus cantus gregoriani: ant. intr. grad. semper indicat* E_2 *fere semper* E_1 ant. *om* E_1 F K Le Johannes apostolus F eterne a a G F G a G
E u o u a e E_1 munus tuum *om* E_1 F K

[4] Has duas et earum similes quidam secundae differentiae ob moram
F 87v quilismatis ascribere ma//luerunt, sed non est sequendum.
5

K 35v
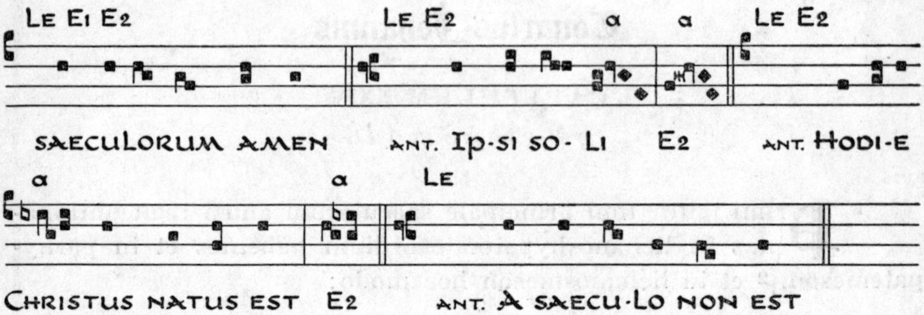

[6] Hae duae sexto satis conveniunt, si in finali eius emittuntur:
7

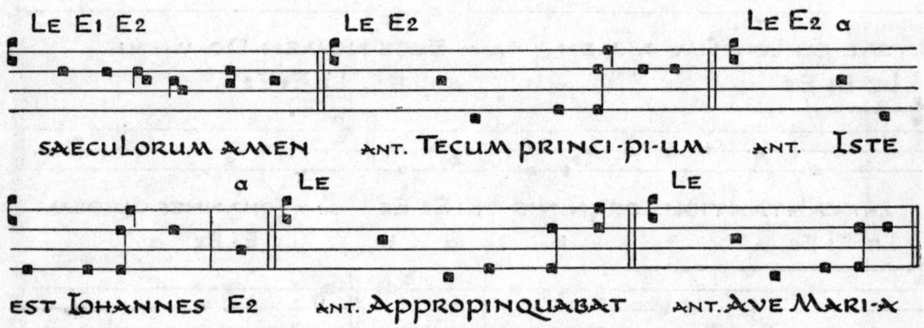

[8] Differentias huic tono quidam plures, quidam pauciores pro libitu suo adaptant. Quae autem celebriores habentur et non superfluae iudicantur sex sunt. [9] Quarum prima recipit antiphonas in lichanos-
E_2 23r hypaton subito per diapente inchoantes vel etiam sub finali in//cipientes, statimque a finali per diapente surgentes, ut in his patet exemplis:

4 Has duarum F est non E_1

5 soli servo si E_1 soli servo K Le natus est *om* F est *om* K non est auditum E_1 F et saeculo non est *sine neumis* E_2

6 satis sexto F finale satis F

7 Appropinquabat autem F Appropinquabat *et* Ave Maria *sine neumis* E_2

8 huic *in rubro* Differentia Ia E_2 quidam huic tono F

9 prima accipit E_1 in *om* Le in *pro* etiam F inchoantes *pro* incipientes F

15. Leipzig, Univ. Libr. 79 (12th cent.), fol. 114 v

10

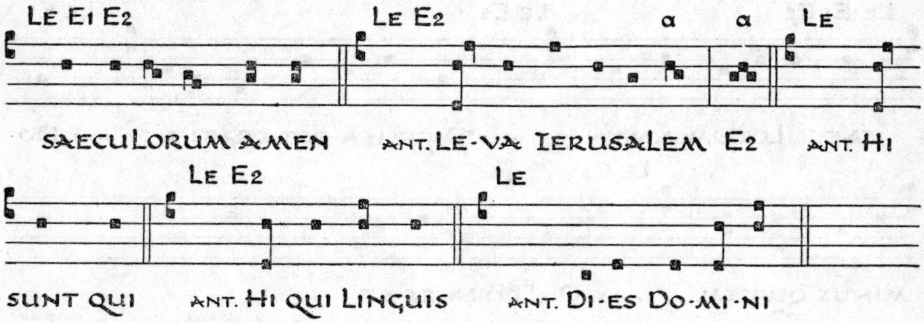

Le 114v

ant. Mulieres. ant. Beatus iste.

11 Differentia secunda recipit antiphonas in parhypate hypaton inchoantes non cum diapente sicut hae:

12

13 Haec a quibusdam stultis ad quartum canitur tonum. 14 Differentia tertia recipit antiphonas a parhypate meson per ditonum surgentes et per tonum demissas, iterum per tonum ascendentes, etiam si unisonus intercidat. Exempla: K 36r

10 Leva Ierusalem *om* F Hi sunt qui cum F Hi qui linguis *cum neumis* Hi sunt *sine neumis* Differentia IIa *in rubro* E_2 qui *om* E_1 E_2 K Mulieres Beatus iste *sine neumis* E_1 K Beatus iste servus *sine neumis* E_2

11 has antiphonas F parhypate meson F non *om* K diapente quemadmodum hee differentie F Sicut predictum est quemadmodum hec E_1

12 Item *pro* Iter F faciente Ihesum F Postulavi patrem meum *sine neumis* E_2 Postulavi E_1 K patrem *om* F

13 stultis *om* E_2 tonum canitur Le tonum. *In rubro* IIIa differentia E_2

14 antiphonas in K et *om* E_1 Le dimissas Le intercedit F Exempla *om* K Exempla quorum sunt E_1

15

16 Differentia quarta recipit antiphonas a parhypatemeson gradatim ad mese ascendentes ut hae:

17

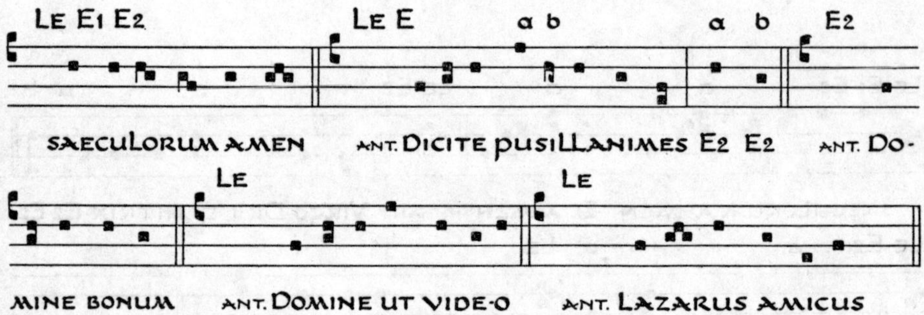

18 Differentia quinta recipit antiphonas a parhypatemeson gradatim ad finalem descendentes quemadmodum istae:

19

15 gratia *om* E1 E2 F Dominus quidem Ihesus F et decora E1 et *om* E2

16 in *pro* a Le

17 pusillanimis E2 Domine bonum *deest in* E1 F K Le videres K Domine ut video *sine neumis* E2 video *om* F amicus *om* F K amicus noster dormit *sine neumis* E2 dormit. *in rubro* Differentia quinta E2

18 descendentes gradatim ad finalem F ut iste Le

19 pater. ant. Reges terrae E1 K

20 Differentia sexta recipit antiphonas in mese exordium habentes. 21 Huius saeculorum amen a praecedentis differentiae saeculorum amen secundum Bernonem in hoc distat quod illius saeculorum amen in fine connexum podatum habet //, huius simplicem. 22 Sed haec E2 23v
distantia parum valere videtur, quoniam qui diligenter rem considerare voluerit, 23 cum manifestum sit // non omnes sillabas connexi K 36v
podati sonum // recipere et pro connexo podato torculum in plerisque E1 33v
sillabis sonare, quomodo quarta differentia cum quinta eadem sit, videre poterit. 24 Quapropter illi potius sequendi sunt, qui quintae differentiae saeculorum amen per simplicem podatum emittunt huius per virgulam hoc modo: /// Le 115r

25

resp. Factum est dum tolleret.

26 Hoc Berno in mese emittendum esse censet, et patet mi in tritehyperboleon incipiendum. 27 Sed cum emendandum sit, convenientius mihi videtur, ut ad propriam finalem emendetur. 28 Hoc autem ita fieri potest, si *Heliseus* in hypatemeson incipiatur hoc modo:

20 habentes exordium Le

21 Huius *suprascr* .i. VI. Le a praecedentis differentiae saeculorum amen *om* F quod *suprascr* .i. V. Le illorum *pro* illius E2 illius *om* F habet podatum F huius *suprascr* VI Le

22 Si et *pro* Sed F videtur valere F rem diligenter F noluerint F

23 sit eadem E2 contexi F potuerit E2

24 si *pro* Quapropter F

25 Saeculorum amen. Diffusa est. Differentia VIa ant. Ite dicite F deus
a a aE Ga a a Gc a
om E1 E2 F Miserere mei E1 qui *om* E1 E2 F K Ille homo E1 homo Item hoc resp. E1 tolleret *om* E2 Factum est dum tolleret *sine neumis in* E2 Le

26 Hoc *om* E1 F Berno esse emittendum censet E1 esse *om* F

27 emittendum *pro* emendandum K proprium E2

28 ita *om* K <istud?> *pro* ita F iniciatur F

29

K 37r

29 Factus est F [dum] tolleret *sine neumis* Le dum tolleret *om* F tolleret usque E1 Le usque in F Heliseus etc K Elevavit *om* E2 in domino *om* E1 Le sermones *om* E1 Le sermones m. Gaudete K Intr. dicit dominus

30 In hoc quidam peccant qui in prima sillaba *moritur* semitonium cantant, cum potius per semiditonum sit proferenda. 31 Sed et ultra per tonum vel semiditonum est emittendum, non per semitonium. Quidam indocti etiam ipsum alleluia per semitonium emittunt. 32 Eadem culpa illos redarguit, qui *Alleluia Nonne cor nostrum* per semitonium et non per semiditonum exire faciunt. // Le 115v

33

34 DE SECUNDO TONO E2 24r

35 Secundo modo antiphonae diversorum principiorum conveniunt ut sunt hae:

sermones F Dominus secus mare Sapientiam *sine neumis* E2 Sapientiam
a a c a GF ED CD F
om E1 K Differentia Saeculorum E2 F Le e u o u a e Sapientiam
aa c a GF FED CD EF
e u o u a e E1 Rorate coeli. Gaudeamus F Gaudeamus e u o u a e Sapientiam Posuisti K Posuisti domine E1 K Posuisti domine. F ℣ Desiderium *om* F Desiderium Alleluia Christus resurgens *sine neumis* E2

30 cooritur *pro* moritur K semitonium *pro* semiditonum F sit *corr in* est K proferenda .... semiditonum est *om* K

31 Si et ultra F et *pro* vel F

32 eos *pro* illos F per semitonium et non *om* K

33 deo *om* E1 Viderunt *pro* comm. Viderunt omnes F omnes fines E1 E2

34 De secundo tono *om* E1 K *in marg habet* Le

35 conveniunt *om* K sunt *om* E1

36

K 37v

37 Hoc graduale sicut et alia fere omnia cursum legalem confundit.

36 Cotidie apud nos F Cotidie apud E1 apud vos E2 petrus .p. Le Ait petrus.... Tollite portas *sine neumis* E2 lucianus *om* F Resp. *pro* off. F coeli *om* F dominator dominus E2 saeculorum amen *om* E2 e u o u a e *sine neumis* Le ad me *om* E1 K me *om* F intr. *om* F Ecce advenit *om* E2 meus *om* E1 Confundantur et re E2

37 Hoc graduale *om* E2 fere omnia *om* F legalem *om* F

38

Le 116r

39 Hoc usus in fine prave canit, sed regulariter canendum est hoc modo:

40

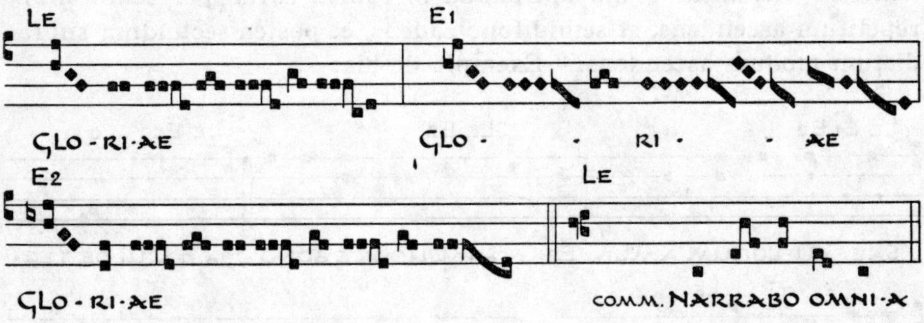

38 Tollite portas E_1 E_2 K
39 canit prave F hoc modo canendum est E_2
40 comm. Narrabo omnia Glorie E_2

CAPITULUM XXV

DE TERTIO TONO

1 Tertii modi principale saeculorum amen regit antiphonas ab hypatemeson tono cadentes etsi primus sonus iteretur, et post casum per diatesseron et tonum et semiditonum ordinatim ascendentes. 2 Invenitur etiam antiphona in eadem corda per semitonium repetitum ascendens, et semiditono cadens, et postea secundum supradictum modum ascendens. 3 Exempla de his:

4 Prima tertii toni differentia recipit antiphonas a lichanosmeson tono
E_1 34r ascendentes, ibique sono iterato altius per semi//ditonum progredientes.

De tercio tono *suprascr altera manu* Le *om* E_1

1 amen recipit E_1 F K in ypatemeson Le etiamsi Le primus tonus K diapason *pro* diatesseron F ascendet F

2 repetitum *om* Le semitonio cadens F supradictum per modum F

3 Exempla de his *om* E_2 Hec est que nescivit *sine neumis* E_2 quae nescivit *om* F his. saeculorum amen. Si quis per me .c. Favus distillans Qui de E_1 terra est. Differentia Ia *in rubro* E_2

4 Differentia prima tertii toni E_1 Prima differentia tertii modi F de lichanosmeson F tono iterato F altius *om* F

5 Exempla de his:

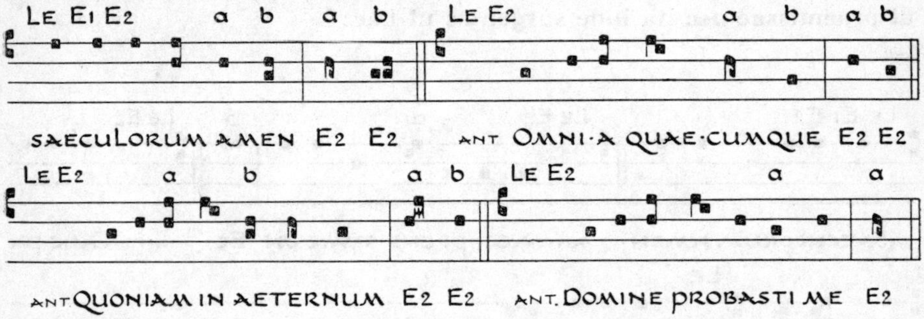

K 38r
F 88r

6 Differentia secunda recipit antiphonas in lichanosmeson inchoantes, quarum quaedam tono et semiditono surgunt, 7 quaedam tono levate deponuntur et tono et semiditono surgunt, 8 quaedam per diatesseron elevantur statimque semiditono et tono descendentes tono et semiditono vel per diatesseron surgunt. 9 Exempla de his: // E_2 24v

Le 116v

5 Exemplum E_2 de his *om* F K quaecumque. Te semper idem. K in aeternum *om* E_1 F me *om* E_1 E_2 F K

6 regit Le semitonio *corr in* semitono surgentes E_2 semitonio E_1 et semiditono surgunt quaedam *om* F

7 tono levate .... surgunt quedam *om* E_1 leva E_2 levante F et tono *om* F semitonio *corr in* semiditono E_2 resurgunt E_1 F K

8 per *om* F

9 Te semper idem esse *om* K esse *om* E_1 F homo quidam F *Pro* Quidam homo *habet* Domine spes E_1 Quidam homo fecit .... cognovit autem *sine neumis* E_1 pater *om* F

10 Differentia tertia recipit antiphonas in lichanosmeson incipientes et per diatesseron exilientes. 11 Sed nec ad lichanosmeson ita cadentes ut praemissae nec ita inde surgentes ut hae:

12

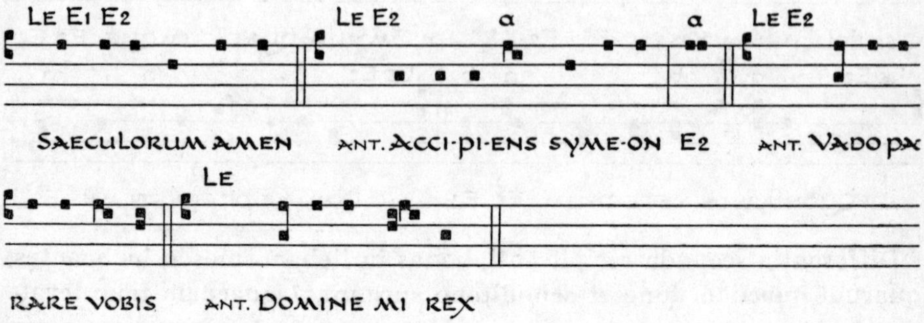

13 Differentia quarta recipit antiphonas in trite diezeugmenon initium habentes quemadmodum istae:

14

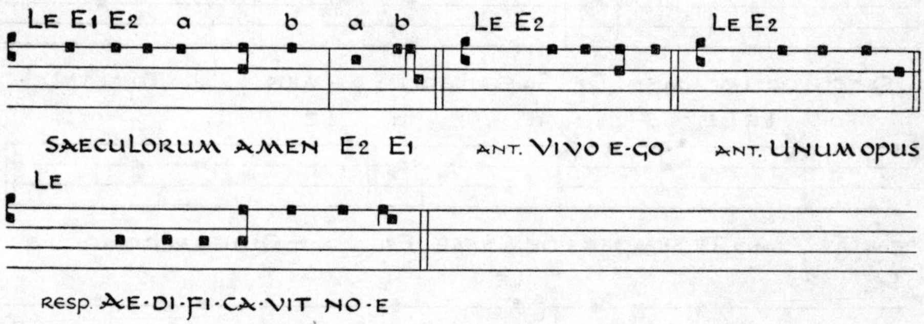

15 Hoc duobus in locis usus male cantat scilicet in his dictionibus *odo-*
K 38v *ratus* et *crescite*, quod facile corrigitur // si *odoratus* in lichanosmeson,

10 Differentia quarta F et .... exilientes *om* F

11 praemissa nec inde ita surgentes F prius *pro* praemissae Le ut istae Le

12 symeon *om* K parare vobis E_2 Domine mi rex d<a> *sine neumis* E_2

13 has antiphonas F ut istae F Le

14 Saeculorum amen *om* F opus feci E_2 F Edificavit Noe *sine neumis* E_2 Noe *om* K

15 Hoc in duobus locis F scilicet *om* E_2 odoratus est F quod facile corrigitur si odoratus in lichanosmeson, et crescite *om* F

et *crescite* in mese incipitur. 16 Ceterum si hoc responsorium contra regulam in parhypatehypaton inchoatur, usus in *odoratus* imitandus non erit; 17 attamen *crescite* praedicta emendatione indiget.

18

Le 117r

16 hoc *om* F circa *pro* contra F usque *pro* usus F imitandum F noverit *pro* non erit F

17 eget *pro* indiget E_1 E_2 F eget. ℣ Ecce ego *sine neumis* Introitum Saeculorum amen. intr. Tibi dixit. E_2 indiget. Ecce ego stat[uam] *cum neumis:* cdcc abcbaaG Le

18 statuam *om* F In deo laudabo .... Sancti tui domine *om* E_1 laudabo Differentia F Le iucunditatis *sine neumis* Le domine *om* F ℣. Dixit dominus *om* F Alleluia Qui sanat *om* E_1 ℣. Dixit dominus Differentia Deus tu conversus off. Benedicite domino Alleluia qui sanat *sine neumis* E_2

Quarti modi speciale saeculorum amen possidet antiphones ab
E2 25r hypatemeson tono descendentes statimque redeuntes ut hae: //

20

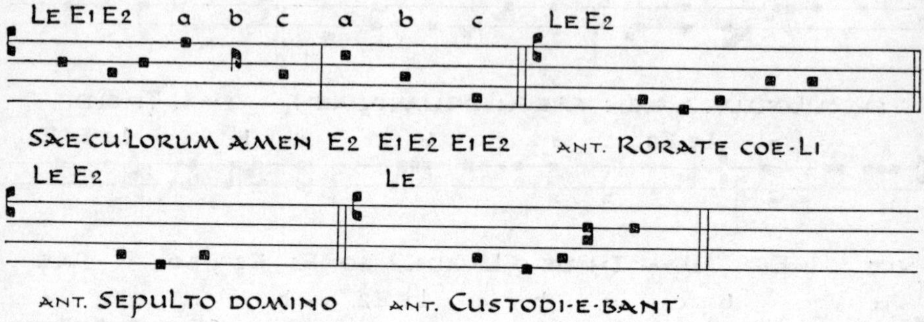

21 Sex habent iste tonus differentias, quarum prima recipit antiphonas in lichanoshypaton exordium habentes, 22 tono, semiditono et tono ascendentes, etsi unisonus intercidat. 23 Exempla de his:

19 De quarto tono *suprascr alia manu* Le *in marg* E2 *om* E1 K speciale *om* F principale E2 ab lichanosmeson *suprascr* .e. E2 ut hae *om* K

a G a c ba G a G a c G F E
20 e u o u a e *pro* *clavis recta deficit* Le coeli *om* K celi desuper E2 desuper *om* F Custodiebant *sine neumis. in rubro* De differentiis E2

21 tonus iste E2 iste *om* F differentias tonus F prima quarum E1 F K Le regit Le

22 tono et E1 F

23 de his *om* F K saeculorum amen *om* K Si quis sitit. Ante thorum E1 domine causam E1 causam animae E2

24 Differentia secunda recipit antiphonas ab hypatemeson semiditono et tono ascendentes. 25 Recipit etiam antiphonas a lichanosmeson tono ascendentes. 26 Exempla de his: K 39r

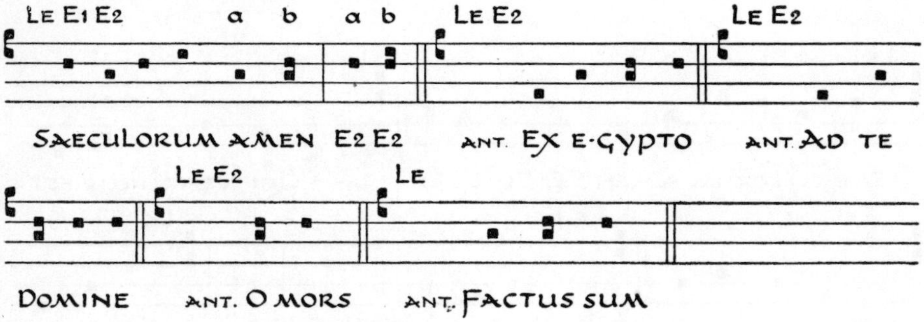

27 Invenitur etiam una antiphona eiusdem differentiae in mese incipiens scilicet ista:
28

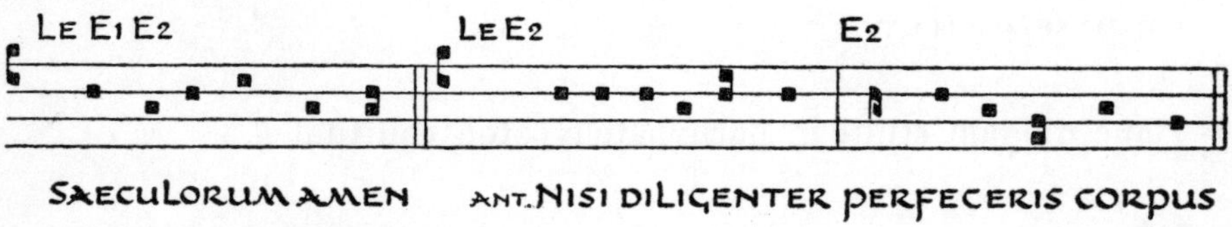

29 Hanc quidam male incipiunt inter primam sillabam *diligenter* et eiusdem antepenultimam semiditonum sonantes.

24 semitonio E_1

25 recipit *om* E_1 a parypatemeson K F paripatemeson E_2 ascendentes ut hee E_2 ascendentes tono F

26 De his exempla F Le Ex Egypto vocavi F domine levavi K Le levavi *om* F O mors Factus sum *clavis recta deficit in* Le

27 et una F una *om* K incipiens in mese hoc modo. Exempla E_2 in lycanosmeson incipiens K

28 Saeculorum amen *om* F K perfeceris corpus *om* F

29 diligenter *om* K et ante eius penultimam F antiphone penultimam E_2

30 Differentia tertia recipit antiphonas quasdam ab hypatemeson ad tertiam vocem gradatim ascendentes, quasdam a parhypatemeson semitonio vel semiditono cadentes, quasdam etiam in lichanosme//son
E₁ 34v incipientes. 31 Exempla de his:

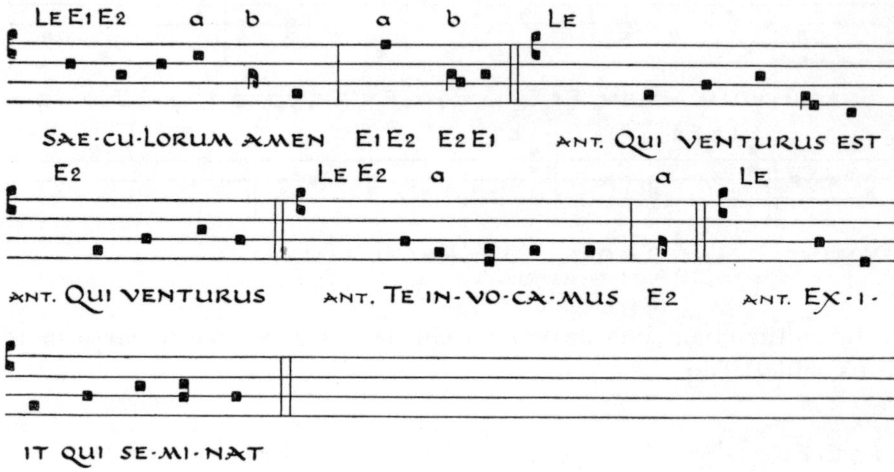

Le 117v
E₂ 25v 32 Hanc quidam stulti in parhypatehypaton emittunt //.

33 Differentia quarta recipit antiphonas a lichanoshypaton semidito-
K 39v num, surgentes, vel etiam gradatim ascendentes, ut in his patet exemplis:

30 a parypatemeson *pro* ab hypatemeson F per semitonium vel per semiditonum cadentes *in marg altera manu* Le semitonio et semiditono F canentes *pro* cadentes F

31 Exempla de omnibus E₁ E₂ F Exempla K Saeculorum amen *om* E₁ Exiit qui seminat *om* K *sine neumis* E₂

32 Exusque scilicet hanc stolidi F quidam stolidi in E₂ K o u o u a e *sine neumis* Le Exivi a patre et veni F *Post* scientes Semen *cum neumis* G F F E E₂

33 antiphonas *om* Le semidytono E₁ E₂ ascendentes hoc modo E₂

34

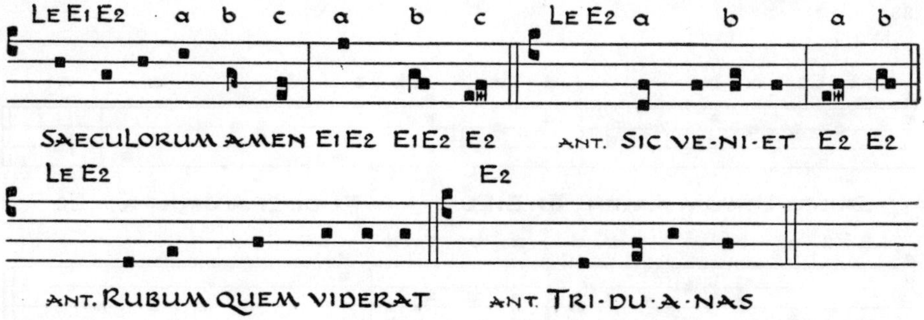

35 Differentia quinta recipit antiphonas in parhypate hypaton initium habentes ut hae:

36

Iste cognovit.

34 Saeculorum amen *om* F viderat moyses E_2 Rubum quem. Sic veniet. E_1 Robum quem. Triduanis Le E u o u a e. Apprehenderunt mercedem. Secus decursus aquarum. Rubum quem viderat. Surrexit christus. K Triduanas <a Domino> poposcit F

35 a paripateipaton E_2 ut sunt hee E_1 ut hae *om* F

36 esurienti panem E_2 esurienti. Cunctis diebus K Iste cognovit *om* Le *sine neumis* E_2 Iste cognovit. Qui autem cecidit F

37 **Differentia sexta recipit antiphonas feriales in hypatemeson incipientes ut hae:**

38

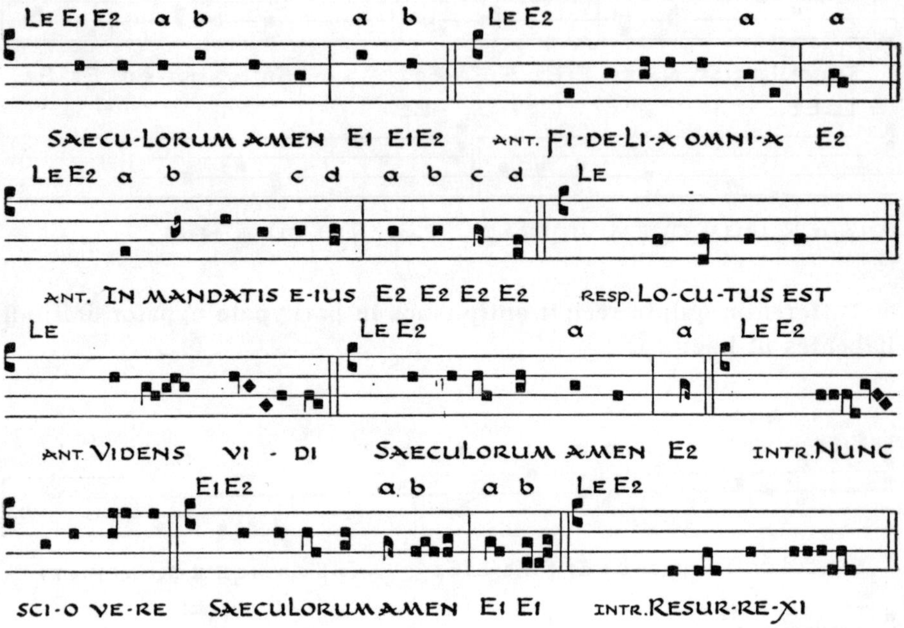

37 antiphonas *om* K in licanosypaton K in lycanosmeson feriales incipientes quemadmodum iste E_2 feriales antiphonas in lycanosmeson E_1 F incipientes ut hae *om* K incipientes *suprascr altera manu* vel in lycanosmeson vel in mese Le

38 omnia *om* E_1 F K eius *om* F K mandatis. A viro iniquo. K Locutus est Dominus E_1 F K Locutus est Videns vidi *sine neumis* E_2 vidi Saeculorum amen *om* K vere *om* Le *Post* Nunc scio *om* e u o u a e Le Nunc scio vere *om* F Resurrexi e u o u a e K

39 Huius toni graduale non inveni regulare. // K 40r

39 non *om* F ℣. *om* F pastor *om* K pastor bonus E_1 E_2 Perfice gressus meos *cum neumis suprascr* E_2 cum essem *om* F K Pater cum essem *cum neumis suprascr* E_2

CAPITULUM XXVI

DE QUINTO TONO

1 Quinti toni principale saeculorum amen regit antiphonas in mese incipientes et in tritediezeugmenon, ut sunt hae:

2

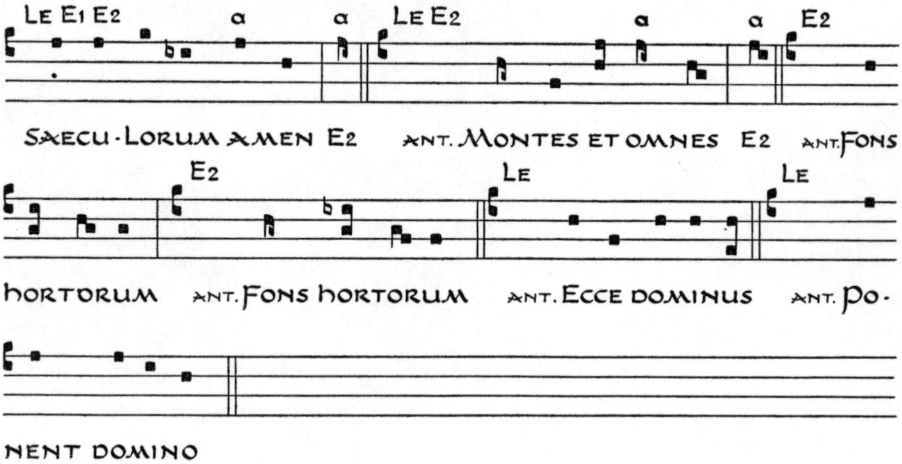

De Vo tono *in marg altera manu* Le *Titulum non habet* E_1 *Titulum in rubro* E_2

1 seculorum principale *suprascr* speciale amen E_2 sunt *om* K quemadmodum iste E_2

2 omnes colles E_2 Fons ortorum F Ecce dominus Ponent domino *sine neumis* E_2

3 Unam iste tonus habet differentiam, quae recipit antiphonas in parhypatemeson inchoantes ut istae: // Le 118r E_2 26r

4

3 habet tonus iste E_1 habet iste tonus E_2 Unam tonus iste habet F quemadmodum iste E_1 F K

4 clamantis Paganorum E_1 omnia. E u o u a e. Ecce deus. Misit dominus. Misit. Circumdederunt me K ℣. Misit *om* F Bene omnia .... Misit *sine neumis* E_2 Ecce dominus F me *om* F ℣. Congregate *om* F Congregate .... relinquam *sine neumis* E_2

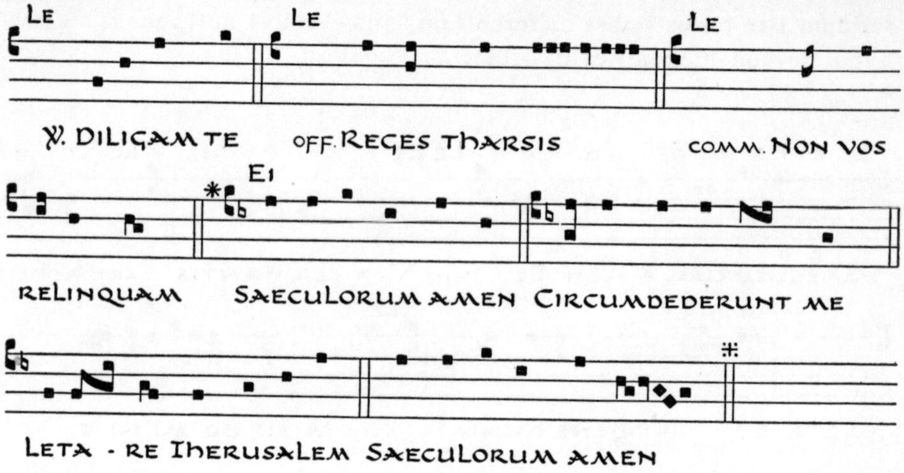

5 Eiusdem toni est et haec communio *Ultimo festivitatis die,* cuius
K 40v inceptio secundum usum minus est absona. Ideo qui velit sic incipiat:
6

Diligam te domine E2 Diligum te F tharsis *om* F Adhuc multa. In ieiunio et fletu. ℣. Inter vestibulum. Ecce deus. E u o u a e Deus in loco sancto suo ✻ e u o u a e. Circumdederunt. Letare Ihresusalem. E u o u a e. In hoc quidam peccant qui iherusalem in finali inchoant quando letare emittant. grad. Ex syon spes. ℣. Congregate. Alleluia Diligam te. off. Sed in holocaustum. comm. Non vos relinquam E1

5 Eiusdem toni .... festivitatis die *om* E1 et *om* F festivitatis die E2 Ultimo festivitatis die *om* K die *om* F est minus absona F

7 DE SEXTO TONO

8 Sextus modus sub uno saeculorum amen regit antiphonas diversorum principiorum, quarum plurima pars in parhypatemeson incipit, paucae in lichanoshypaton, una in lichanosmeson incipit. 9 Exempla de his:

10

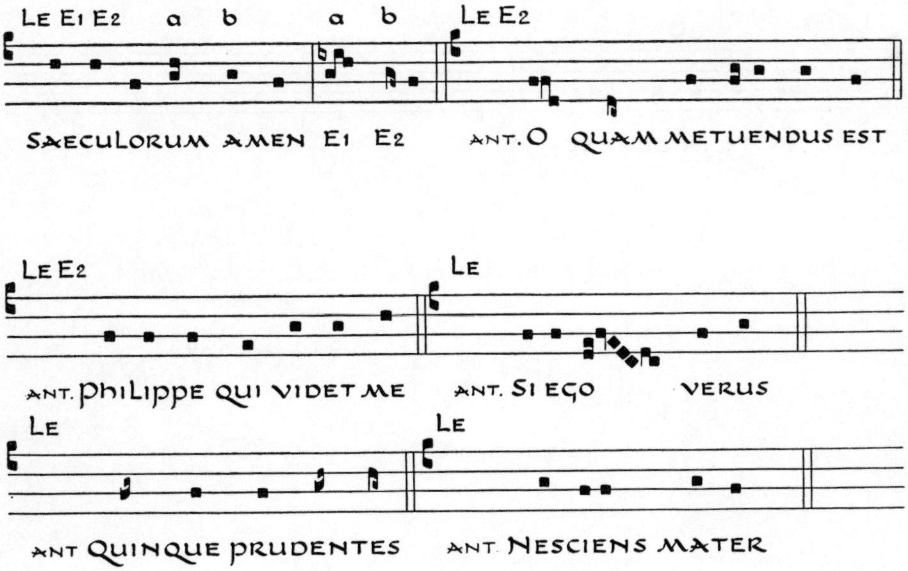

F 88v

7 De VIo tono *suprascr alia manu* Le *Titulum om* K
8 una in lichanosmeson *om* K incipiunt *pro* incipit K incipit *om* F
9 de his *om* F K exempla collige E2
10 metuendus est *om* Le qui videt me *om* Le videt me *om* K me *om* F ant. Si ego verus Xristus sum. ant. Quinque prudentes virgines. ant. Nesciens mater virgo *sine neumis* E2

11 Hanc tamen quidam in finali sua per unisonum inchoant. 12 Una
Le 118v est huic modo differentia huius modi: //

13

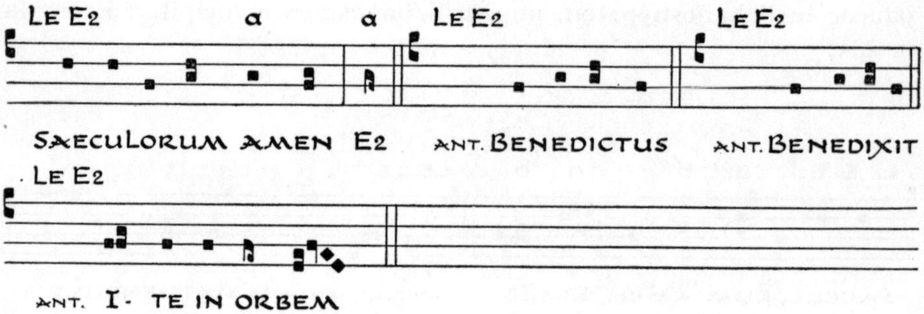

12 Una est differentia huic modi huius F huius modi differentia E_2

13 Benedictus dominus E_2 Benedixit filiis E_2 Ite in orbem ℣. In nomine. F Ite in orbem universum ℣. In nomine patris et filii *sine neumis* E_2 In nomine K

14 Hoc responsorium in affinibus posuimus, quoniam in suo cursu deficit:

15

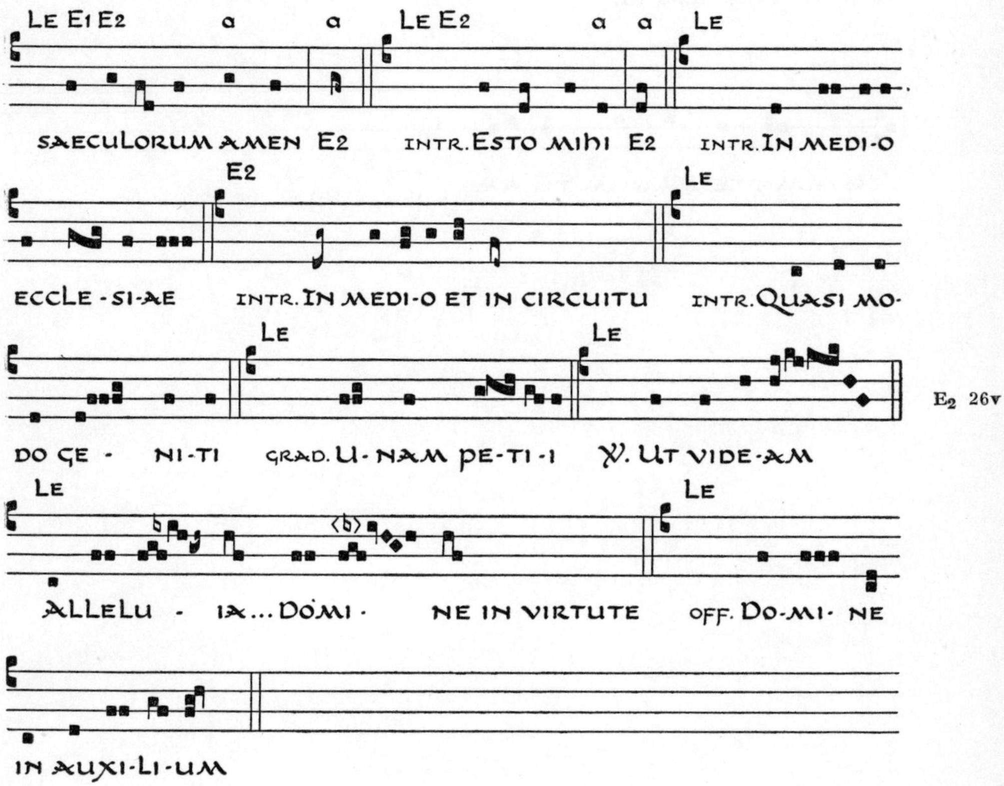

15 Esto mihi in Deum F ecclesiae *om* F intr. Quasi. grad. Unam petii.... in auxilium *sine neumis* E_2 modo geniti *om* K geniti *om* F Ut videam *om* F K in virtute *om* K virtute tua E_2

K 41r 16 Hoc offertorium plurimi male emittunt vitantes // heptaphonum qui in fine est, quia eis absonus videtur. 17 Unde et in quibusdam libris in principio eius invenitur et in fine repetunt. 18 Similiter in offertorio Domine deus in.

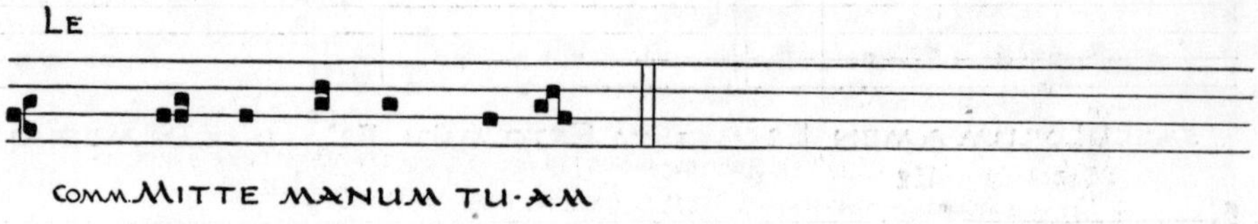
Le
COMM. MITTE MANUM TU-AM

16 multi *pro* plurimi E_2 emittunt male F vitantes *Hic finit lectio Johannis musicae in* K fol. 41r epatphonum E_2 semitonium *pro* heptaphonum F quod in fine F eius adsonum videtur F

17 principium *pro* in principio E_2 F et *om* E_2 F repetitunt E_2

18 Domine deus in *sine neumis* Le Domine deus Mitte manum tuam *sine neumis* E_2 domine in simplicitate F deus .... tuam *om* F Sexti modi principale seculorum amen regit antiphonas diversorum principiorum ut hee et earum similes : Nimis exaltatus est. O quam. Puer iste. Si ego verus Christi. Quinque virgines prudentes. Huic modo sicut etiam magistro eius una tantum differentia datur, que recipit antiphonas a parypatemeson gradatim ascendentes statimque ad eadem vel gradatim vel etiam per dytonum redeuntes, quemadmodum iste: seculorum amen. Cum ergo sit. Miserere mei. Benedictus dominus. ℟. Super muros ℣. Qui reminiscimini. Intr. Omnes gentes. Hoc facite. Quasi modo geniti. Gr. Domine dominus noster. Off. Domine convertere. Alleluia Domine in virtute tua. Comm. Mitte. E_1

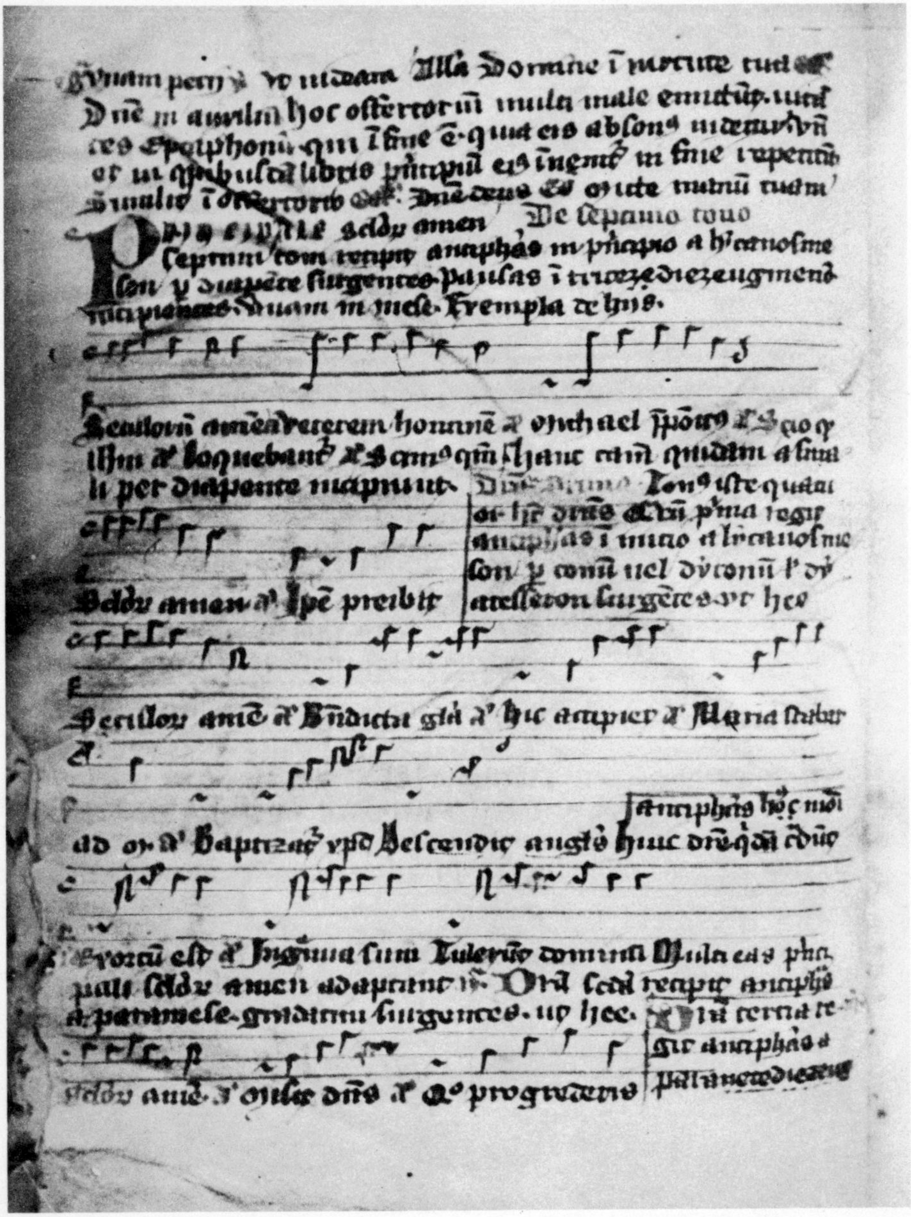

16. Erfurt, Amplon. 94 (14th cent.), fol. 26 v

CAPITULUM XXVII

DE SEPTIMO TONO

1 Septmi toni principale saeculorum amen regit antiphonas in principio a lychanosmeson per diapente surgentes, paucas E_1 35r
in tritediezeugmenon inci//pientes, unam in mese. 2 Exempla de his:

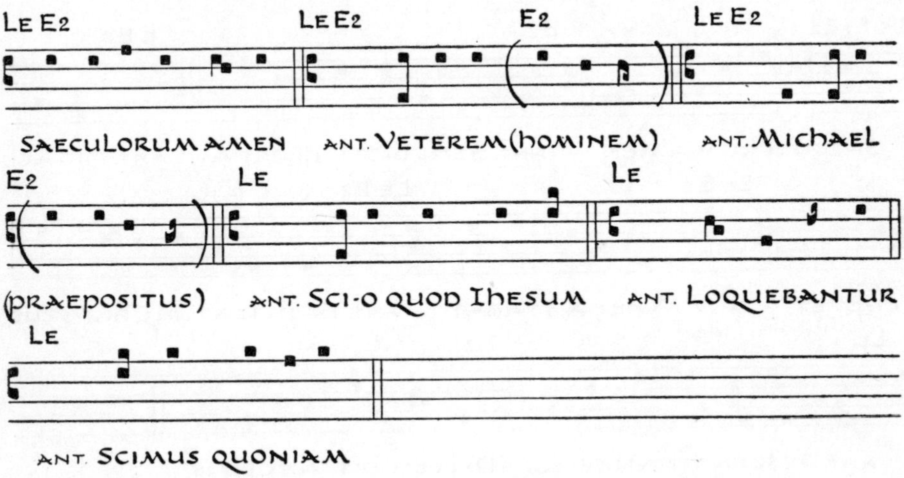

3 Hanc tamen quidam a finali per diapente incipiunt. // Le 119r

1 Principale seculorum amen septimi toni E_2 Septimi modi E_1 Septimus modus recipit antiphonas a lychanosmeson F recipit antiphonas E_2 antiphonas a finali suo per dyapente surgentes, quasdam etiam in parypateypaton incipientes et unam in mese E_1

2 Michael Exortum est Loquebantur Scio quod Ihesum Scimus quoniam Ipse peribit E_1 Scio quod Ihesum. ant. Loquebantur. ant. Scimus quoniam *sine neumis* E_2

3 tamen *om* F

4

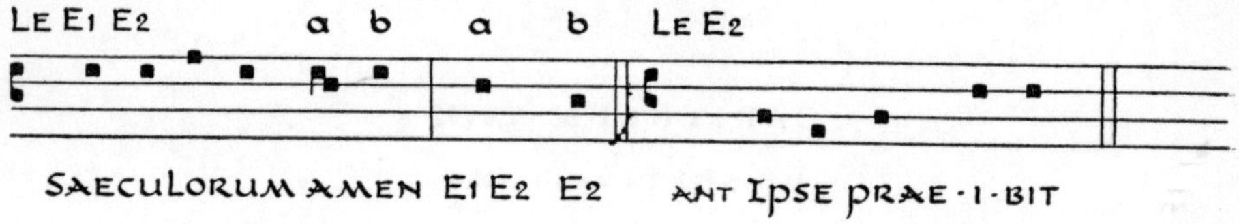

5 Tonus iste quatuor differentias habet, quarum prima recipit antiphonas a lichanosmeson per tonum vel ditonum vel per diatesseron surgentes, ut hae:

6

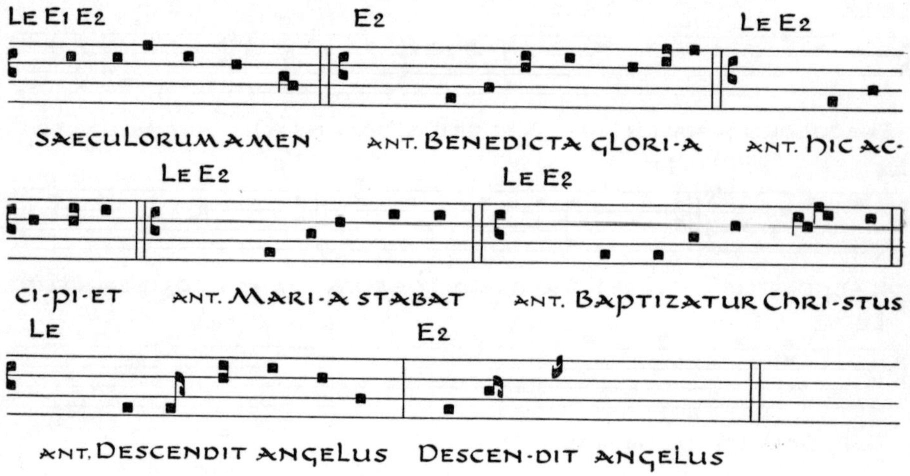

4 Ipse praeibit ante illum F

5 Differentia prima *in rubro* E_2 habet differentias E_2 regit antiphonas Le regit antiphonas in inicio a lychanosmeson E_2 F Quattuor differentias habet iste modus, quarum prima recipit antiphonas in una quadam corda incipientes sed diversis modis. Quedam II tono et semidytono surgunt, quedam dytono et postea gradatim per dyathesseron elevantur et semitonio cadentes rursus gradatim ascendunt. Exempla de omnibus iste E_1 vel diatesseron surgentes E_2 F

6 Seculorum amen. Iherusalem. Benedicta. Baptizatur christus. Maria stabat. Accipe spiritum. Confortatus est. E_1 Benedicta gloria *non habet* Le stabat ad ostium E_2 christus *om* Le

7 Huic differentiae quidam tradunt antiphonas huius modi:

8

9 Multi tamen eas principale saeculorum amen adaptant.

10 Differentia secunda recipit antiphonas a paramese gradatim ascendentes 11 ut istae:

12 Differentia tertia recipit antiphonas a para//mese per ditonum cadentes etiam si in initio unisonus sit, ut hae: E_2 27r

8 Exorta est F sum *om* F dominum *om* F

9 tamen *om* E_2 eas ad principales F adiapant *pro* adaptant F

10 regit antiphonas Le paramese usque ad nete diezeugmenon gradatim E_1 surgentes *pro* ascendentes E_2 F

11 ut hee E_2 ut hec Seculorum amen. Stella ista. Quo progrederis. Misit dominus E_1 Quo progrederis in me F

12 regit antiphonas E_2 F Le paramese dytono cadentes etiam per dytonum vel dyathesseron resurgentes etiam si prius unisonus habeatur. Exempla de hiis E_1 per diatesseron cadentes F etiam si in initio *om* F cadentes etiam per ditonum vel per dyatesseron surgunt *in marg altera manu habet* Le ut hae *om* F sit. Exempla E_2

13

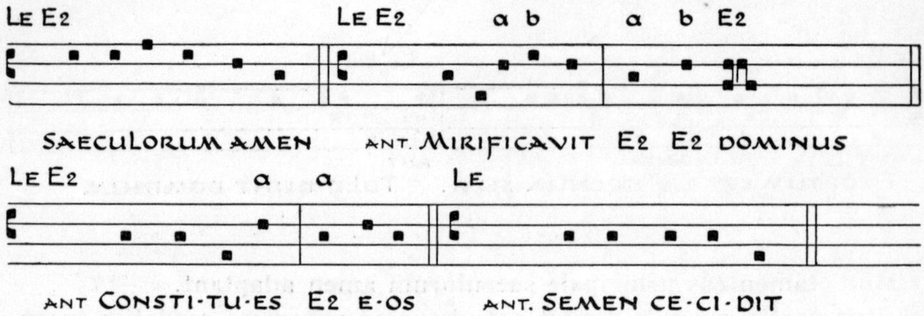

14 Differentia quarta recipit antiphonas a paranete-diezeugmenon per semiditonum vel gradatim cadentes, etiam si in primis unisonus sit, velut hae:

13 Misit dominus F dominus *om* Le constitue F eos *om* Le Semen cecidit in terram bonam *sine neumis* E_2 Saeculorum amen. Homo natus est .... velut hae *om* E_1

14 regit antiphonas Le vel *om* F in primis *erasit* F sit unisonus velud hee exempla E_2 unisonus velut: A. Homo natus est F

15

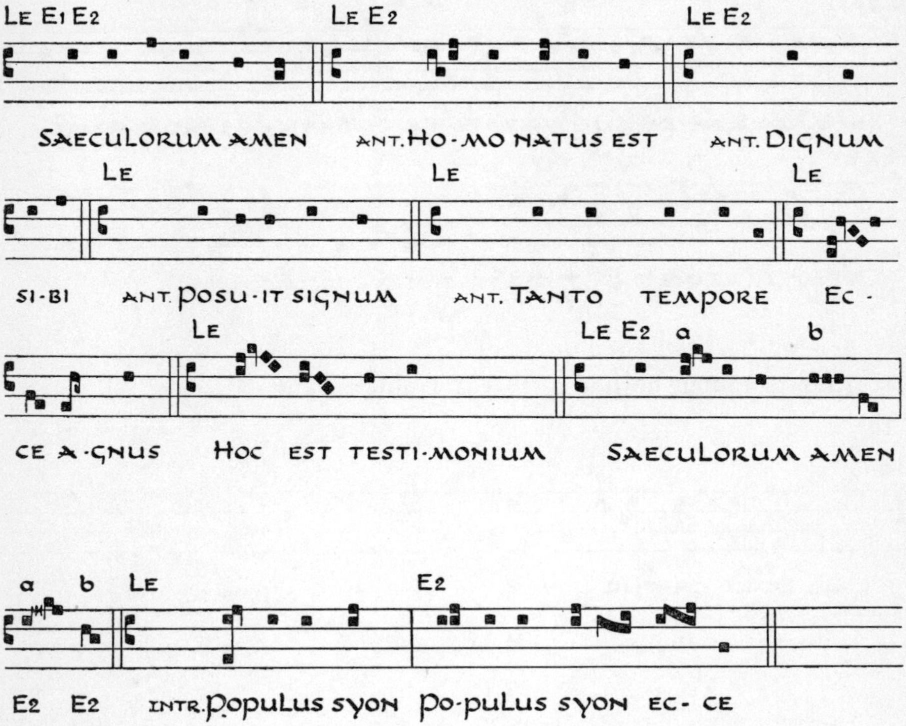

16 A.D. incipe in netediezeugmenon. Gentes in .G. deponas. // Le 119v

15 est *sine neumis* Le sibi dominus E2 F signum in faciem E1 E2 Posuit signum in faciem. ant. Tanto tempore. Ecce agnus dei. Hoc est testimonium *sine neumis* E2 Ant. Posuit .... faciem *om* F Tanto pondere. ℟. Missus est. ℣. Ave Maria. Saeculorum amen F ecce *om* F

16 A.D. incipe in .... deponas *non habet* E2 A.D. incipe .... intr. *om* F

17

18 Quidam tamen de hac differentia non curant.

19

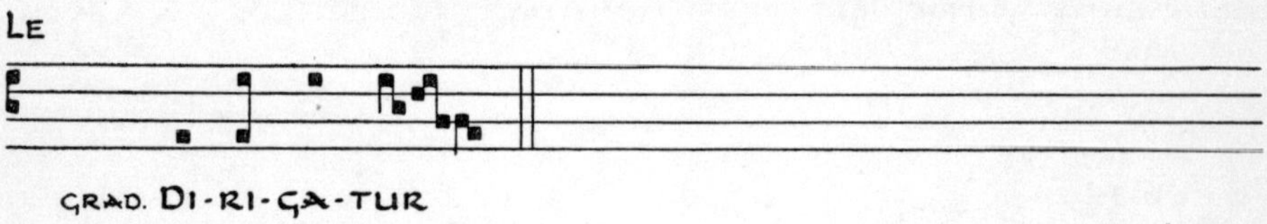

20 Cuius versus incipiendus est hoc modo:

17 [sapientiae] Differentia Seculorum amen *sine neumis* Le patris mei *om* F Le

19 Dirigatur oratio *sine neumis* E_2

20 Cuius .... modo *om* F Versus incipiendus est Le

21

< DE OCTAVO TONO >

22 Octavi modi principale saeculorum amen regit antiphonas quasdam in lichanosmeson incipientes, quasdam in mese, quasdam in lichanoshypaton, quasdam inferius, ut hae:

21 manuum mearum *partim cum neumis* E2 manuum mearum *om* F Le coeli *om* F Alleluia .... repente de *sine neumis* E2 Euouae (ddedcbc). Posuit. Domine labia. Homo natus. Gradualis totus. Versus Agnus Ecce dei. Hoc versum II malus usus corrupte canit, quod illi leviter cantant qui illum in .c. non inchoant. ℣. Hoc est testimonium quod. Introitus Puer natus. ℣. Ne derelinquas me. E u o u a e (ddc fedccccbaG). Grad. Dirigatur oracio. Huius gradualis versum usus male incipit. Sed cui error displicet, hoc modo versum incipiat. Elevacio. Alleluia ℣. Deite <sic>. Off. Confitebuntur celi mirabilia tua domine. Factus est Comm. E1

22 Saeculorum amen principale E2 Post ut hee *in rubro* De octavo tono E2 De VIIIo tono *suprascr alia manu* Le

23

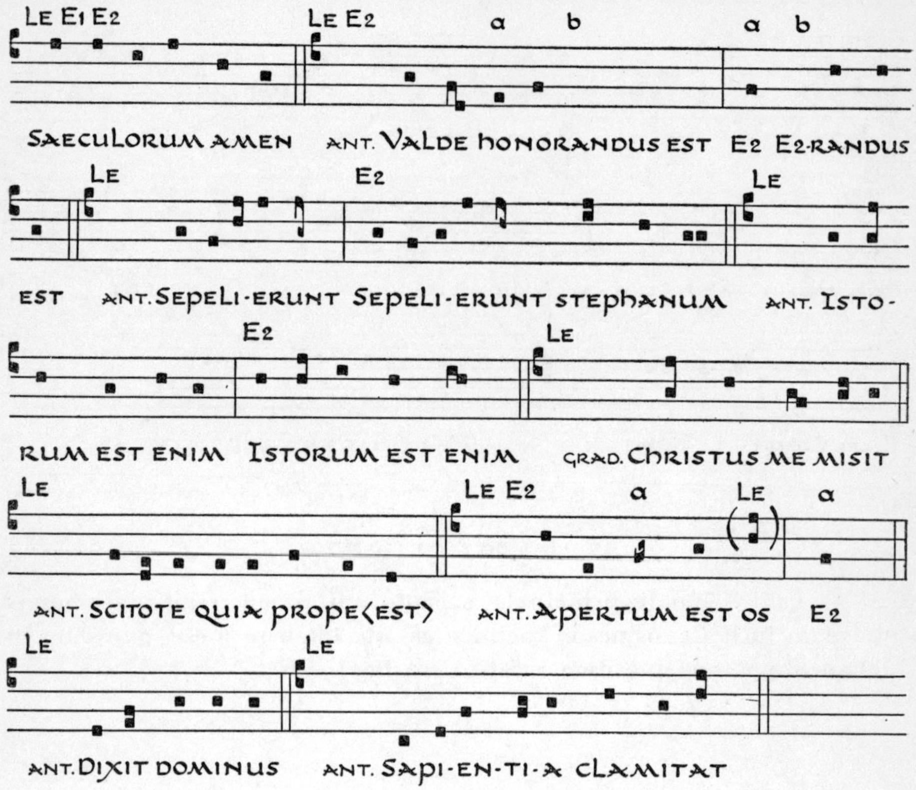

E_2 27v

23 Saeculorum amen. Sepelierunt. Sapientia clamitat. Valde honorandus est. Istorum est regit. Christus me misit. Scitote quia. Apertum est. Dixit dominus. F Sepelierunt stephanum. ant. Valde honorandus est E_2 christus me misit. ant. Scitote quia. ant. Apertum est os. Dixit dominus Sapientia *sine neumis* E_2 Octavi modi principale saeculorum amen regit antiphonas diversorum priorum quasdam videlicet incipientes in lycanosmeson, quasdam in Mese, quasdam in lycanosypaton, quasdam in parypateypaton. Exem-

c c ♭ c a G

pla de omnibus. E u o u a e. Claudus quidam. Novit dominus. Christus me misit. Valde honorandus. Dum ortus. Petite. Apertum est. Dixit dominus. Spiritus domini. Stabunt. Sapientia. Iustorum anime E_1

24 Differentias tres habet tonus iste. 25 Prima recipit antiphonas in parhypatemeson vel sub ea in proxima incipientes, ut istae:

26

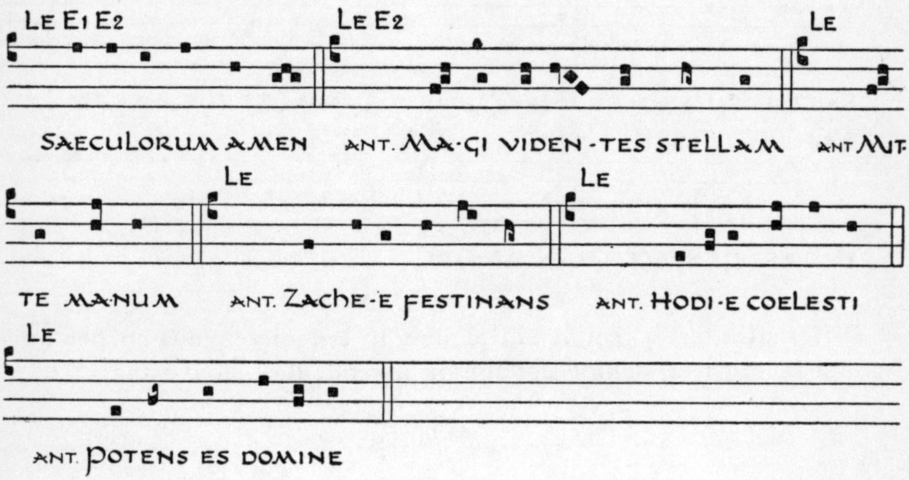

24 iste tonus E_2 tropus iste F

25 regit Le sub illa F incipientes. Exempla E_2 ut istae *om* F

26 ant. Mitte manum tuam. ant. Zacharie festinans descende. ant. Hodie celestis. ant. Potens es. *sine neumis* E_2 Tres habet iste modus differentias Quarum prima recipit antiphonas a parypatemeson vel ab ypatemeson sur-

c c ♮ c a GaG

gentes, ut hee. E u o u a e. Nisi digitos. Domine iste sanctus. Zachee. Hodie celesti. Potens es E_1 Magi viderunt F stellam *om* F tuam *om* F

27 Differentia secunda recipit antiphonas in tritediezeugmenon per semiditonum cadentes. 28 Exempla:

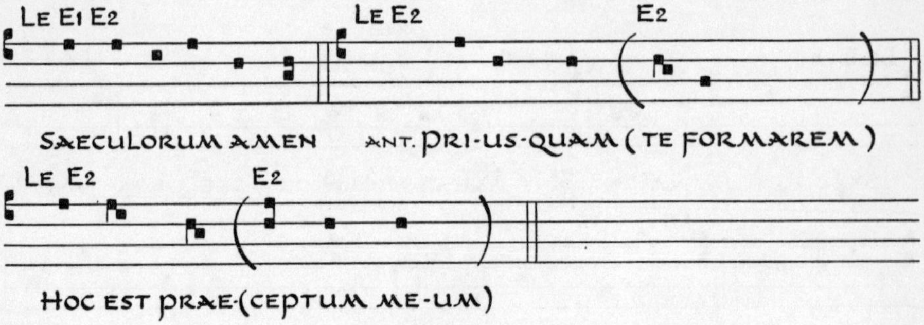

29 Differentia tertia recipit antiphonas in tritediezeugmenon per unisonum incipientes, deinde per tonum ascendentes, sicut istae:
30

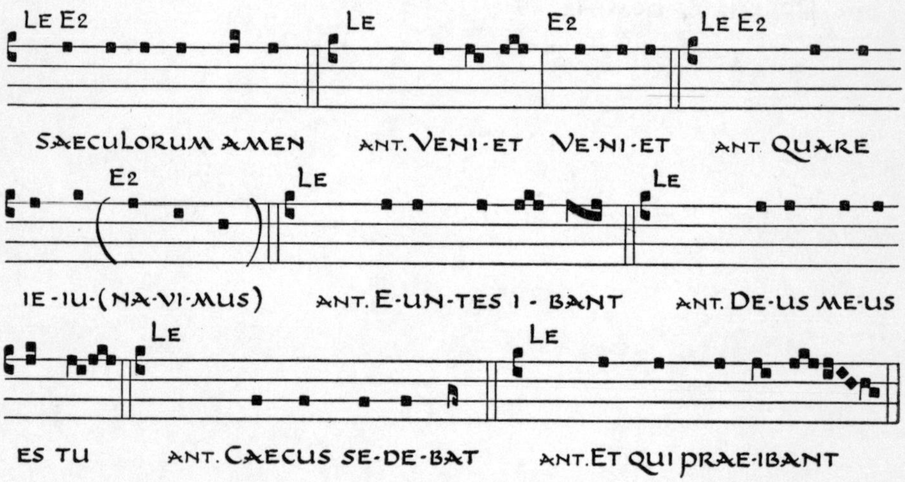

27 regit Le a tritediezeugmenon F semiditonium Le

28 Exempla *om* F Differentia secunda recipit antiphonas in tritedie-
c c ♮ c aGa
zeugmenon incipientes quemadmodum iste. E u o u a e. Dominus in templo. Priusquam te formarem. Hoc est preceptum. E_1

29 regit Le per unisonum in tritediezeugmenon incipientes per unisonum deinde F iste Exemplum E_2

30 venient ad te F Euntes ibant.... preibant inter *cum neumis sine lineis* E_2 es tu *om* F

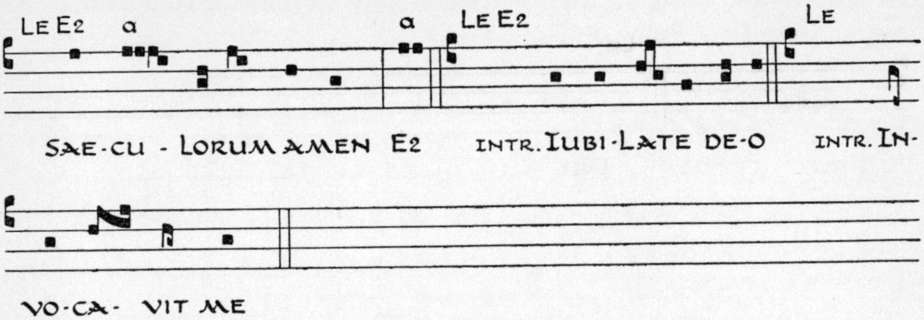

31 Versus in G incipiendus est hoc modo:

off. Ave Maria *sine neumis* E2
Invocavit me *sine neumis* E2 me *om* F Differentia saeculorum amen. Domine ne longe F longe facias E1 E2 Dum medium. Dilexisti iusticiam et odisti *sine neumis* E2 Dum medicum. Gr. Qui sedes. ℣. Qui regis. Alleluia dilexi quoniam. Off. Ave Maria F Propterea unxit te deus Alleluia Dilexisti

32 *Fructus* sic canito:

Sic canito fructus. Comm. primum quaerite regnum dei. Explicit liber Johannis Pape de arte musice. F Differentia tercia recipit antiphonas in tritediezeugmenon inchoantes ita tamen, ut vel torculum habeant et post torculum clivem cum virga unisonum facientes, vel si hoc non habent clivem
E_1 35v equaliter sonantem et post clivem podatum cum gutturali subpuncti habeant
d c c a cd c
ut in hiis // manifestum est exemplis. E u o u a e. Ego dormivi. Confirma hoc. Veniet fortior. Beatus servus. Ecce dies veniet. ℣. In diebus illis. Intr. Iubi-
cc♮aG aa c . G.
late. Domine ne longe. Dum medium. Secu-lo-rum amen. Grad. Dilexisti. Huius versum quidam male incipiunt qui eum inferius inchoant quam graduale emittant. Propterea unxit te deus. Alleluia Dicite in gentibus. Off. Benedictus. Hoc quidam stulti corrumpunt, dum qui venit in ea voce non incipiunt per quem benedictus emittunt. Comm. Simile est regnum. Finit Tonarius Johannis. E_1

INDEX CODICUM[1]

1) Numeri cursivo modo impressi referunt ad descriptionem codicis. Index tantum refert ad *Praefationem* et *Introductionem* (p. 3-40).

INITIA CANTUUM QUAE INVENIUNTUR IN CAP. I-XXIII TRACTATUS JOHANNIS[1])

---

1) Post verba initiorum adnotatur *A* (*Antiphona*), *Gr* (*Graduale*) etc.; hic ordo specierum cantuum desumptus est ex tractatu Johannis.

INDEX NOMINUM [1]

[1]) In hoc indice non nominantur nomina quae inveniuntur in cantibus, in S. Scriptura vel in mythologia.

I

J

K

L

M

N

O

P

R

S

T

U

V

W

Y

CONTENTS

ERRATA

F a G a G F F a G D F E F E
p. 166 n. 15 „Dominus quidem Pulchra es et” should be „Dominus quidem
D D F E
Pulchra es et”.

c de e ♮ cd d
p. 190 n. 6 „Glo-ri - a” should be „Glo-ri - a”.